城市道路桥梁
建设与工程项目管理

杨寿君　刘建强　张建新　主编

吉林科学技术出版社

图书在版编目（CIP）数据

城市道路桥梁建设与工程项目管理 / 杨寿君，刘建强，张建新主编． -- 长春：吉林科学技术出版社，2021.7

ISBN 978-7-5578-8398-0

Ⅰ．①城… Ⅱ．①杨… ②刘… ③张… Ⅲ．①城市道路－道路施工－工程技术－研究②城市桥－桥梁施工－工程技术－研究③城市道路－道路工程－项目管理－研究④城市桥－桥梁工程－项目管理－研究 Ⅳ．① U412.37 ② U448.155

中国版本图书馆 CIP 数据核字 (2021) 第 130198 号

城市道路桥梁建设与工程项目管理

主　　编	杨寿君　刘建强　张建新
出 版 人	宛　霞
责任编辑	汤　洁
封面设计	李　宝
制　　版	宝莲洪图
幅面尺寸	185mm×260mm
开　　本	16
字　　数	310 千字
印　　张	13.875
印　　数	1-1500 册
版　　次	2021 年 7 月第 1 版
印　　次	2022 年 1 月第 2 次印刷
出　　版	吉林科学技术出版社
发　　行	吉林科学技术出版社
地　　址	长春净月区福祉大路 5788 号出版大厦 A 座
邮　　编	130118

发行部电话/传真　0431—81629529　　81629530　　81629531
　　　　　　　　　　　　　　　81629532　　81629533　　81629534

储运部电话　0431—86059116

编辑部电话　0431—81629520

印　　刷	保定市铭泰达印刷有限公司
书　　号	ISBN 978-7-5578-8398-0
定　　价	60.00 元

版权所有　翻印必究　举报电话：0431—81629508

前 言

现代城市道路系统作为城市基础设施的重要组成部分，具有城市交通、市政设施敷设、改善城市景观等多种功能，它是城市建设水平和经济发展水平的重要体现。尤其在我国城镇化发展的攻坚阶段，更加需要我们依据规律化发展战略原则，寻找并解决我国城市道路建设中存在的问题。此外，城市道路也是城市社会活动和经济活动的纽带，其对城市综合功能的实现发挥着举足轻重的作用。随着我国改革开放的不断深入以及国民经济的快速发展，我国城市化的步伐不断加快，城市基础设施建设特别是城市道路建设力度也在逐渐加大，对于我们广大的城市道路建设者来说，这既是机遇又是挑战。当前，民众对道路的要求，不但要具有运输和服务功能，而且要具有设施铺设和绿化城市的功能，道路应成为体现城市建设程度和经济发展水平的最主要指标之一。

桥梁是交通运输的咽喉，是城市的生命线工程，在城市发展过程中具有非常重要的地位。而在我国经济快速发展交通越来越便捷的同时，外界环境对桥梁的影响也越来越大，一旦桥梁遭遇偶然事件或因功能退化而发生坍塌，将直接危害出行者的生命，同时给国家造成不可估量的经济损失，这将在社会上产生强烈反响。

本书的编写参考和引用了诸多同行学者的著作、论文和相关标准规范，以及国家法规政策，并在编写过程中得到了领导和诸多同行的指导和帮助，在此谨向他们致以诚挚的谢意！由于笔者水平有限，文中若有不当之处或错误，恳请读者批评指正。

目 录

第一章 城市道路建设项目后评价分析 ... 1
- 第一节 概述 ... 1
- 第二节 城市道路建设项目后评价的内容 ... 7
- 第三节 城市道路建设项目后评价指标体系的构建 ... 14
- 第四节 城市道路建设项目后评价的方法 ... 20

第二章 城市道路建设可持续发展分析 ... 27
- 第一节 概述 ... 27
- 第二节 城市道路建设可持续发展的策略 ... 31
- 第三节 城市道路可持续发展的保障体系建设 ... 32
- 第四节 可持续发展视野下城市建设管理分析 ... 36

第三章 城市道路建设节能问题分析 ... 42
- 第一节 概述 ... 42
- 第二节 城市道路照明设计及节能措施 ... 46
- 第三节 城市道路建设节能环保问题分析 ... 48
- 第四节 城市道路建设的节能评价 ... 51

第四章 城市道路无障碍建设分析 ... 54
- 第一节 概述 ... 54
- 第二节 城市道路无障碍建设理念及要点 ... 56
- 第三节 城市道路无障碍设施建设 ... 58
- 第四节 城市道路无障碍建设的优化 ... 62

第五章 桥梁标准化作业管理 ... 65
- 第一节 安全性检测管理 ... 65
- 第二节 健康监测管理 ... 78
- 第三节 桥梁接管与检查考核管理 ... 85

| 第四节 | 桥梁信息系统管理 | 101 |

第六章　桥梁养护管理　108

第一节	桥梁养护管理基本内容	108
第二节	桥梁日常养护	114
第三节	桥梁加固与旧桥拆除	130
第四节	腐蚀环境下桥梁的防护	140
第五节	桥梁机电设施的维护	143

第七章　桥梁安全防护　150

第一节	桥梁安全保护区域	150
第二节	超重车辆过桥与限载	154
第三节	危险货物载运防护	160
第四节	桥下空间安全防护	165
第五节	桥区水域通航与防船撞	167

第八章　工程项目进度控制　172

第一节	工程项目进度控制概述	172
第二节	流水施工原理	173
第三节	网络计划技术	176
第四节	工程项目进度控制	180

第九章　工程项目质量控制　184

第一节	质量控制相关理论	184
第二节	质量控制体系	186
第三节	施工阶段工程项目的质量管理	189
第四节	建筑工程施工质量验收	194

第十章　工程项目管理　197

第一节	施工成本管理	197
第二节	合同管理	200
第三节	风险管理	202
第四节	沟通和信息管理	207

结语　214

参考文献　215

第一章　城市道路建设项目后评价分析

第一节　概述

一、城市道路建设项目后评价的必要性

可行性研究和项目前评价都是在项目建设前进行的，其判断、预测是否正确，项目的实际效益如何，需要在项目竣工运营后根据实际数据资料进行的再评价来检验，这种再评估就是项目后评价。项目后评价是建设项目管理周期中的一个重要环节，也是一种科学有效的项目管理手段，它是对已完成的投资项目或规划的目的、执行过程、效益、作用以及影响所进行系统的、客观的分析，来评价项目的决策、管理和实施，通过经验教训的总结，为决策者和投资者服务，为新项目的决策提供较为可靠的依据，并进一步完善可行性研究的有关理论和内容。同时，这种评价可为项目的实施反馈信息，以便及时调整建设计划；也可为建成项目进行诊断，提出完善项目的建议和方案。在项目后评价的基础上，决策部门还可以对国家、地区或行业的规划进行分析研究，为调整政策和修订规划提供依据。

城市道路建设项目后评价工作是指在道路通车后，经过一段时间的运营考核，按照系统工程的思想方法，对建设项目从立项决策、设计方案、工程施工直至通车运营的全过程各阶段的工作的成功与失败，全面对照总结，为不断提高决策、设计、施工管理水平，合理利用建设资金，提高建设资金的投资效益，全面改进建设管理，制定相关政策等提供科学依据。

城市道路建设项目后评价不仅可以考察城市道路项目实施后的运行情况，而且可以衡量和分析实际情况与预测情况的差距，确定城市道路项目前评价中的预测、判断、结论是否正确，并分析原因，吸取教训，总结经验，为今后改进城市道路建设项目评价工作以及同类项目立项决策和建设提供依据。项目后评价的作用主要表现在以下几个方面：

第一，总结项目管理的经验教训，提高项目管理水平。项目后评价通过对已经建成项目前实际情况的分析研究，总结项目管理经验，指导未来项目管理活动，从而提高项目管理水平。

第二，提高项目决策科学化水平。通过建立完善的项目后评价制度和科学的方法体系，一方面可以增强评价人员的责任感，促使评价人员努力做好评价工作，可以对城市道路建

设项目前期工作进行比较全面的、客观的检测和衡量，以提高项目预测的准确性；另一方面可以通过项目后评价的反馈信息，及时纠正项目决策中存在的问题，从而提高未来项目决策的科学化水平。

第三，为国家投资计划、政策的制定提供依据。后评价项目的经验和教训可以为今后类似项目的投资决策或改进方案提供借鉴的模式，具有对共性或重复性的决策起示范和参考的作用。

第四，可以分析其实际效果与可行性研究工作中的预期效果偏差较大的原因，从而总结城市道路建设项目可行性研究和项目管理工作，如施工组织方式、设备、物资供应方式、招投标、承发包和工程建设等方面的成功经验及失败教训。

第五，可以对城市道路建设项目的运营管理进行诊断，促使城市道路运营状态的正常化；可以分析研究通车初期和交通量达到正常时期的实际情况，比较实际状况和预测状况的偏离程度，探索偏差原因，提出改进可行的措施，从而促使项目运营状态的正常化，提高项目的经济效益和社会效益。

第六，发现宏观投资管理中的不足，从而使国家及时地修正某些适合经济发展的技术经济政策，修订某些过时的指标参数。

二、城市道路后评价的特点

项目后评价有其内在的规律和特点，在原理、作用以及实施步骤上都有别于项目可行性研究、项目前评价、项目中间评价、竣工验收、项目审计检查以及一般性的工作总结，这些工作的进行有利于后评价工作的开展，但无法替代后评价的作用和要求。

（一）与项目可行性研究和项目前评价相比

项目可行性研究和项目前评价是指在项目决策之前，在深入细致的调查研究、科学预测以及技术经济论证的基础上，分析评价建设项目的技术先进适用性、经济合理性和建设可能性的过程，目的是建设项目投资决策提供依据。与项目可行性研究和项目前评价相比，项目后评价的特点是：

1. 现实性

项目后评价分析研究的是项目实际情况，是在项目投产的一定时期内，根据企业的实际经营结果，或根据实际情况重新预测的数据，而项目可行性研究和前评价分析研究的是项目预测情况，依据历史和经验性资料，具有一定的预测性。

2. 全面性

在进行项目评价时，既要分析其投资过程，又要分析经营实施过程。不仅要分析项目投资经济效益，而且要分析其经营管理，发掘项目的潜力。

3. 探索性

项目后评价要分析企业现状，发现问题并探索未来的发展方向，因而要求项目后评价人员具有较高的素质和创造性，把握影响项目效益的主要因素，并提出切实可行的改进措施。

4. 反馈性

项目可行性研究和前评价的目的在于为计划部门投资决策提供依据，而项目后评价的主要目的在于为有关部门反馈信息，为后续项目管理、投资计划和投资政策的制定积累经验，并用来检测投资决策正确与否。

5. 合作性

项目可行性研究和项目前评价一般只通过评价单位与投资主体间的合作，由专职的评价人员就可以提出评价报告。而后评价需要更多方面的合作，如专职技术经济人员、项目经理、企业经营管理人员、投资项目主管部门等，各方融洽合作，项目后评价工作才能顺利开展。

由此也决定了项目后评价与项目可行性研究、项目前评价有较大的差别。主要表现在：

1. 在项目建设过程中所处阶段不同

项目可行性研究和前评价属于项目前期工作，它决定项目是否可以上马，项目后评价是项目竣工投产并达到设计生产能力后对项目进行的再评价，是项目管理的延伸。

2. 比较的标准不同

项目可行性研究和项目前评价依靠国家、部门颁布的定额标准、国家参数来衡量建设项目的必要性、合理性和可行性。后评价虽然也参照有关定额标准和国家参数，但它主要是直接与项目前评价的预测情况或国内外其他同类项目的有关情况进行对比。检测项目的实际情况与预测情况的差距，并分析其产生的原因，提出改进措施。

3. 在投资决策中的作用不同

项目可行性研究和前评价通过分析、评价、预测，从而为项目投资决策提供依据。直接作用于项目投资决策，前评价的结论是项目取舍的依据，后评价则是间接作用于项目投资决策，是投资决策的信息反馈。通过分析项目指标实际完成情况来评判投资决策是否正确，用以总结过程、指导未来。通过项目后评价反映出项目建设过程和投产阶段（乃至正常生产时期）出现的一系列问题，将各类信息反馈到投资决策部门，从而提高未来项目决策科学化水平。

4. 价的内容不同

项目可行性研究和前评价分析及研究的主要内容是项目建设条件、工程设计方案、项目的实施计划以及项目的经济社会效益，主要是通过对项目的必要性和可能性等进行评估、对未来经济效益进行预测活动。后评价的主要内容是针对前评价内容进行再评价，此外还包括对项目决策、项目实施效率进行评价，以及对项目实际运营状况进行深入的分析。

5. 组织实施不同

项目可行性研究和前评价主要由投资主体（设计单位、建设单位或银行）或投资计划部门组织实施，后评价则由投资运行的监督管理机关为主，组织主管部门会同计划、财政、审计、银行、设计、质量、司法等有关部门进行或者单设的后评价机构进行，以确保项目后评价的公正性和客观性。

6. 评价的性质不同

项目前评价是以数量指标和质量指标为主要依据，定量评价为主的纯经济评价行为；而项目后评价是集行政、经济法律于一身的综合性评估，是一种以事实为依据、以提高经济效益为目的、以法律为准绳，对建设项目实施结果的鉴定行为。

（二）与项目中评价相比

项目后评价不同于项目中评价，中评价也称中期评价，是指在项目实施过程中，通过项目实施的实际状况与预测（计划）目标的比较分析，揭示问题，分析原因，提出改进措施的过程，目的是改进项目管理。项目后评价与项目中评价的主要区别是：

1. 在项目管理中所处的阶段不同

项目中评价是在项目实施过程中的评价，也就是在项目开工后至项目竣工投产之前对项目进行的再评价；而进行项目后评价的时机选择在项目实施过程完毕后，即在项目运营阶段。

2. 目的和作用不同

项目中评价的目的在于检测项目实施状况和预测目标的偏离程度，并分析其原因，将信息反馈到项目管理机构，以改进项目管理；后评价的目的在于检测项目前期工作、项目实施、项目运营全过程中项目实际情况与预测目标的偏差程度，并分析其原因，提出改进措施，将信息反馈到计划、银行等投资决策部门，为投资计划、政策的制定和改进项目管理提供依据。

3. 组织实施不同

项目中评价不必像项目后评价那样需要一个相对独立的机构来组织实施，其组织管理机构可以设在项目管理机构内，人员也可以由项目管理人员承担。而后评价则不然，因为它涉及对项目实施过程的评价，由项目管理人员进行后评价显然不合适。

4. 评价的内容不同

项目中评价的内容范围限定在项目实施阶段，如回答项目实施进展与目标进度有何程度的偏差，而后评价内容范围较广泛，而且重点放在项目运营阶段的再评价上。项目中评价重点在于诊断和解决项目进行中发生的问题或争端，推动和保证项目的有效进行，中评价为搞好后评价工作提供有利的条件或资料。

三、城市道路项目后评价的作用

城市道路建设项目后评价对于提高项目决策科学化水平，促进国家或金融机构的投资活动规范化，弥补拟建项目从决策立项至实施运营整个过程的缺陷，改进项目管理和提高投资等方面发挥着极其重要的作用。具体而言，城市道路建设项目后评价的作用有以下几

个方面:

第一,总结整个项目建设管理的经验教训,提高管理水平。

第二,检验项目前期评价中的预测分析,提高项目决策科学化水平,通过完善项目后评价制度和方法体系,一方面可以增强前期评价人员的责任感,提高项目预测的准确性和科学性;另一方面通过后评价的反馈信息,及时纠正项目决策中存在的问题,从而提高未来项目决策的科学水平。

第三,监督项目的实施与投资决策,确保项目实现预定目标,把项目后评价纳入基本建设程序,决策者和执行者预先就会知道自己的决策要受到事后的评价和审查,就会感到压力和责任的重大,为促使决策者和执行者在主观上认真努力地做好工作。因此,从这一点来说,后评价对项目具有监督和检查作用。

第四,为国家投资计划、投资决策的制定和银行等金融机构及时调整信贷政策提供依据。通过建设项目后评价可以及时修正宏观投资管理中不适合的技术经济政策和过时的评价指标,以确保投资管理的良性循环和确保银行等金融机构投资资金的按期回收。此外,国家还可以充分地运用法律的、经济的、行政的手段,建立必要的法律、法规、各项制度和机构,促进城市道路项目投资管理的良性循环。

四、城市道路建设项目后评价需遵循的原则

由于城市道路后评价时所涉及的内容比较多,因此需要考虑的因素也比较多,同时需要耗费大量的时间。因此,在对城市道路进行后评价时,应遵循以下原则:

(一)独立性原则

独立性原则是指后评价时不受项目决策者、管理者、执行者以及前评价人员的干扰,不同于项目决策者和管理者自己的评价,它是后评价的公正性和客观性的重要保障。为确保评价的独立性,必须从机构设置、人员组成、履行职责、技术组成等方面综合予以考虑,使评价机构在评价时能够保持相对的独立性。后评价的机构应为独立的中介组织。

(二)客观性和公正性原则

客观性和公正性原则要求城市道路后评价工作从实际出发,尊重客观事实。根据项目通车后实际调查的有关资料或重新预测的数据,客观地衡量项目的实际运营情况和实际投资效益,以及对当地区域的发展有影响作用。在分析论证时,要坚持公正、科学的态度,以科学的辩证唯物主义全面地分析问题,既要依据当时当地的客观环境条件评价当时的工作,又要以发展的眼光评价项目建设成功的经验和问题。在发现问题、分析原因和做出结论时,避免出现主观性的情况,应客观地对项目的决策实施及其结果做出评价。

(三)可操作性和实用性原则

城市道路项目后评价涉及面广,且由于各个城市道路的种类、规模和用途各不相同,

难度较大，因此在后评价时，要求评价的方法具有可操作性和实用性，应避免使用高深繁杂的数学模型等评价方法，而是根据城市道路项目所具有的共性，采用简单易懂、通用性较强的评价方法，且要求报告的文字具有可读性，报告所总结的经验教训有可鉴性，使尽可能多的单位和个人从项目评价信息中受到的启发。

（四）定性分析和定量分析相结合的原则

城市道路项目本身具有投资大、周期长等特点，决定了其建设和运营必将给公路沿线及周边地区产生深刻且长远的社会、经济以及环境上的影响。因此，城市道路社会经济效益的特点决定了评价应遵循定性分析和定量分析相结合的原则。定量分析是对项目中能直接或间接量化的部分进行定量计算和分析研究，定量分析的方法常用的有加权评分法、环比评分法、强制评分法等；定性分析则是对不能量化部分的分析和评价，定性分析要客观公正、全面，防止主观片面，并采用现代科学方法，如特尔菲法评分法等使定性指标定量化。

五、城市道路建设项目后评价的程序

城市道路建设项目后评价是一项涉及面广的系统工程，需要有严密的程序作为保障。各个具体项目的后评价工作程序因项目自身特点而有所不同，但从总体来看，项目后评价都应遵循一个合理的、循序渐进的基本程序。这个程序一般包括提出问题、筹划准备、选择评价指标、收集资料、分析研究、编写报告、成果送审等七个阶段，其具体步骤如下：

1. 提出问题

先明确项目后评价的具体对象，在项目评价机构的统一领导下组成评价小组，确定项目后评价的具体要求。

2. 筹划准备

熟悉项目的基本情况，如建设项目的规模、技术标准、工期总投资等，确定调研地点和内容，制订工作计划，做好分析评价的准备工作（包括查阅资料，对项目进行实地调研等）。

3. 选择评价指标

根据国家的社会发展目标和政策，由评价人员结合项目的具体情况，找出项目可能产生的效益与影响，定出项目评价的指标，例如财务内部收益率、投资项目回收期、财务净现值等。

4. 收集资料

制定详细的调查提纲，确定调查对象和调查方法，并进行广泛的社会调查。

收集项目建设前后项目影响区域内有关方面的资料，并采用科学预测方法预测项目影响时限内可能发生的变化。

5. 分析研究

根据调查预测资料围绕项目后评价内容，对项目影响区域所产生的影响进行定量和定性分析与评价,发现问题提出改进措施。

6. 编写报告

将分析研究成果汇总,编制出项目后评价报告,分析项目当初决策是否合理,对如何提高项目的社会经济效益提出建议,并提供给委托单位和被评价单位。

7. 成果送审

把编制成的项目后评价报告上报给有关部门组织审查,有关部门根据国家有关政策、法规进行审查,并及时反馈审查意见。

第二节　城市道路建设项目后评价的内容

一、项目后评价与前评估的关系

项目前评估是在项目决策之前进行的工作,在深入细致的调查研究、周密规划、设计、科学预测和技术经济论证的基础上,分析建设项目的建设条件、建设的必要性,技术的先进性、可靠性、经济的合理性以及建设的可能性,目的是为建设项目的决策服务。项目后评价与前评估既有区别又有联系。

(一)项目后评价与前评估的相同点

项目后评价与前评估在以下几个方面是相同的:评价的目的相同,都是提高投资效益;评价的方法相同,都是采用定性分析与定量分析相结合,以定量分析为主、静态分析与动态分析相结合,以动态分析为主的方法:评价指标也基本相同。

(二)项目后评价与前评估的区别

由于项目前评估与后评价在项目建设的全过程中所处的工作阶段不同,因此两者的区别也非常明显,具体表现在以下几个方面:

1. 评价主体不同

项目前评估主要由投资主体及主管部门组织实施;项目后评价是以投资运行的监督管理机构或后评价权威机构组织主管部门会同计划、审计、设计、质量等有关部门进行。按照项目单位自我评价、行业主管部门评价和国家评价三个层次组织实施,这样一方面可以保证项目后评价的全面性,另一方面也可以确保后评价工作的公正性和客观性。

2. 评价内容不同

项目前评价主要是通过对项目建设的必要性、可能性、技术方案、建设条件进行分析以及对项目未来的经济效益和社会效益进行科学预测,论证项目是否可行;而后评价除了对上述内容进行再评价外,还要对项目决策的准确程度和实施效率进行评价,对项目的实际运行状况进行深入细致的分析研究。

3. 评价侧重点不同

投资项目的前评估以定量指标为主，侧重于项目的经济效益分析与评价，其作用是直接作为项目投资决策的依据；而后评价则要结合行政、法律、经济和社会、建设和生产、决策和实施等各方面的内容进行。它是以现有事实为依据，对项目实施结果进行鉴定，并间接作用于未来项目的投资决策，为其提供反馈信息。

4. 评价阶段不同

项目前评价是在项目决策前的前期工作阶段进行，是项目前期工作的重要内容之一，是为项目投资决策提供依据的评价；而后评价则是在项目建成投产后一段时间内，对项目全过程（包括项目的投资实施期和生产期）的总体情况进行的评价。

5. 评价的依据不同

项目前评价主要依据历史资料和经验性资料，以及国家和有关部门颁发的政策、规定、方法参数等文件为依据；而项目后评价则主要依据建成投产后项目实施的现实资料，并把历史资料与现实资料进行对比分析，其准确程度较高，说服力较强。

6. 评价对象不同

前期评价着重于不同设计方案的分析对比，后评价着重于项目实际执行结果与前期评价所确定的项目目的的对比分析，从中发现问题并加以总结。

7. 评价的性质不同

前评价是以数量指标和质量指标为主要依据、定量评价为主的纯经济评价行为；后评价是集行政、经济、法律为一身的综合性评估。

总之，项目的后评价不是对项目前评估的简单重复，而是依据国家政策和制度规定，对投资项目的决策水平、管理水平和实施结果进行严格的检验和评价。它是在与前评估比较分析的基础上，总结经验教训，发现存在的问题并提出对策措施，促使项目更快、更好地发挥效益和健康地发展。

二、项目后评价与中期评估的关系

建设项目中期评价是在项目立项上马以后开展，在项目实施时期，历经项目的发展、实施和竣工三个阶段，对项目状态和项目进展情况进行衡量与监测，对已完成的工作做出评价，为项目管理和决策提供所需的信息，使项目在运动中随时得到控制和纠正，指出后续项目管理的努力方向。

（一）项目后评价与中期评估的相同点

建设项目后评价与中期评估最大的相同之处就是都具有反馈性，即都是为决策者提供信息，提高项目管理水平。

（二）项目后评价与中期评估的区别

项目后评价与中期评价是相互独立又紧密联系的，都是项目管理和评价不可缺少的。

中期评价是后评价的一个依据和基础,后评价是中间评价的延伸和继续,二者之间不同之处在于以下几个方面:

1. 评价内容不同

中期评价的内容范围限定在项目实施阶段,重点在于诊断和解决项目进行中发生的问题或争端,推动和保证项目的有效进行,并且为后评价工作提供有利的条件或资料。

2. 所处阶段不同

中期评价是在项目实施过程中的评价,后评价是在项目实施过程完毕后,即项目的运营阶段。

3. 目的和作用不同

中期评价的目的在于检测项目实施状况与预测目标的偏离程度,并分析原因,将信息反馈到项目管理机构,以改进项目管理。同时,对项目重新预测,由此做出项目继续、追加投资或终止的决策;后评价的目的在于检测项目前期工作、项目实施、项目运营全过程中项目实际情况与预测目标的偏离程度,并分析原因,提出改进措施,将信息反馈到计划、银行等投资决策部门,为投资计划、政策的制定和改进项目管理提供依据。同时,根据实际数据,对项目的前景和可持续性进行评价。

4. 组织实施不同

中期评价不必像后评价那样需要一个相对独立的机构来组织实施,其组织管理机构可以设在项目管理机构内,人员也可以由项目管理人员承担。

5. 选用数据不同

项目中期评价的内容范围限定在项目的实施阶段,重点在于对项目实施进展与目标偏离程度及原因进行分析,诊断和解决项目执行过程中发生的问题,推动和保证项目的有效进行,为开展项目后评价工作提供有利的条件和资料。中期评价数据收集较为简单,仅限于项目内部,以日常信息管理系统的资料为评价依据。而项目后评价除了以中期评价所需要的信息数据作为重要基础,还要收集项目以外的有关资料来进行评价。

综上所述,确定城市道路建设项目后评价主要应该从目标、过程、效益、影响及目标可持续性等方面开展。

三、城市道路建设项目后评价内容的确定

(一)城市道路建设项目目标评价

城市道路建设项目目标评价是对项目预定目标实现程度的分析,主要从两个方面展开:一是评定项目立项时原来预定目标的实现程度;二是对项目原定决策目标的正确性、合理性和实践性进行分析评价。因此,在项目后评价中确定宏观目标、项目目的、项目投入等指标,对照原定目标完成的情况,检查项目实际的情况和变化,分析实际发生改变的原因,以判断目标的实现程度,对有些原定目标不明确或不符合实际的情况,项目实施过程中可

能会发生重大变化的指标，项目后评价要进行重新分析和评价。可以采用逻辑框架法来进行，即用一张简单的框图将指标的相关内容和同步考虑的动态因素组合起来，用于分析一个复杂项目的内涵和关系。

（二）城市道路建设项目过程评价

城市道路建设项目过程评价是以项目立项时所确定的目标和任务与项目实际运行结果进行对比，分析和评价项目前期工作及执行过程中主要环节的实际情况，从中找出发生变化的原因，总结预算决策和建设管理中的经验教训，分析实际情况变化的原因，鉴别实际结果偏离预期结果的合理程度，以便为今后推动前期工作和进一步改进管理工作积累经验，同时还通过对项目建成通车后的有关实际数据的观测调查，对比项目的实际运营情况与预测情况差距的大小，并分析产生的原因，从而为改善运营状况提出切实可行的对策措施。过程评价应涵盖项目建设的各个阶段，并能反映各阶段主要的特征。过程评价属于回顾性评价，是对项目整个的建设时期的全面评价，应重视客观性。其具体内容从以下几个方面展开：前期工作评价、项目内容和建设规模、建设实施评价、运营能力评价和管理工作评价、技术评价等。

1. 前期工作评价

前期工作评价是对立项条件、勘察设计、准备工作和决策程序等的评价。主要是评价立项条件和决策依据是否正确，决策程序是否符合规定，勘测工作对设计与施工的满足程度，设计方案的优化情况，技术上的先进性和可行性，经济上的合理性等。

2. 建设实施评价

建设实施评价是对设备采购、工程建设、竣工验收和生产准备等工作的评价。包括对施工准备、招标投标、工程进度、工程质量、工程造价、工程监理以及各种合同执行情况及生产运行准备情况等评价。

3. 运营能力评价

运营能力评价是对项目正式运营后其运营情况进行的评价。主要包括对项目设计能力和实际能力的验证、对工程技术经济指标的分析、对项目的运营管理和运营条件的分析以及对项目经营效益的分析等。

4. 管理工作评价

管理工作评价是对项目实施全过程中各个阶段管理者工作水平的评价。主要分析和评价是否能够有效地管理项目的各项工作，是否与政策机构和其他组织建立必要的联系，人才和资源是否使用得当，是否有较强的责任感等。从中总结出项目管理方面的经验教训，并对如何提高管理水平提出改进措施和建议。

5. 技术评价

技术评价是对项目实施过程中项目建设技术流程、技术装备选择的可靠性、适用性、配套性、先进性、经济合理性的再分析。针对立项决策阶段认为可行的工程技术流程和技术装备在实际使用过程中存在的问题，产生的原因进行分析，主要是检验项目建设的可靠性、项目建设流程的合理性、工程质量的保证程度等。

（三）城市道路建设项目效益评价

城市道路建设项目的效益评价主要从宏观层面和项目层面对社会效益进行考虑，对已建成项目进行经济效益和劳动效能的评价。

1. 在宏观层面，道路建设项目的社会效益主要内容：

（1）对实现经济和社会的稳定、持续和协调发展所做的贡献；

（2）为满足城市居民需求所提供的服务；

（3）保证不同地区之间的公平协调发展所起的作用；

（4）了解项目所在地区政府和民众对项目建设的意见和反映；

（5）分析项目建设和运行可能引发或诱发的社会问题。

2. 在项目层面，道路建设项目的社会效益主要内容：

（1）建立为能够切实完成项目目标的机制和组织模式；

（2）保证项目所在地区不同社会群体均能得到收益；

（3）预测潜在风险，分析减少不可预见的不良社会后果和影响的对策措施；

（4）提出为实现各种社会目标而需要对项目进行改进的建议；

（5）增强项目所在地区民众有效参与项目的建设和管理，以维持项目效果可持续性；

（6）防止或尽量减少项目对地区社会文化造成的损毁。

3. 城市道路建设所产生的效益

由于城市道路不属于收费项目，因此不需要进行财务后评价的工作，主要考虑国民经济效益后评价这一方面。效益评价是判断项目建设成功与否的标准之一，要求统计资料全面，预测数据准确。

国民经济后评价是将建设项目置于国民经济大系统中，从国家和社会的角度出发来分析建设项目的国民经济特征，通过比较已建项目所消耗资源的价值以及该项目建成后创造的国民经济效益来计算该项目的经济效果。从宏观经济角度考察项目投产后的经济效益情况，根据项目有关实际数据和国家新近颁布的影子价格和有关参数，计算项目的实际经济费用与效益，进行经济效益评价，并与前评估结论进行比较，分析差别和原因。评价主要包括国民经济效益和社会效益的实际成果与预期目标的对比分析、国民经济效益的前景以及措施分析等。

城市道路建设项目的国民经济评价是应用国民经济评价的基础理论，结合城市道路建设项目的经济特征来对其进行效益费用分析的过程。城市道路建设项目是一种为全社会服务的公共设施项目，效益主要表现为一种社会效益，城市道路建设项目的公用物品特性和外部经济性决定了国民经济评价的重要性。

城市道路建设项目的建设费用是在投资估算的基础上，根据费用计算的基础理论来予以计算的。而城市道路建设项目的国民经济效益则是在支付意愿与消费者剩余的基础上按照"有""无"比较法确定的。所谓"有""无"比较法，就是通过在对已建项目建设使用中（消费者）所发生的各种费用与该项目不实施情况下（消费者）所发生的各种费用进行比较，来确定已建项目的效益的一种方法。

本书中考虑的城市道路建设项目的经济效益是全社会道路使用者所获得的效益，以及道路的外部经济性给当地的经济发展带来的效益。有些效益可定量计算，有些效益不能定量计算。能定量计算效益的应定量计算，进而与道路建设项目的费用进行比较以确定项目的经济性，不能定量计算的效益应进行定性分析和综合评价。城市道路建设项目的经济效益中可以定量计算的效益主要包括以下几种：减少拥挤产生的效益；缩短里程产生的效益：城市道路减少交通事故而节约的费用效益：乘客节约在途时间的效益：货物节约在途时间的效益。

（1）减少拥挤所产生的效益

无此项目时，原有的相关道路的交通量不断增加，平均行车速度相应降低，单位运输成本亦不断提高。有此项目后，使原有的相关道路部分交通量向已建道路上转移，拥挤减少，运输成本下降，此项运输成本的降低就是效益。

（2）缩短里程而产生的效益

城市道路因新建或改建而缩短里程，节约了运输费用，其节约金额，以改建或新建后交通量状况下的运输成本来计算。

（3）城市道路减少交通事故而节约的费用的效益

项目建成后导致交通事故减少，其节约的费用以事故率及事故平均损失费用来计算。

（4）乘客节约在途时间的效益

乘客节约在途时间的效益，以乘客行车时间缩短，可多创造的国民收入来考虑，其金额以每人平均创造国民收入（净产值）的份额来计算。

（5）货物节约在途时间的效益

货物节约在途时间的效益，以货物运送速度提高，在途时间缩短，引起资金周转期缩短而获得效益来考虑，并按在途物资在期间占用资金的利息（国民经济评价时采用社会贴现率）的减少来计算。

（四）城市道路建设项目影响评价

建设项目影响评价是建设项目投入使用若干年后，分析项目对其周围地区在技术、经济、社会和文化、生态环境方面所产生的影响和作用，选择性地进行。项目的影响评价应以国家宏观为基础，重点分析项目对整个社会发展产生的影响。就城市道路建设项目后评价而言，影响评价的内容主要从环境影响评价和社会影响评价两个方面展开研究。

城市道路建设项目的环境影响后评价是区域内的城市道路项目建成投入正常运营后，在一定的时间内分析评价已建成道路对该区域环境质量的实际影响，分析评价城市道路建设项目环境影响评价结论的准确性、可靠性以及环境保护措施的有效性。在开展环境影响后评价工作时，主要考虑以下方面的内容：

第一，调查监测工程的环境影响、环保对策和效果以及工程的环保工作情况（设计、施工、环境监测、管理计划的实施情况）。

第二，根据实施调查和监测，对工程中、远期环境影响预测进行再评价，并对中、远期环境影响进行新的预测。

第三，在再评价和环境调查监测的基础上，对环保措施的可持续性进行评价，提出工程存在的有关环保问题。

第四，对该项目的环境效益进行初步评价。

第五，对该项目环保工作的成功经验以及存在的问题进行归纳和总结。

城市道路建设项目环境影响后评价的内容主要从以下三方面考虑：生态环境影响后评价，主要是对水土保持的影响和对水环境的影响两个方面；环境空气影响后评价，城市道路建设本身不产生环境空气污染，当道路投入使用后，车辆所排放的污染物受气象条件的影响，对沿线环境空气产生污染，根据交通污染源特征及道路两侧有可能的污染状况，对有可能产生大气污染的路段提出处理减缓措施或建议；环境噪声影响后评价，包括施工期和运营期两部分评价内容，而运营期的交通噪声影响是长时间而且是比较严重的，应该作为评价的重点，进行详细的论述、分析、预测和评价，并提出噪声污染治理的措施或建议。

城市道路建设对区域社会经济的影响作用巨大，建设的主要目的之一是为社会经济运行提供更便捷的交通条件。城市道路建设项目的效益，除了表现在一般的直接效益（如里程缩短、速度提高、成本降低、舒适性提高等）以外，还更深层次地表现在促进和带动其他相关产业和部门的发展而产生的宏观社会经济效益。因此，对社会经济影响进行评价是城市道路建设项目后评价的重要内容，城市道路建设项目社会影响后评价主要从项目对社会经济影响方面展开。城市道路建设项目社会经济影响评价是立足于项目决策、设计、施工到运营的全过程，客观、公正、系统地评价项目建设对其影响区域的社会发展、经济建设、区域繁荣等各方面产生的效益和影响，并将评价结果与前期评价阶段预期的效益和影响进行对比，以考察项目建设是否达到了预期的目标，进而提出相应的建议，从而为未来同类项目的决策及实施提供借鉴，同时也有助于制定科学合理的区域交通及经济一体化的发展战略。

社会经济效益不同于项目的国民经济效益评价。国民经济效益评价只是评价项目对国民经济系统所产生的"直接"经济效益，如时间节约等，是一种可量化的效益，而社会经济效益评价是评价项目建设及运营对国民经济系统所产生的多层次、多类型的联动效应，许多社会经济效益是无法量化表述的，只能进行定性分析。

第三节 城市道路建设项目后评价指标体系的构建

一、城市道路建设项目后评价指标体系的构建原则

由于城市道路建设项目涉及面比较广，采用的指标也比较多，因此评价指标的选取是否合理，将直接影响到评价结果的准确与否。指标并非越多越好，选取指标太多，一方面指标的重复性增大，有些指标之间具有相互交叉包含关系，对评价有一定的干扰；另一方面增加评价的工作量和出错概率；指标太少，使得所选指标缺乏足够的代表性，会产生片面性。为达到后评价的目的，必须根据城市道路建设项目各部分内容的特点，选取一套合理的评价指标体系来衡量或测定城市道路建设项目的合理性。指标选择对后评价而言非常重要，指标选择合理与否，会对后评价结论的可靠性产生重大影响。参考一般项目后评价指标构建的要求与原则，确定构建城市道路建设项目后评价指标体系时应遵循以下原则：

1. 系统性原则

系统性原则具体是指城市道路建设项目后评价中所选择的指标体系，一方面尽可能完整、全面、系统地反映后评价内容的全貌；另一方面力求抓住主要因素，突出重点，不搞面面俱到。根据项目的特点及存在的关键问题进行指标设置。

2. 完备性和相关性原则

综合评价指标体系能全面并综合地反映后评价的各种因素，但指标体系中应排除指标间的相容性，消除重复设置指标而造成评价结果失真的不合理现象。避免出现过多的信息包容、涵盖而使指标内涵重叠。但是完全独立的指标不能构成一个有机的整体，因此指标之间要有逻辑关系。

3. 可评价性和适用性原则

选取具有数据可比性、量化可能性和技术上的可操作性的评价指标，指标所构建的体系能对评价项目的总体建设水平给出定性和定量评价，能对今后城市道路网规划、交通工程规划和环境规划等提供评价的指标依据。同时，设置的指标是能够计算或观察感受到的，能够尽可能利用已有的或常规的统计数据和调查方法加以确定，便于应用研究操作，具有适用性。

4. 定量指标与定性指标相结合的原则

选取城市道路建设项目后评价指标时尽可能量化，但由于项目的特点，会存在一些难以定量而只能定性分析的指标。此时，进行定量与定性相结合的分析就显得十分必要。

5. 层次性原则

城市道路建设项目后评价的综合评价系统是一个复杂的大系统，将其分解成若干评价

子系统，在不同层次上采用不同的指标，即在不同的层次上应用不同的指标体系，有利于在不同层次上对后评价中的各子系统进行把握。

6. 客观性原则

坚持实事求是，避免人为影响。

二、城市道路建设项目后评价指标体系建立的方法

城市道路建设项目后评价综合评价指标体系的建立，是进行项目后评价综合评价的前提和基础，因此，建立一套科学地、全面地反映已建成通车的城市道路建设项目的综合评价指标体系是首要解决的问题。城市道路建设项目后评价涉及社会、经济、技术、管理、环境等诸多方面的因素，其中有些因素可以进行定量分析，有些因素只能进行定性分析，因此，在构建评价指标体系的过程中采用定性分析和定量研究的相互结合的方式。其中，定性分析主要是从评价的目的和原则出发，考虑评价指标的完备性、针对性、稳定性、独立性以及指标与评价方法的协调性等因素，主观确定指标和指标结构。

1. 评价指标体系初选

城市道路建设项目综合评价指标体系的初选是对其认知逐步深入的过程，是先粗后细、逐步求精的过程。综合评价指标体系的初选方法有分析法、综合法、交叉法、指标属性分组法等多种方法，本书采用最基本、最常用的分析法，即将综合评价指标体系的度量对象和度量目标划分成若干个不同组成部分，或不同侧面（即子系统），并逐步细分，直到每一个部分和侧面都可以用具体的统计指标来描述、实现。具体到本书所要研究的城市道路建设项目后评价综合评价问题中，层次结构图中的对象（总体）即是城市道路建设项目，将项目划分成若干个子系统，即层次结构图中所反映的侧面，再对每个侧面逐步进行细分，直到每一部分都可以用具体的指标来描述和实现。

2. 筛选并优化评价指标体系

作为综合评价指标体系，初选项的结果并不一定是合理的或是必要的，可能有重复，也可能有遗漏甚至错误，而且对于不同的城市道路建设项目在指标体系的选取上也可能有所不同，通过上述内容建立起来的评价指标体系，在实际应用于某一项目时，还要进一步筛选和优化，综合采用合并、剔除、替换等手段进行优化设计，对指标体系进行修改和完善，能够使所选指标具有科学性、完备性、适应性。对于由评价人员选择的评价指标体系，还要广泛征询各方面专家的意见，并综合运用各种专家的知识、经验以及信息等对评价指标体系进行修改后，确定项目的评价指标体系。

3. 评价指标体系的使用

评价指标体系的使用是综合评价指标体系的实践过程，综合评价指标体系需要在实践中逐步完善。通过实例的计算，分析输出结果的合理性，寻找导致评价结论不合理的原因。虽然有很多因素影响着评价结论，但指标体系也是一个十分重要的因素。指标体系选择不

仅受方法的影响,而且还影响方法的选择。

三、城市道路建设项目后评价指标体系的初选

为了科学全面地对城市道路建设项目进行综合后评价,在构建评价指标原则的指导下,结合城市道路建设项目的特点,结合研究现状和已有研究成果,征询专家意见,提出城市道路建设项目后评价综合评价指标体系,主要内容从以下几个方面展开:技术水平评价、经济水平评价、环境影响程度评价、管理水平评价、社会影响程度评价、交通安全状况评价以及目标持续性评价等。

(一)城市道路建设项目综合评价指标的构成

根据城市道路建设项目后评价系统分析,运用评价指标体系建立的思路和原则,参考已有公路建设项目综合评价体系的研究成果,建立如下城市道路建设项目综合评价指标体系结构。

1. 技术水平指标

城市道路建设项目周期全过程的技术水平是项目保质保量、高效完成的必不可少的环节。因此,在进行后评价时,把技术水平作为评价指标是十分必要的。对于城市道路建设项目后评价所采用的技术水平的分指标包括:设计技术水平、交通量预测技术水平、结构质量技术水平、运营服务技术水平。交通需求预测与分析是城市道路建设项目可行性研究或后评价的重要组成部分,它是进行交通量现状评价、综合分析建设项目的必要性和可行性的基础,是确定城市道路建设项目的技术等级、工程规模、经济评价及实施交通管理和控制的主要依据。交通量预测的准确与否,是一个城市道路建设项目能否运作成功的重要前提,交通需求预测与分析的水平高低,将直接影响到项目决策的科学性。工程结构质量是城市道路建设项目的关键,其质量品质的好坏对城市道路交通的运营状态、交通安全等方面有显著的影响,运营服务水平则是运营期各种技术措施的综合体现。

2. 环境影响程度指标

开展城市道路建设项目环境影响后评价时,以工程建设项目初步设计阶段的工程内容为基础,对照工程可行性研究阶段的环境影响评价工作,将环境影响评价的结果应用于项目建设和运行过程之中的现场监测和后评价检验。

考虑到城市道路建设项目具有范围广、对生态环境的影响大、运营后的车流量大等特点,对城市道路建设项目环境影响进行后评价时,首先对道路影响区域的声环境、大气环境、水环境、土壤环境等方面进行现场监测和重点调查,接着分析评价该项目采取环保措施后的环境质量状况、环境污染防治措施治理和落实情况、建设期间扰动和破坏的生态环境恢复情况、在近期或长期对自然与生态环境有何不利影响。

将城市道路建设项目环境影响内容体系与上述阐明的具体实施步骤结合起来分析,城市道路建设项目影响程度指标主要考虑自然环境的影响,包括对道路区域内水、空气、建

筑、居民、行人等方面产生的污染和噪声污染两方面。具体而言，主要针对施工后期生态恢复情况，进行调查、分析和评价。

3. 管理水平指标

管理评价是城市道路建设项目后评价的重要组成部分，其指标体系包括：建设项目前期管理水平指标、建设项目中期水平管理水平指标、建设项目运营管理水平指标三个部分。前期管理主要涉及交通需求调查与预测、项目风险分析、组织机构管理和工程设计；中期管理主要是业主和承包商对工程质量、费用和进度的管理；运营期管理主要是运营期道路服务水平、道路养护以及保证交通量达到目的设计标准等方面所进行的管理。

4. 社会效益评价指标

社会评价是项目评价的重要组成部分，它与经济评价、环境评价等评价内容相互补充，共同构成项目评价的方法体系。对于城市道路建设项目，项目直接面对的是广大民众，直接为社会服务，所以对项目进行社会评价是十分必要的。道路建设项目的社会因素多而复杂，多数是无形的，甚至是潜在的。因此，在确定社会效益的评价指标时，根据道路及其所在区域的特点，依照社会效益评价的内容，有目的、有重点、有代表性、有选择性地确定其评价指标。

由于城市道路建设项目属于城市基础设施项目，因而具有服务的公共性和效益的间接性。并且与其他的投资项目不同，在选取社会效益评价指标前要充分了解城市道路建设项目社会效益自身的特点：

（1）重在人文分析

城市道路建设项目作为城市基础设施建设，是为人类的生产生活提供服务。

因此，对其进行社会评价时应以人为中心，研究项目全过程参与有关群体的协调关系，从而促进项目的持续性及社会经济协调、人类的不断进步。

（2）多层次性

社会评价研究项目是针对国家、地区、当地社区各层次的社会发展目标以及各层次的社会政策为基础展开的。

（3）多指标性

社会评价涉及国家、地区社区各个层次不同的发展目标，以及对社会各方面的影响，故属于多指标评价。

（4）难以量化

影响项目的社会因素多种多样，有的可以计量，有的很难量化。考虑到社会是由经济、政治、文化、教育、卫生等多个领域组成，社会发展目标包括经济、政治、文化、教育、环境等多个社会领域的目标，城市道路建设项目与各个社会生活领域的发展目标或多或少有关系。在确定社会效益评价指标系统过程中，结合城市道路建设项目社会效益自身的特点，找出建设项目对各个社会发展目标产生的贡献作用的大小。根据城市道路建设项目自身的特点和对社会发展目标贡献大小及影响深度，主要从社会经济影响评价、社会需求评价和社会适应性评价几方面考虑来选取指标，以此作为评价的依据。

5.交通安全水平指标

随着我国国民经济建设的不断发展，为了满足交通日益增长的需求，国家不断加大了对基础设施建设的投入，但城市基础设施建设的速度仍远远落后于国民经济的发展速度，特别是汽车拥有量增长迅速，使得城市交通安全问题日益突出。因此，交通安全状况是评价过程中必不可少的部分。交通安全状况指标采用事故率指标，这些指标可综合反映道路状况、交通工具的先进性和交通管理水平。

6.目标持续性评价指标

城市道路建设的总目标就是为全社会提供预定的使用功能，为了实现这一总目标，就要求城市道路建设项目具有良好的工程质量、精心的养护管理以及预计的服务水平。这些要求构成了城市道路建设项目目标持续性影响的技术目标。

同时，社会经济环境与项目的持续性又产生相互的影响。因此，考虑上述要求，采用的目标持续性评价指标包括技术目标持续性指标和社会经济环境目标持续性指标两方面。技术目标主要涉及施工工程质量目标、养护管理目标、沿线设施目标、服务水平目标；社会经济环境目标主要涉及经济发展目标、社会发展目标、环境影响目标以及内部管理目标。

（1）技术目标持续性评价指标

①工程质量目标评价

工程质量是保证建设项目持续发挥使用功能的首要因素，是工程项目外观和内在性能的反映。工程项目的质量从其安全性、适用性、耐久性、维修性、经济性以及美观性等方面进行衡量。其中，安全性、适用性、耐久性又统称为工程项目的可靠性，是工程质量中最重要的指标。工程项目的可靠性取决于设计质量、施工质量、材料质量等因素。实践表明，目前我国工程项目的可靠性在很大程度上依赖于项目施工阶段的质量。因此，可通过建立施工质量和工程项目可靠性模型，采用可靠度指标来评价工程质量对项目的持续性影响。所谓可靠度，就是指工程项目在规定的时间内、在规定的条件下，完成预定功能的能力，这种能力用数量描述则为完成任务预定功能的概率，即结构可靠度就是用概率来度量结构的安全性、适用性和耐久性。

②养护管理目标评价

道路建设项目在使用过程中，随着车辆荷载使用和环境变化的影响，路面结构和使用性能会逐渐衰减，从而影响车辆行驶质量和道路服务水平。而良好的养护能延缓甚至是恢复其使用性能，因此，为了保证城市道路建设项目目标的持续性发展，必须适时地对建设项目进行妥善的养护。城市道路养护管理的目标是在设计使用年限内，项目的技术状况和使用性能能够保持在要求的水平之上。

③沿线设施评价

沿线设施是城市道路建设项目的重要组成部分，其对提高道路服务性能、保障行车安全和交通畅通具有重要意义。城市道路沿线设施包括交通安全设施、道路标志、路面标线、监控和通信设施以及其他设施等。在对沿线设施进行评价时遵循技术标准的设置要求，分析检查项目设置是否合理，是否配套、完善，以及实际使用效果。

④路网效用的目标评价

城市道路建设项目目标的持续性实现，还取决于项目在路网中的效用，也就是发挥作用的程度。效率越高，项目被利用的程度就越高，项目的作用也就越大。当然，随着区域路网的发展和完善，项目在路网中的作用会逐渐趋于平缓。路网的效用可以通过路网的运用性、路网的可达性、路网速度以及路网连通度等指标来体现。

⑤服务交通量目标评价

服务交通量、服务水平和通行能力是反映道路功能和使用状况的三个不同指标，但它们之间又是相互联系、相互依存的关系。道路服务水平是指道路使用者从道路状况、交通条件、道路线形、景观与环境方面可得到的服务质量或服务的满意程度，例如，可提供行车速度、出行时间、经济、安全、舒适、方便等方面的服务程度及实际效果。不同等级的道路，服务水平不同，一定的服务水平允许通过的交通量称为服务交通量。服务水平高的道路，服务交通量低，车速快，用路者开车的自由度大、舒适、安全性好。服务水平低下的道路，其相应的服务交通量大，行驶速度受到限制，甚至出现拥挤、受阻。

道路的通行能力主要反映道路服务的数量或服务能力，它与道路的技术等级直接相关。通行能力大，在同一服务水平下相应的服务交通量就大，或者服务交通量不变，道路的通行能力大，则相应的服务水平就高。因此，服务交通量取决于道路的通行能力和服务水平。影响服务水平的因素主要有：行车速度和运行时间；车辆行驶时的自由程度（畅通性）；行车延缓、交通受阻或干扰的程度；行车的安全性（事故率、死亡率及经济损失等）；行车的舒适性和乘客的满意程度；经济性（行驶费用）。以上因素在分析道路的服务水平时难以全部考虑，在实际分析时，选择其中的主要因素，如行车速度、运行时间、交通密度、交通容量比（交通量与通行能力之比）。

（2）社会经济环境目标持续性评价指标

①经济发展目标评价

城市道路建设项目的效益，除了表现在一般的直接效益（如里程缩短、舒适性提高等）以外，还更深层次地表现在促进和带动其他相关产业和部门的发展而产生的宏观社会经济效益。经济发展目标评价主要从以下几个方面考虑：区域内社会资源开发的效益等；区域内产业开发的效益（由资源开发而导致的新增产业的效益，国营或集体服务设施的效益，个体服务设施的效益等）；道路建设对整个城市路网综合运输效益的提高程度等。

②社会发展目标评价

社会发展目标评价主要方面是：区域内劳动力需求增长程度；区域内城乡出行变化程度；区域内生活环境的改善程度；道路建成后对整个路网效用的提高程度等。

③环境影响目标评价

城市道路建设项目从开始施工到最后运营过程中，一直都会对道路沿线及周边地区的环境产生较大影响，而且大多数是负面的。通过分析道路建设项目的环境影响，可以全面评估项目的环境效益，最终实现建设项目的社会经济效益和环境效益的协调统一，促进道路建设项目沿线社会经济、自然环境的持续、稳定、协调发展。

（二）评价指标体系的完善

指标体系的建立是综合评价的分析过程，分析是以综合为归宿，但综合不是简单的拼凑和叠加，而是系统整体的再现。从结构上看，初选指标体系结构更加强调的是目标与概念的划分以及指标的全面性，未必符合特定综合评价方法和特定的评价项目的要求。在应用于某一特定工程项目时，灵活应用评价指标体系，具体的问题具体分析。指标体系中的各评价指标将用作测度各子目标质量的标准，也就是测度这些子目标的好坏程度。因此，必须对初选项的指标体系进行完善化处理。

在实际项目运用过程中，将初选项的指标体系与实际工程项目的目标、特点、规模、现有资料等方面结合起来，进行综合考虑，对指标体系进行筛选、修改和完善，以最终确定指标体系。

第四节　城市道路建设项目后评价的方法

一、对比法

对比法有前后对比（Before and After Comparison）和有无对比（With and Without Comparison）。建设项目后评价"前后对比"是将项目可行性研究和评估时所预测的效益和项目竣工投产运行后的实际结果相比较研究，找出差异和原因。这种对比用于揭示项目的计划、决策和实施的质量是项目效益评价应遵循的原则。"有无对比"，是将项目投产后实际发生的情况与没有运行投资项目可能发生的情况进行对比，以度量项目的真实效益、影响和作用。对比的重点是分清项目自身的作用和项目以外的作用。这种对比用于项目的效益评价和影响评价。

"前后对比法"的缺点在于不能消除非项目因素对项目的影响，而城市道路建设项目作为大型社会公共项目，实施后的效果不仅仅是项目的效果和作用，还有项目以外多种因素的影响。因此，简单的"前后对比"不能得出真正的项目效果的结论；"有无对比法"的缺点在于预测不进行项目建设的结果可信度不够。由于这种方法隐含了假设，即在没有的情况下，项目实施之前的情况将保持不变并持续下去。而事实上，由于本身的发展趋势和其他因素的影响，即使没有项目，对象也可能变好或变差。这种简单的前后数据比较，很有可能高估或低估项目的作用，准确性较差。这两种方法经常结合起来使用，以减轻这两种方法的缺点对评价效果的影响。但是，对对比法得到的结论往往是各评价指标的偏差程度，无法找出关键因素，更无法揭示其偏差产生的原因。对比法更多的是为了发现项目存在的问题，必须深入分析问题的原因。

二、逻辑框架法

城市道路建设项目中的社会影响、社会效益等方面的后评价所研究的问题具有多目标、难以量化的特点、评价内容涉及城市道路各个层次，适宜采用综合、定性的分析方法，对项目进行后评价过程中，若单考虑社会影响、社会效益方面的因素，可以采用逻辑框架法。

目标树逻辑框架法是目前许多国家采用的一种行之有效的方法。这种方法从确定待解决的核心问题入手，向上逐级展开，得到其影响及后果，向下逐层推演找出其引起的原因，得到所谓"问题树"。将问题进行转换，即将问题树描述的因果关系转换为相应的手段——目标关系，得到所谓"目标树"。目标树得到之后，进一步的工作要通过"规划矩阵"来完成。

逻辑框架法（LFA-logical framework approach）是一种概念化论述项目的方法，即用一张简单的框图来清晰地分析一个复杂的内涵和关系，使之更易理解。LFA 是将几个内容相关、必须同步考虑的动态因素组合起来，通过分析其间的关系，从设计策划到目的等方面来评价一项活动或工作。LFA 为项目计划者和评价者提供一种分析框架，用以确定工作的范围和任务，并通过对项目目标和达到目的目标所需的手段进行逻辑关系的分析。

逻辑框架法的核心概念是事物的因果逻辑关系，即如果提供了某种条件，那么就会产生某种结果，这些条件包括事物内在的因素和事物所需要的外部因素。建立项目后评价逻辑框架的目的是依据实际资料，确立目标层次间的逻辑关系，用以分析项目的效率、效果、影响和持续性。

三、因果分析法

在项目后评价时为了及时发现、分析问题，提出解决问题的对策、措施和建议，就需要运用一定的方式方法，对这些变化进行因果分析，分清主次及轻重关系，以便总结经验教训，提出改进或完善的措施和建议。因果分析法能够较好地解决这一问题。

（一）因果分析的对象

1. 对投资项目管理法规条例及办事程序的执行情况分析

主要针对基建项目是否按照国家有关项目管理程序进行项目立项决策、勘察设计、资金筹措、项目招投标、施工组织管理、工程监理、竣工验收工作等环节进行分析。

2. 工程技术及质量指标变化的因果分析

因果分析包括：设计方案变化；工期变化；资金来源及融资方式的变化；项目总投资及单项工程投资变化；工程建设数量及规模的变化；设施及设备技术标准的变化；设备采购方式的变化；技术设备引进及人员培训方式的变化；工程支付方式、时间及数量的变化。

3. 运营管理体制及经济效益指标变化

运营管理体制及经济效益指标变化，包括：项目运营管理体制的变化；项目投产后实际产量、产品结构与前期工作阶段及设计阶段预测值差距及变化；项目投产后市场及销售量与预测结果变化分析；项目经营（运营）管理成本变化分析；项目国民经济效益指标的变化；项目财务效益指标的变化等。

（二）因果分析图

在评价城市道路建设项目的工程质量或效益等方面的技术经济指标时，由于若干因素的共同作用，实际指标与前评估阶段预期的目标产生一定的差距，以至于影响到项目实施的总体目标或子目标。在这些复杂的原因当中，有主要的、关键的原因，也有次要的或一般的原因。而必须从这些错综复杂的原因中整理出头绪，找出使指标产生变化的真正起关键作用的原因。因果分析图就是这样一种分析和寻找影响项目主要技术经济指标变化原因的简便有效的方法或手段。因果分析图的工作步骤如下：

1.因果分析图：从项目中首先要找出或明确所要分析的问题或对象，并画一条从左至右的带箭头的粗线条作为主干，表示要分析的问题。如图 1-1 所示。

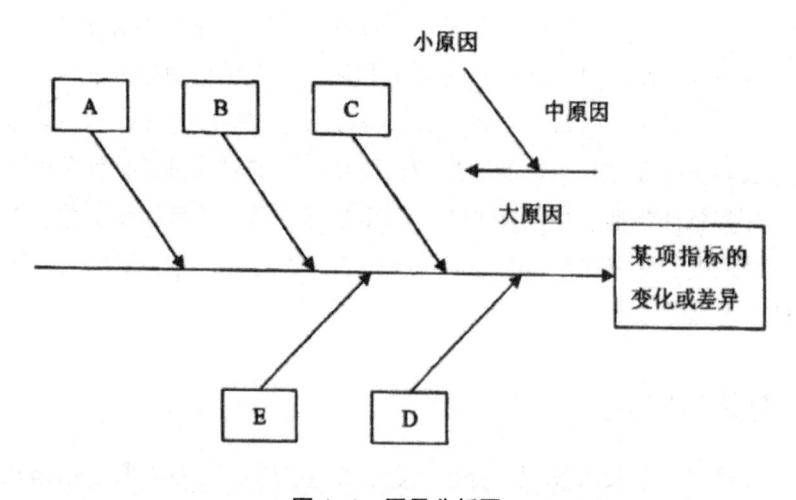

图 1-1 因果分析图

因果分析可采用因果图的方式来实现，在评价一个项目的工程质量或效益等方面的经济指标时，由于若干因素的共同作用，在项目的设计、施工建设、运营管理过程当中，使得实际指标与前评估阶段预期的目标产生一定的差距，以至于影响到项目实施的总体目标或子目标。

2.原因分类

将项目实施情况调查或考察中收集到的信息进行整理、分类。通常可按照问题的性质或属性进行分类。如人的因素、技术条件因素（评估方法及技术、勘测设计技术、工程技术条件、运营管理技术等）、环境因素（社会环境、自然环境、经济环境、相关政策法规环境等）、实施方法因素（项目管理方式及方法、招投标管理、投融资管理、施工管理、工程监理、审计监督、运营管理等方面）、设备及材料的因素（设备、材料的选型及质量保障等）。

3. 重要原因的标定

将通过对项目实地考察、调研或通过其他途径收集到问题和情况以及项目评价专家组成员提出的问题和对原因的分析进行集中整理和分类。一般可以按照外部因素和内部因素分类，也可以按照项目管理的主要环节进行分类。例如，前期评估论证工作环节、立项审批程序环节、勘察设计环节、融资环节、项目招投标环节、工程建设实施及管理环节、建设资金使用情况、财务管理环节、竣工验收环节以及投产后运营管理环节等大原因进行分类，然后按照造成上述各环节变化的中原因和小原因依次罗列。其中，对于造成项目重大变化的，或对项目实施目标和效果产生重大影响的主要原因和核心问题加上突出的标记，以便于作为重点分析评价的对象。

四、成功度评价法

成功度评价法是依靠评价专家或专家组的经验，根据项目各方面的执行情况并通过系统准则或目标判断表来评价项目总体的成功程度。成功度评价是以逻辑框架分析的项目目标的实现程度和经济效益分析的评价结论为基础，以项目的目标和效益为核心，所进行的全面系统的评价。项目评价的成功度可分为5个等级，即完全成功、成功、部分成功、不成功、失败5个等级。在进行项目成功度评价时，首先根据项目特点对各指标的重要性进行分析，选出一些与项目密切相关的重要指标，确定各指标的权重，接着测定各单项指标的成功度等级，即总体成果。项目评价的成功度分级标准为：

完全成功：项目的各项目标都已全面实现或超过；相对成本而言，项目取得巨大效益和影响。

成功：项目的大部分目标已经实现；相对成而言，项目达到预期的效益和影响。

部分成功：项目实现了原定的部分目标；相对成本而言，项目只取得了一定的效益和影响。

不成功：项目实现的目标非常有限；相对成本而言，项目几乎没有产生什么正效益和影响。

失败：项目的目标是不现实的，无法实现；相对成本而言，项目不得不终止。

在评价体系及等级确定之后，就要按照有关细则和程序进行工作，一般程序如下：

1. 接受后评价任务，成立后评价小组

根据有关部门的指示或文件要求，单位接受后评价任务后，要及时成立后评价工作小组，任命项目负责人。

2. 制订评价计划

后评价计划必须说明评价对象、评价内容、评价方法、评价时间、工作进度、质量要求、经费预算、专家名单、报告格式等。

3. 设计调研方案，聘请有关专家

一个设计良好的调研方案不但要有调研内容、调研计划、调研方式、调研对象、调研经费等内容，还应包括科学的调研指标体系。必要时还需聘请专业部门的专家参加调研评价工作。

4. 阅读文件，收集资料

评价小组应组织人员认真阅读项目文件，从中收集与评价有关的资料。

5. 开展调研，了解情况

了解项目以前及现在的建设情况、运营情况、效益情况、可持续发展以及对周围地区经济发展、生态环境的作用和影响等。

6. 分析资料，形成报告

按照已经确定的评价指标体系写出报告。最后需要形成的概念是：项目的总体效果如何？是否按预定计划建设或建成？是否实现了预定目标？项目的影响和作用如何？对国家、地区、生态各有什么影响和作用？项目的可持续性如何？项目的经验和教训如何？

成功度评价法的缺陷在于定性分析较多，定量分析较少，主观因素影响比较大。在定性分析中，有些指标（社会影响）的表述，带有模糊性，即没有明确的外延，其内涵也是相对的，具有模糊和非定量化的特点，对其进行评价，只能采用单一的定性语言。受文化水平、知识结构、社会经历和能力大小的影响，人们对各项影响因素的褒贬程度也不相同，以至很难确定这些因素的具体评判值，并对这些模糊信息资料进行量化处理和综合评价，即使做出了评价，也是片面的、静止的评价，其评价结果也无法排序。这将在很大程度上影响到评价过程的适用性和评价结果的可信性。

五、城市道路建设项目后评价综合评价方法研究

（一）层次分析法与模糊评价法相结合的可行性

近年来，围绕着多指标综合评价，其他领域的相关知识不断渗入，使得多指标综合评价方法不断丰富，有关这方面的研究也不断深入。目前，国内外提出的综合评价方法已有几十种之多，但大致上可归为两大类：主观赋权评价法和客观赋权评价法。前者多是采取定性的方法，由专家根据经验进行主观判断而得到权数，如层次分析法、模糊综合评判法等；后者根据指标之间的相关关系或各项指标的变异系数来确定权数，如灰色关联度法、主成分分析法等。本书中由于城市道路建设项目中包含大量定性指标，难以进行定量分析。因此，对其采用的综合评价方法主要考虑主观赋权评价法。

（二）层次分析法

层次分析法（Analytical Hierarchy Process，AHP）是美国数学家 Saaty 在 20 世纪 70 年代提出的。它是一种模拟人分析、判断及决策过程的系统分析方法，可将决策者的思维过程和主观判断系统化、数量化和模型化，能简化对问题的系统分析与计算，保持一致性，

进行反馈控制。该方法能够把因果关系思路理清楚，形成决策的层次结构，将复杂的因素变得有序。另外，城市道路建设项目属于市政项目因素中定性因素很多，而层次分析对此能做出很好的处理。

层次分析法的基本原理：它是把一个复杂的问题中的各个指标通过划分相互之间的关系使其分解为若干个有序层次。每一层次中的元素具有大致相等的地位，并且每一层与上一层次和下一层次有着一定的联系，层次之间按隶属关系建立一个有序的递阶层次模型。层次结构模型一般包括目标层、准则层和方案层等几个基本层次。在递阶层次模型中，按照对一定客观事实的判断，对每层的重要性以定量的形式加以反映，即通过两两比较判断的方式确定每个层次中元素的相对重要性，并用定量的方法表示，进而建立判断矩阵。然后，利用数学方法计算每个层次的判断矩阵中各指标的相对重要性权数。最后，通过在递阶层次结构内各层次相对重要性权数的组合，得到全部指标相对于目标的重要程度权数。

由于在建设投资项目后评价往往涉及众多的因素和指标，且各种指标的性质存在差异，表现形式也不完全一致；仅仅从单一指标去衡量或评价项目的实施效果会失之偏颇，而将AHP法作为一种定量化分析方法，应用于投资项目后评价中，可从系统的角度对项目总体效果给出一个全面、客观的评价。

层次分析法的优点是：在有限目标的决策中，大量需要决策的问题既有定性因素，又有定量因素。因此，要在决策过程中把定性分析与定量分析有机地结合起来，避免二者脱节。层次分析法正是一种把定性分析与定量分析有机结合起来的较好的科学决策方法。它通过两两比较标度值的方法，把人们依靠主观经验来判断的定性问题定量化，既有效地吸收了定性分析的结果，又发挥了定量分析的优势；既包含了主观的逻辑判断和分析，又依靠客观的精确计算和推演，从而使决策过程具有很强的条理性和科学性，能处理许多传统的最优技术无法着手的实际问题，应用范围比较广泛；层次分析法分析解决问题，是把问题看成一个系统，在研究系统各个组成部分相互关系及系统所处环境的基础上进行决策。相当多的系统在结构上具有递进层次的形式。对于复杂的决策问题，最有效的思维方式就是系统方式。层次分析法恰恰是反映了这类系统的决策特点。它把待决策的问题分解成若干层次，最上层是决策系统的总目标，根据对系统总目标影响因素的支配关系的分析，建立准则层和子准则层，然后通过两两比较判断，计算出每个方案相对决策系统的总目标的排序权值，整个过程体现出分解、判断、综合的系统思维方式，也充分体现了辩证的系统思维原则。

层次分析法的缺点是：虽然层次分析法较好地考虑和集成了综合评价过程中的各种定性与定量信息，但是在应用中仍摆脱不了评价过程中的随机性和评价专家主观上的不确定性及认识上的模糊性。例如，即使是同一评价专家，在不同的时间和环境，对同一评价对象也往往会得出不一致的主观判断。这必然使评价过程带有很大程度的主观臆断性，从而使结果的可信度下降；判断矩阵易出现严重的不一致现象。当同一层次的元素很多时，除了使上述问题更加突出外，还容易使决策者做出矛盾和混乱的判断，使判断矩阵出现严重的不一致现象。

(三)模糊综合评判法

模糊评价法是以模糊数学为基础，应用模糊关系合成的原理，将一些边界不清、不易定量描述的因素予以量化，进行综合评判的一种方法。所谓"模糊性"，主要是指客观事物的差异之间存在着中间过渡。对于模糊现象，采用精确数学来处理是无能为力的。这是因为精确数学是建立在普通集合论的基础上：普通集合论要求所研究的对象，要么属于某个集合，要么不属于某个集合，两者必居其一，绝对不能模棱两可，即普通集合论只能表现"非此即彼"型的现象。因此寻找一种既有科学计算，又能较好地反映人类决策、判断经验的评判方法——模糊评判法就受到越来越多的重视。

模糊综合评判法的优点：隶属函数和模糊统计方法为定性指标定量化提供了有效的方法，实现了定性和定量方法的有效集合；在客观事物中，一些问题往往不是绝对的肯定或绝对的否定，而是涉及模糊因素，模糊综合评判方法则能较好地解决判断的模糊性和不确定性问题；所得结果为一向量，即评语集在其论域上的子集，克服了传统数学方法结果单一性的缺陷，结果包含的信息非常丰富。

模糊综合评判法的缺点：不能解决评价指标间相关造成的评价信息重复问题；各因素权重的确定带有一定的主观性；在某些情况下，隶属函数的确定有一定的困难，尤其是多目标评价模型，要对每一目标、每个因素确定隶属度函数，过于烦琐，实用性不强。

(四)层次分析法与模糊数学综合评判法相结合的可行性

城市道路建设项目内容涉及技术、经济、环境、社会效益、持续性等多方面，属于多目标分析。同时，单就一个评价指标来说，涉及的内容也比较广泛，属于多层次分析。城市道路建设项目后评价评价体系由于内容丰富，指标相对来说比较多，而且涉及许多指标都是停留在定性评价的基础上，一般不能用数学公式进行定量计算，通常采用定性分析，而定性评价只是个概述。因此，要对城市道路建设项目进行综合评价时，多指标的定性分析需要通过定量化才能达到该目的，但定量化又常常会丧失、扭曲事物的本来面目，要达到两全其美，必须通过定性和定量相结合的方法来对多指标体系进行评价。这就要求通过现场调查、多人(有关专家)多角度评估与必要的数学模型计算结合，来对城市道路建设项目进行后评价。同时，由于人们主观认识的差异和变化，这些差异和变化的内涵和外延不是非常明确，其概念具有模糊性。因此，利用模糊数学的方法，对一层和多层次的主观指标评价问题建立模糊综合评价模型，将模糊因素数量化。利用层次分析法，确定评价指标的权重。利用向量的乘积，求出综合评价结果的代数值。对城市道路建设项目综合评价结果进行直接比较，项目的成功与否很容易判断。

经过上述分析，同时鉴于城市道路多属于政府投资项目，具有规模庞大、投资额高等特点。再根据城市道路建设项目定量与定性分析指标的复杂程度，在经过广泛深入的调查研究、分析比较等多种评价方法的基础上，选择层次分析方法与模糊评价相结合建立的综合评价模型，能较好地解决评价方法的科学性与适用性完美结合的问题，可操作性比较强。

第二章　城市道路建设可持续发展分析

第一节　概述

一、可持续发展定义、内涵及原则

（一）可持续发展定义

作为一个具有强大综合性和交叉性的研究领域，可持续发展涉及众多的学科，产生了不同的定义。生态学家着重从自然方面定义可持续发展，理解可持续发展是不超越环境系统更新能力的人类社会发展；经济学家着重从经济方面定义可持续发展，理解可持续发展是在保持自然资源质量和其持久供应能力的前提下，使经济的净利益增加到最大限度；社会学家从社会角度定义可持续发展，理解可持续发展是在不超出维持生态系统承受能力的情况下，尽可能地改善人类的生活品质，科技工作者更多地从技术角度定义可持续发展，把可持续发展理解为是建立极少产生废料和污染物的工艺或技术系统。目前在最概括的意义上得到国际社会接受和认可的定义由布伦特兰夫人小组提出，就是指既满足当代人的需要，又不损害子孙后代满足其需求能力的发展。

（二）可持续发展的思想内涵

可持续发展战略的思想基础是生态文明与人的和谐；行动准则是整体观念和未来取向；根本战略是控制人口、节约资源、保护环境；操作系统是政府行为、科技导向和公众参与。

在未来的发展战略中，其内涵概括起来有下述三个方面，即持续性、持续发展及持续利用：持续性指一种可以长久维持的过程或状态的特性，这种长久维持的过程或状态是以不破坏其原有系统结构和运动机能为最低限度，它是由生态持续性、经济持续性、社会持续性三部分组成。持续发展为既满足当代的需求，又不对后代满足其需求能力构成危害的发展战略，是不以破坏自然生态为代价的有效使用资源，以此满足人们日益更新其需求的发展战略。持续利用指人们在开发利用资源时，对于可更新资源即有限自然资源中再生资源的开发速度不能大于其再生速度，否则将切断再生资源的再生和生态平衡连续性的恢复，使其向着不可逆转的方向衰落、消亡。

（三）可持续发展的原则

1. 以发展为主题

发展是人类共同的权利与需求，是国家实力和社会财富的体现。对于发展中国家而言，只有发展才能缩小贫富差距，人口骤增和生态危机提供必要的技术和资金。发展是可持续发展的前提，离开发展这个基础，可持续发展就无从谈起。

2. 体现公平

在可持续发展中，它要求现有的发展主体对自己的发展行动采取某种程度的自律。首先，体现未来取向的代际平等，它强调当代人在寻求自身发展的同时，承认子孙后代有同等的发展机会，不损害后人的生存发展和拥有的资源财富；其次，体现整体观念的代内平等，任何地区的发展不能以损害别的地区的发展为代价，特别是要足够充分地维护弱发展地区的需求，要求在区域内部和不同区域之间，从成本效益角度实现资源利用与保护两者的公平负担与分配。

3. 环境保护与资源限制利用

发展要以环境资源的支撑为前提，以环境容量为限度，与资源和环境的承载力相协调。发展的同时必须保护和改善地球生态环境，保证以持续的方式使用可再生资源，使人类的发展控制在地球承载能力之内。

4. 多元的价值观

在可持续发展前提下，衡量一个国家、地区或城市发展的指标不再为单纯的经济增长，它不仅包括经济增长，而且包括改善人类生活、提高人类健康、提高社会福利、协调生活环境等。最近世界各国已开始采用"人类发展指数"以代替传统的人均国民生产总值，以求更为全面地反映社会持续发展的优劣。

二、城市建设中的可持续发展观念

（一）城市建设中必须贯彻可持续发展观念

改革开放 30 多年来，我国的城市建设发生了巨大的变化。城市化引发的一系列问题逐步为有关专家学者所关注，掀起了探索在世界趋于全球化、知识经济、信息时代如何在生产建设中走可持续发展道路的高潮。

城市是国民经济的命脉。城市可看作一个有机的生命体，从功能上说，道路是它的血管，绿地是它的肺，政府是它的大脑，通信设施是它的神经，给排水是它的排泄渠道等等。哪一部分出了问题，整个城市也就会出问题。城市包括建成区、城乡边缘带、郊区三部分，而城乡边缘带是实现可持续发展最关键的部位。目前在我国，城市建设中投入最大、发展最快的往往就是城乡边缘带，因为城市的扩展主要体现为城乡边缘带通过开发建设逐步变为新的建成区。城市建设中的偏差也往往出现在城乡边缘带的建设过程中。由于城乡管理机构、管理体制、管理方式的不同，城市建设管理的难点通常也集中于这个过程。当然，建成区也有旧城改造和公共基础设施更新改造、扩建、新建的管理问题；郊区也有农村建设、村镇建设和向城乡边缘带转变的管理、指导、控制问题。但是在目前我国城市化进程加速的情况下，如何在城市建设中以能力建设为动力和保障，实现以人为本的自然——经济——社会复合系统相互协调的发展，即如何在建设中实现城市经济社会的可持续发展，在新城区建设中问题最集中、最突出、最迫切需要解决。

（二）城市建设中可持续发展观念的内容

目前我国城市化进程正在全面提速，与它相联系的城市道路交通建设也在全国范围内大规模、高速度地进行。在城市建设中，必须始终全面坚持可持续发展的观念。

1. 自觉控制城市建设规模、速度、方向、结构的观念

城市建设是人类一种有意识的经济活动，受到一系列主客观因素的制约，不能无限扩大、随意进行。可持续发展要控制三个变量，即"能源""生物多样性"和"空间"。在空间控制上要着重控制城市空间，因为人类生存的空间必须与能源（以及清洁的水源和其他资源）的可持续供应能力相适应，与生物多样性和谐共存所需要的空间相协调。城市是人类活动高度密集的空间，实际上是用空间换取时间，即通过高密度的空间聚集实现城市生活节奏的加快，来节省高度稀缺的时间。但城市的快节奏生活又以能源、水资源和其他资源的高消耗为代价，以挤压占领自然界各种生物的生存空间和生物多样性的恶化为代价，这样的城市空间扩展和作为其先行措施、基础活动的城市建设是缺乏可持续性的，从长远看、从人与其他生物共有的唯一家园即地球的整体来看，也是得不偿失、弊大于利。

2. 城市建设与环境、社会、经济动态协调的观念

城市建设中的经济、环境、社会"三位一体"协调发展，要求城市建设不仅承担起为城市经济、周边区域经济以及国民经济可持续发展提供基础条件和先行结构的功能，而且承担起保护环境、美化环境、改善环境（包括维护生态、节省资源）的功能，以及服务社会、便利社会、安定社会、凝聚社会（包括稳定人口、改良人口）的功能。城市建设过程中必须重视这三种功能的动态协调和全面兼顾，使城市经济、社会、环境在动态协调状态下实现可持续发展。

城市建设的经济功能主要是为人类在空间上高度聚集的经济活动提供完善的基础设施、服务设施和充分有效的集中空间。从可持续发展战略角度来看，城市建设必须在为人类的城市经济活动提供日益改善的适宜空间的同时，也为人类其他方面、其他类型的经济活动保留足够的、未被城市建设活动破坏的完好空间，并为人类世世代代可持续的经济活动保留进一步开拓城市空间的余地。这就要求在城市建设中必须兼顾城市与非城市，兼顾目前和未来，兼顾建设和保护，兼顾城市建设的局部直接经济效益和整体长期经济效益。

城市道理建设的环境功能主要是实现城市建设活动与环境（包括自然环境、人文环境、生态系统、自然资源以及历史文化资源等）的良性适应。应该从可持续发展的视角，把城市道理看作一种兼具自然特征与人文特征的复合生态系统，并保持这个系统的动态平衡和

自我完善。在城市道理建设中，从建设规划阶段就要充分重视建设形成的人造环境与自然环境的协调，重视建设形成的人类聚集空间与大自然生态空间的协调；在城市道路建设的施工阶段，要特别强调采用"绿色"设计、"绿色"技术、"绿色"工艺和"绿色"材料，强调对环境、生态的保护和对资源的节约使用。

总之，城市道路建设要全面兼顾经济功能、环境功能、社会功能（包括文化功能，特别是美学功能），协调城市道路建设与经济、环境、社会的关系，让居民在赏心悦目、方便舒适的城市中享受现代城市文明的成果。

3. 城市道路建设与伦理道德文明建设综合配套的观念

城市道路建设属于物质文明建设活动，它必须与精神文明建设、政治文明建设配套进行。"以人为本"的发展观就是一种关心"每一个人自由而全面的发展"（马克思语）的崇高的伦理道德观念，是现代精神文明的体现。从可持续发展的角度看，"以人为本"就要让每一个人都共同享受发展带来的利益，而不论这个人是有钱人还是穷人，是城里人还是乡下人，是发达国家的人还是发展中国家甚至最不发达国家的人，是目前正在从事经济、政治、文化等活动的人还是下一代人乃至许多代以后的人。城市道路建设的"文明施工"，不仅是对施工现场的建设人员而言的，而且是对城市道路建设的指导思想、规划设计、建设施工、监督管理等整个系统、整个过程、整个活动和所有参与者而言的。

因此，城市道路建设的服务对象绝不能局限于城市的现有居民，更不能为了这一部分人而伤害、牺牲其他人的利益。城市建设应该尽可能地少占耕地，以免在增进城市居民利益的同时损害农民利益；如果因道路建设需要而不得不依法征用耕地（以及牧场、经济林等），就必须给被征地者合理的经济补偿，并在可能时安排好其中有劳动力者的就业出路。城市道路建设不得向城外倾倒建筑垃圾而向非城市居民输出污染。城市道路建设在规模、速度等方面的自觉控制也具有文明道德方面的意义，不能为了目前这一代城市居民的利益而占用过多土地，以致后代人没有足够的生存空间和发展余地；不能超过城市现有财力而搞太大规模的城市建设，不论是借长期债务来填补资金缺口，还是紧打紧算搞"半拉子工程"或不配套、不完整的城市道路建设，都是对子孙后代利益的侵犯，都可能妨碍后代人的发展。城市道路建设如果技术、工艺、效率水平低，也可能占用和浪费过多的资源，同样对不起子孙后代。

4. 通过城市道路建设不断自我提高、自我完善的观念

可持续发展战略要求全面建设人的科技能力、体制能力、教育能力，以人的全面发展保障经济、社会、环境的可持续发展，以后者的可持续发展实现人的能力与素质的全面发展。从可持续发展的角度来要求城市道路建设中的能力建设，就不仅要通过城市道路建设形成和提高城市的经济能力（包括生产能力、流通能力、服务能力、经营管理能力、创新能力等），而且要通过城市道路建设提高城市和全社会的科技文化能力、组织制度能力、思想影响能力等等，使城市道路建设成为人类不断进步的火车头，成为人类自我提高、自我完善的重要手段。

在城市道路建设中，建设城市的科技文化能力包括两个方面要求：一方面，应当在城市道路建设中积极应用当代优秀科技成果，采用高效率、高精密度、高处理能力的先进技术设备，提高城市道路建设活动的科技含量和科学水平。例如，深圳市在全国最早建立达到国际先进水平的国土管理信息化系统，云南建工集团也建立了相当发达的管理信息系统。这样，就可以在科学理论的指导和科学方法、科学手段的支持下，更好地实现城市道路建设的自觉控制，城市道路建设与经济、环境、社会的全面协调，以及城市道路建设与精神文明建设的密切配合。另一方面，应当在城市规划设计和建设实践中，注重设计和建设数字化城市，用现代信息技术、计算机控制技术和网络技术武装城市，全面提高城市经济生活、政治生活、文化生活等的实时化程度、敏捷程度、灵活程度、有效程度、合理程度、协调程度、开放程度和国际化程度。

第二节　城市道路建设可持续发展的策略

1. 正确做出城市道路交通现状调查

从影响路网容量的因素看，道路基础设施作为机动车交通的载体只是反映了硬件条件。除此之外，路网的承受能力与城市交通宏观政策和管理也具有密切关系。这牵涉到对私人机动车的使用和管理政策、对出租车发展的政策和对外来车辆的管理政策等等。应调查、搜集的资料包括：交通网络结构及道路几何要素资料、历史道路交通量及流向资料、现有交通管理设施及效果资料等。道路网究竟能承受多少机动车保有量，这是城市决策者需要掌握的问题。要对交通发展的进度做出正确评估从而合理地分配和使用道路资源。

2. 制定交通发展策略，为城市交通提供必要的管制和调控

交通系统的规划是城市规划的有机组成部分，在国家总体规划的框架之下，交通系统发展的基本目标应以建立整合、高效、经济的道路交通网络，并使之持续满足国家、人民的需要。在确保环境质量的前提下，优化利用现有交通资源和保证公共交通的通畅。如今中国的大中城市，随着人流量、车辆的骤增，交通堵塞、拥挤现象愈来愈严重，而城市的地理条件也决定了不可能通过扩充来适应不断增长的交通需求。那么就只有通过充分发挥现有土地与交通资源的潜力，合理控制交通需求的增长，才有可能用有限的资源保证道路交通战略基本目标的实现。

3. 制订高水平的设计方案

市政道路多为政府财政筹集资金，在确定质量、进度、投资目标时有可能产生较大的随意性。另外，市政道路设计时要结合本城市的近期规划和长远期规划，综合考虑与给排水、电力、燃气及通信等管线的平面布置和交叉，避免发生大幅调整路线和管线布置冲突等现象。因此，建设单位在整个设计过程中要与设计单位保持良好沟通和联系，协调好各个管线单位间的关系，尽可能让设计单位交出高水平的设计方案。

4. 制定科学的城市交通发展模式

宏观交通发展战略规划的目的是制定城市交通发展政策，影响、优化交通结构。优化城市文通结构的本质是优化城市道路资源的利用。它通过交通政策的引导来实现，而政策的实施需要强有力的保证体系。在制定城市交通发展模式的过程中，应重视发展的观念。只有通过发展，逐步实现城市和国家的现代化，问题方能解决。机动化汽车技术要发展，城市也要发展，要通过城市的发展，适应城市机动化进程和汽车技术的合理发展。对城市建设用地的发展和道路交通设施的建设资金给予必要的保证。要有可持续发展的观念，近期的发展建设不要为远期的发展制造障碍，不能只顾经济效益而忽视社会效益和环境效益，要为远期的发展留有余地。

5. 加大立法执法力度并大力宣传交通法规

发达国家和地区的交通管理经验告诉我们，要管理好城市道路交通，既要建立切实可行的法规体系，并严格执行，又要使市民自觉遵守交通法规，让人人都参与交通管理，才能把城市交通管理好。首先，成立城市交通对策委员会。研究协调解决城市交通问题，从供求方面采取措施，科学制定交通法规进行综合治理；其次，严加治理交通污染。集中科技力量攻关，消减汽车尾气。严禁汽车喇叭鸣放的规定要继续执行，尽力制止和避免对城市交通规划管理的人为干扰，维护管理法规的严肃性。

6. 建立快捷高效的城市公共交通运输体系

统一对快速路、主干道、次干道及支路的认识，明确各类道路的技术标准、用地布局及交通管理要求，倡导系统性原则、远近期结合原则。为适应城市交通的机动化挑战，道路规划设计标准必须体现可持续发展思想，应大力提倡"高标准规划，严过程管理"，必须进行城市机动车、非机动车、行人专用系统设计，实现交通空间分流。此外，还必须大力开展交叉口改造设计和管理，借助平面交叉口通行能力的大幅度提高，实现节点通畅。

第三节 城市道路可持续发展的保障体系建设

一、打造城市道路可持续发展的保障体系

（一）建立城市道路综合管理长效机制

城市道路的规划、设计、建设和管养，这四个环节是一个有机整体，密不可分，但目前我国却将这四个环节分别归属不同的部门管理。这种分割管理模式容易产生各自为政、政出多门、职能不清的弊端，导致城市道路建设管理缺乏协调性、一致性和长远眼光。因此，成立包括上述各部分的政府综合协调机构，建立城市道路从政策研究制定到实施推进，从规划建设到管理，从技术标准规范制定到专业技术培训执行的一体化协调管理机制，可

提高城市道路建设管理的效能和效益。对城市道路设施实行以政府决策为主导、专家和市民多元主体参与和监督的建设路线，能促进对城市资源的高效配置和使用，是实现城市道路可持续发展的重要保障。

（二）健全城市道路管理法规规章体系

城市道路法制化、规范化建设管理是城市道路可持续发展管理的法制保障。为解决城市道路可持续发展问题和各地执法依据及管理办法不足的矛盾，可以采取以下两点措施：一是尽快补足已颁布法规和管理文件中对城市道路管理的空白；二是可以结合发展需求出新的行政规章和规范性、政策性文件并在实施中完善，逐步完善法规规章政策体系，这样可以在很大程度上缓解当前依法行政与管理滞后的矛盾。

（三）形成城市道路发展资金保障制度

资金问题是制约城市道路发展的瓶颈之一。为保证城市道路的可持续发展，应采取多种投资渠道，加大道路资金投入，加快形成城市道路建设、管理和养护维修资金稳定、规范的财政投入机制和资金管理制度。根据我国实际情况，借鉴国外经验，可选用的城市道路建设投资渠道有：将车辆购置税费燃油税的一部分作为城市道路建设资金，鼓励城市开辟多种渠道筹集建设资金并制定设资金筹集管理办法，鼓励银行等金融机构参与城市道路建设投资，鼓励民间资本参与城市道路建设投资并制定相应政策。

（四）加大技术保障、人才队伍的建设力度

1. 技术保障

完善城市道路技术标准和规范，与时俱进地适度超前规划建设，加强城市道路管理，保障道路完好，发挥设施功能，促进经济社会和城市道路的可持续发展。

2. 人才培养

城市道路领域技术人员的专业背景主要包括土木工程、交通工程、市政工程、城市规划及道路工程等相关专业。为适应城市道路快速发展，壮大道路建设和管理人才队伍，满足可持续发展的需要，必须加强城市道路技术专业人才和市政相关人才的教育和培训。

二、实现城市道路可持续发展的配套措施

（一）城市道路可持续发展的规划

1.实施适度超前战略，促进经济社会发展以往的城市道路规划前瞻性不足，规模标准不尽合理，难以达成预想目标。不少城市道路在红线规划时，往往仅注重道路路幅宽度，并未考虑快慢车道的合理分配及断面形式的远近期结合，对道路两旁的建筑用地控制也不充分，难以立足未来渐进发展。基础设施建设对促进城市经济发展有重要作用。为跟上经济增长和生态文明建设步伐，发挥城市道路全局性、先行性及基础性作用，必须实施道路规划建设投资适度超前战略，以满足设计寿命和相当时期的交通发展需要。

2. 提倡路网系统规划，做到近远期结合

为适应城市交通的机动化挑战，道路规划必须体现可持续发展思想，通过道路功能的合理定位，促进城市经济发展。必须进行城市机动车、非机动车、行人通行系统设计，实现交通空间分流。对于分期实施道路，在道路断面分配时可适当考虑较宽的人行道、分隔带，而不必将远期所需机动车道宽度一次建成，待需要时再进行道路拓宽改造。

3. 贯彻"以人为本"原则，凸显城市人文积淀

城市道路交通的核心是为人服务，在道路规划时，必须重视街道景观及居民步行空间等要素，进而改善市民出行环境，营造良好宜居空间。规划决策必须站高瞻远，不能就规划谈规划、就道路谈道路，应当有重点、有选择地保护部分景观优美、历史文脉深厚、具有代表性的历史街区，实现历史文脉的传承和发展，不因满足当代人的需求而对后代利益造成损害，从而实现城市道路与生态文明的和谐发展。

4. 坚持整体观念，完善路网规划

以往城市在道路规划中，存在重视主干路、忽视次干道、支路的建设现象，导致路网级配不合理，违背城市道路可持续发展的有序性、协调性原则。经验表明，从快速路、主干路至支路，合理的路网级配应为"金字塔"形，而我国绝大多数城市路网结构却为"倒三角""纺锤"形，支路网密度指标远小于国标 3~4km/km^2 的要求。因此应大幅度提高路网密度，尤其是支路及次干路网密度，调整路网层次结构，提高路网的整体供应和服务水平。

5. 立足创新提高，完善规划设计标准

我国现行的《城市道路交通规划设计规范》的前身是《城市道路设计规范》。两部规范施行、修编间隔时间太长，跟不上时代发展需要，导致可执行力不强。为提高城市道路规划设计的科学性和合理性，应该及时修编规范，增强适用性、强制性和可操作性。

（二）城市道路可持续发展的设计

1. 提倡人性化城市道路设计理念，完善道路设施功能

城市道路不仅要发挥交通功能，还赋予生活服务功能和文化艺术功能。可持续发展要求更加注重道路设计的文化、环境、艺术等方面的要求，将城市道路功能细化，注重市民拥有良好的生活空间。道路设计还应考虑伤残人、老人和儿童等行走不便群体的特殊要求，注重盲道、无障碍设计。城市交通系统、通信设施系统、能源供应系统、给排水系统、城市环境系统和城市防灾系统等各类依附道路的设施要求同步设计。

2. 重视交叉口渠化设计及改造，消除道路"瓶颈"现象

以往的道路建设往往忽视慢行系统设计，造成道路交通流在同一断面混合行驶，交叉口机动车、非机动车和行人相互干扰严重。路段与交叉口（或桥梁）通行能力不匹配，严重束缚着道路功能的发挥，甚至影响城市整体运行。因此，对于新建道路，必须根据车辆几何尺寸、设计时速等指标进行横断面优化和交叉口拓展；而在城市建成区，由于受自然、

人文、环境、经济等因素制约，进行道路大幅度建设及现状道路全线拓宽已不现实，所以更要通过交叉口渠化、桥梁拓宽等方法实现节点通畅，提高道路通行能力。

3. 降低能源消耗和对环境资源地破坏

道路设计应考虑节约能源和材料，使用环保节能、可重复利用材料和便于日后养护维修的材料，提高材料耐久性和使用寿命。应在工程方案中优化结构设计，减少原材料消耗，把对自然环境、资源的破坏降到最低。道路景观应合理利用原有环境资源和历史文化背景，尽可能保持所在地区生物多样性并降低对自然环境影响，不盲目追求人造效果，使道路和周边环境有机结合、相得益彰。

（三）城市道路可持续发展的建设

1. 把城市道路工程质量放在首位

要保证城市道路工程质量，首先，设计、建设、监理、施工各方应履行好自己的职责，以工程的高质量为前提，发挥各自的优势，密切合作、协调管理，从根本上做好质量控制。对于道路质量通病，应采取有效解决办法。其次，应避免将城市道路"民心工程"异化为"面子工程"而出现不合理工期现象，这将导致施工工序难以规范操作，使工程质量控制流于形式。

2. 应用先进技术和工艺

推行先进的施工材料、机械设备和工艺方法，从而提高功效、保证质量、缩短工期、节省投资，取得最佳社会经济环境效益。譬如，相较以前的沥青灌入式道路，推广厂拌灰土路基、水泥稳定碎石基层、沥青混合料面层的结构组合，既可保证质量、节约工期，又可减少对环境的污染。

3. 在建设过程中尽可能减少不良影响，从而提高可持续性

具体措施有：第一，尽量减小交通干扰；第二，降低施工噪声；第三，使用环保节能、可再生材料；第四，维护、保护好公共设施；第五，在施工期保证通过车辆、行人的安全；第六，杜绝工地、运输扬尘和污染物排放；第七，尽量减少建筑垃圾等。

（四）城市道路可持续发展的管理与养护

1. 加大城市道路管理养护经费投入，改变"重建轻养"现象

将思想理念从"重建设、轻管理，重大修、轻养护"向"建设和管养并重"转变。随着城市路网结构的日趋完善，养护管理将逐渐成为道路系统重点工作。积极实施道路预防性养护策略，可有效延长道路使用寿命、保持道路完好率和平整度、发挥城市道路设施功能、降低道路寿命周期成本、延长中修及大修期限，实现城市道路的可持续发展。

2 理顺行业管理机制，明确权责关系，规范和促进行业发展

城市道路具有系统性、突发性、时效性、社会性、政治性等特点，其运行涉及城市生活、社会民生和公共利益。道路管理部门和单位为此承担着高度的社会责任和职业义务，必须理顺市、区等分级关系，保持政令畅通、形成合力，落实各级责任并形成长效机制，对路

网实施统一管理或监管,促进行业均衡健康发展。

3. 构建管理信息系统,规范行业改革发展

城市道路管理信息系统包括整个城市道路的空间信息系统,能输入大量的道路相关地理信息并对其进行动态描述,可为道路的规划管理提供科学准确数据。鉴于城市道路养护管理改革理论在指导全国工作方面基本处于缺位状态,没有规范的、统一的、具有宏观指导意义的养护管理方案。建议国家针对市政管养行业目前的整体现状和存在症结,制定规范市政管养行业改革与发展的指导性政策文件。

4. 完善道路挖掘许可、道路占用管理程序

首先,将所有行政许可及行政处罚进行网上阳光运行。其次,严格按照规定的要求,对城市道路挖掘行为进行全方位的监管。完备各类监管台账,做好相应的监管工作。进一步明确市、区在管理、执法上的责任范围、职责、权限,加强对违法占用、违法挖掘以及批后挖掘、占用行为的监管工作。最后,加强信息沟通,建立完善的信息平台,对任何损害市政设施的行为,及时沟通、及时查处、及时反馈和信息共享,提升管理现代化水平。

第四节 可持续发展视野下城市建设管理分析

一、用可持续发展观念指导城市建设管理

城市建设中的可持续发展是一个复杂的系统工程,必须加强和完善政府有关机构对它的管理、指导和调节。我国在城市建设可持续发展和人居环境科学研究方面取得了一定进展,但是在理论认识、成果应用、对策建议、政策水平和实际效果方面,与发达国家相比仍存在一定差距。现在的问题不仅仅存在于技术层次,更存在于决策层。部分城市主管部门对于城市化进程与可持续发展的关系缺乏整体的了解,对于城市这样一个有机体的可持续发展没有系统全面的认识,不能从整体上对它的建设过程及其管理工作加以统筹安排。表现在具体工作上,或急于求成,急功近利;或以偏概全,挂一漏万。目前城市建设中的种种违反可持续发展原则的行为、后果,问题出在下面,根子在决策者、管理者。如果他们不牢牢树立可持续发展观念,不在城市建设的各方面工作中贯彻可持续发展战略,城市建设必然无法走上可持续发展的轨道。城市建设管理问题与土地问题、人口问题、环境和生态问题同等重要,都是可持续发展的重要课题,这也是我国城市真正能够健康、有序、可持续发展之路。

政府机构要搞好城市建设管理,首先就要统一思想、转变观念,由过去那种只考虑目前经济上地需要与可能实施管理的观念,转变到兼顾目前与未来、经济与社会、环境、生态且以人为本的可持续发展的管理观念上来。在我国的城市建设管理工作中转变传统观

念，树立可持续发展观念，应当在决策者和管理者中间确立以下新观念、新思路：

（一）社会、经济与环境协调统一的发展观

部分城市管理者往往把"增长"和"发展"等同起来，片面地把经济增长率作为城乡发展的主要目标，忽略了社会进步和环境与资源保护的要求，从而导致城市建设中社会、经济和环境目标之间失衡，这正是"城市病"普遍存在的重要原因之一。可持续发展战略是具有现代意义的发展观，它所追求的是社会、经济和环境目标的协调统一，即社会公平、经济增长和环境保护三个目标的相对平衡。城市建设管理者应针对不同地区的不同发展水平、发展条件以及在发展中所面临的不同问题，制定出城市建设在人口、社会、经济、环境、资源和文化等方面的不同目标；通过利用新的设计和规划技术，取得多方面目标之间的最佳组合，并利用法律、政策、经济和行政等手段，保证社会、经济和环境的协调统一。

（二）以区域为主体的多层次空间观

人类活动的大大小小的区域，实际上都是不同层次的人居环境系统，它们同时又是更大地，乃至全球人居环境系统地组成部分。从这一意义上来说，城市可视为全球、全国人居环境地组成部分，并与一定的区域联系在一起。区域是建筑和城市赖以存在的载体，并且为建筑和城市的生存与发展提供必不可少的物资条件；脱离了区域，城市也就丧失了维持其生存和发展的可持续性的基础。就其自身而言，城市地发展是非持续性的，或者说根本无法实现可持续性。城市里人口、资金、技术和信息等高度聚集，但经济发展所需的土地、矿藏等自然资源十分匮乏；它创造出巨大的经济利益和社会效益，但消耗大量的自然资源，并且产生大量对环境有害的物质；它从周边地区获取维持其生存和发展所必需的部分物质供给（特别是粮食和蔬菜及副食品等），但把它所产生的大量废弃物转移到上述地区。这种种矛盾已足以说明，城市必须与它所在的区域密切联系在一起，它的生存和发展才可能成立。也只有当与区域联系在一起时，城市才有可能通过经济上的分工协作、社会上的结构组织和服务联系以及资源上的合理配置，实现这一层次的人居环境内部地自给自足和自我平衡，从而实现广义"城市"作为人居环境的可持续发展。

由此可见，要解决可持续发展的时空问题，必须将其落实在以区域为主体的多层次的人居环境上。尽管不同层次的人居环境可持续发展目标不同，而且所面临的问题和矛盾也不同，一个地区的可持续发展有可能造成其他地区发展的不可持续性，但正如有学者指出的："只有当所有小范围都力求实现自我平衡，才能实现全市、全地区、全国和全球的人居环境，包括社会和生态环境的持续发展。"因此，应由区域内各城市或城市的各区、各镇的建设主管部门协调、牵头，搞好各城市或各区、各镇各自建设规划、建设活动的相互衔接、配合和平衡，避免重复建设、分散建设和盲目建设，避免区域内各城市建设各自为政、相互牵制、彼此冲突。

（三）人与自然和谐共处的自然观

人与自然的关系问题并不是一个新的话题。在人类文明历经社会生产力的数次革命性

变革，从采猎文明、农业文明、工业文明进入今天的后工业文明。在人类对自身与自然的关系的认识不断加深，对自然的态度从依赖自然、改造自然、征服自然转向善待自然之际，在可持续发展的共识之下，在今天，需要对这一古老话题重新来认识。

诚如施里达斯·拉尔夫在《我们的家园——地球》一书中所述："作为人类，我们属于自然的一部分，而并非远离自然的一部分；在与自然的相处中，我们应当谦恭，而不应傲慢；我们应当下决心同自然和谐相处，而绝非争斗。"作为人类生产和生活活动的一部分，城市道路建设的目的就在于为人类创造适宜的生活、工作、学习、交往环境。其中既应包括人工环境，也应包括自然环境；要自觉地把人类与自然和谐共处的关系体现在人工环境与自然环境的有机结合方面。尊重并充分体现环境资源的价值（这种价值一方面体现在环境对社会经济发展的支撑和服务作用上，另一方面也体现在其自身的存在价值上）。具体而言，城市道路的规划设计，不仅要考虑环境在创造景观方面的作用，更要重视环境在保持地区生态平衡方面的作用。有意识地在人工环境中增加自然的因素，如进行绿色建筑、绿色城市的实验与实践等。不仅重视对建筑、城市等实体空间的建设，也要重视对绿色空间的建设，即"大地园林化"建设。包括人工环境之中的休闲用地、公园绿地和小面积的农业用地；以及人工环境之外的大面积农业用地、自然保护区和生态绿地等，自觉追求人工环境与自然环境的齐头并进；不仅要改善以往人工环境建设对自然环境造成的污染和其他不利影响，还要对未来道路建设活动可能对生态环境产生的影响进行评价，并且在规划设计中采取各种技术手段，尽可能将这些影响降到最低限度，尽可能地减少对资源的消耗。

自然生态系统的高效、低耗与循环利用的生存模式，给我们运用生态学原理，探求结合自然的、持续发展的城市道路建设以重要启发。生态观使我们发现城市交通发展具有生长、新陈代谢、进化（功能转变）、繁殖（城市数量增加）、衰亡等生态特征。这为我们探索符合生态原理的城市道路建设规划提供了一个重要途径，有助于找出城市的最适功能或阈限；使我们重视物资、资源的循环利用，充分利用可再生性资源（太阳能、风能、潮汐能、地热等），减少对人工能源的依赖。政府还要为保护自然环境、生态平衡和自然资源坚决执法，制定符合本地实际的行政法规、制度或禁令，切实担负起保护自然的责任。

（四）以人为本的人文观

人类生存和发展的需求是使道路和城市出现和发展的原动力。道路作为人类的历史遗迹，记录了人类对自身利益认识的演变过程，并体现出各个时期不同的人文观。从中世纪对神的侍奉，到文艺复兴时期人性的解放，是一个大的进步；从工业革命之后对技术的盲目依从和崇拜，到提出可持续发展战略、提倡以人为本的人文观。这些均是对人类自身认识的再次觉醒，是又一次极大的飞跃，必须认识到：满足人类生存和发展的需求，既是建筑与城市发展的根本动力，也是其最终目标，也就是使人类安居乐业。

当前，对人文思想地追求成为新的社会发展趋势。在此形势下，城市道路建设首先要满足全体社会成员的物质需求。要从社会的基本需求出发，利用先进的现代科技，解决广大人民生产和生活中的实际问题。现代城市应该为人们提供舒适、美好、便利、安全的居住环境，例如向所有人特别是中低收入居民提供适当的住房，改善人类居住区的功能等。现代城市又应该为人们提供高效率、高质量、全面配套、集中而方便的出行条件、服务条件以及其他交通条件，从物质条件来讲主要是各种生产经营性建筑物、公共基础设施及其他配套设施，使人们能够通过聚集在城市中开展的经济活动满足自身需要。城市道路建设同时还要重视满足社会的人文需求，为人们提供各种先进、完善、优美、高尚的交通基础设施、教育科研设施、卫生体育设施等，充分发挥交通建设对促进人类可持续发展的重要作用，以城市交通建设保障和推动城市和整个社会的建设。

二、可持续发展战略指导下的城市道路建设全系统管理

（一）可持续发展战略指导下的城市道路建设部门管理

1. 明确城市道路建设管理职责

城市道路建设部门应当设立负责城市道路建设中环境及生态保护、资源节约的高效、精干的专门机构或在有关管理机构中指派专人在此方面负责，明确职责、加强管理。该部门或专门人员要与城市道路规划、道路清洁养护、道路园林绿化等部门互通信息、互相配合。在他们之间应该明确各自职责和权力，且由后一类政府专门机构牵头协调，不扯皮、不推诿、不掣肘。

2. 完善城市道路建设管理制度

城市人大及其常委会要以可持续发展战略为指导，以国家规定的城市道路建设各项技术标准、环境标准、安全标准、质量标准为依据，针对各城市经济、社会、人口、环境、生态、资源的具体、特殊情况，遵照法定程序制定城市道路建设方面的地方性法规，以规范当事人行为。国家法律和地方性法规必须广泛宣传普及，并成为人们的自觉行动。

政府有关部门应该依法制定严密、合理、可行的城市道路建设管理规章制度，包括城市道路建设中的技术标准、质量标准、安全标准、环境标准、生态标准、资源消耗标准等，并规定对违反标准、损害可持续发展行为地处罚方式，经常认真监督检查，及时制止和处罚错误行为，规范城市道路建设活动，实现可持续发展。

3. 科学制定、认真实施城市道路建设管理政策

搞好城市道路建设管理的政策调节，城市政府及其主管城市道路建设的部门，要针对每一时期城市道路建设中关系到可持续发展的主要问题，制定有针对性、诱导性和可操作性的政策，及时有分寸地予以引导、调节。对城市建设的政策调节手段有税收手段、利率手段、补贴手段、融资手段等。

税收手段可以在税法允许的范围内，以较低的税率或减免税优惠来优待和鼓励城市道路建设中有利于可持续发展的行为，以提高税率来惩罚破坏可持续发展者；利率手段和融资手段可以用较低的利率、较宽的借款条件、较大的贷款金额和较长的偿还期限，从资金

供应及其成本上支持符合可持续发展战略的城市道路建设活动,用方向相反的上述手段来抑制不符合该战略的活动。

财政补贴手段可以适当资助城市道路建设中那些对可持续发展有利、却对行为主体自身不利地行动。它如果与利率手段结合起来,就成为贴息手段,使有财政贴息的贷款变得更加优惠。

(二)城市道路建设有关企业、单位的管理

1. 加强城市道路建设有关单位、人员的资质管理

城市道路建设能否做到可持续发展,在一定程度上取决于有没有足够的符合可持续发展要求的城市道路建设者。城市道路建设管理部门要严格实施对城市道路建设参加单位和从业人员的资质管理,包括资金能力、技术能力、履行环境、资源、安全、质量等方面要求、标准的情况;对于环保、安全等方面状况不达标的要限期整改,整改不力或拒不执行的则要坚决清除出城市道路建设队伍。

2. 加强城市道路建设的行为管理

城市道路建设主管部门不仅要根据可持续发展战略要求制定一整套城市道路建设的行为规范和检验标准,而且要根据这些规范、标准严格检查有关单位、有关人员的行为是否符合要求。主管部门对城市道路建设活动的检查包括经常性检查和临时性检查两种方式。

经常性检查是按预定的间隔较密的时间进行常规检查。它的优点在于:一是可以及时发现城市道路建设中妨害可持续发展的行为,二是这种检查定期进行、成为惯例以后,被检查的企业、单位有可能在检查压力下逐渐展开自查,使问题解决带来严重后果。它的缺点在于:一是可能流于形式、走过场;二是被检查者可能预先做好准备,弄虚作假,使检查失去实际意义。

临时性检查没有预定的日期和固定的间隔期,不预先通知被检查者。它比经常性检查的真实程度更高,而且可以针对当时当地对可持续发展威胁最大的问题着重检查、反复检查。但如果两次检查间隔太大,则可能会漏掉应制止的行为。因此这两种检查方式不可偏废,要把它们结合起来使用。

3. 加强城市道路建设中违规行为的处理

在城市道路建设行为检查中发现违规行为,要及时严肃处理。严重违规、造成重大损失、对可持续发展有巨大不利影响的事件,要向上报告,认真总结事件发生的原因和教训,提出切实可行的整改措施,并请示对事件的处理办法和对主要责任人的处罚方式。对典型事件,可以通报批评,公开处罚主要责任人,以起到对其他单位、其他个人的教育警示作用。

(三)城市道路建设系统有关人员的管理

1. 搞好城市道路建设系统全体人员的可持续发展观念教育

如果没有正确的思想,那么也就没有正确的行动。城市道路建设活动是由城市道路建设系统全体人员在政府的领导和全社会的协助下具体实施的。只有这个系统的全体人员认

真学习、全面领会了可持续发展的战略观念，才能把可持续发展战略切实贯彻到城市道路建设实践之中。因此，必须搞好对城市道路建设系统全体人员的可持续发展观念教育。城市道路建设行政主管部门的领导干部和工作人员要带头学习可持续发展战略理论，认真思考如何把它落实到城市道路建设实践之中。此外，城市道路建设领域各企业、单位的负责人也要学在前头、用在前头。还要向全体职工（不仅包括正式职工，而且应当普及参加城市道路建设工程施工的农民工、临时工）进行可持续发展观念教育，提高其在本职工作中实施可持续发展战略的自觉性、主动性。在学习教育中，可以结合国内外城市道路建设在可持续性方面的优秀案例和失误教训，尤其是本市及本单位的实例开展讨论，通过联系实际进一步掌握可持续发展战略的精神实质，进而弄清本市、本单位在城市道路建设活动中贯彻可持续发展战略的任务、要求以及具体做法。

2. 把可持续发展方面要求纳入城市道路建设系统人员考核标准

从系统的角度来看，城市道路建设系统的每一个管理工作者、建设工作者的工作，都通过自己所在机构、企业、单位的整体工作效果，与可持续发展战略的全面实施发生了联系。只有人人都充分重视、随时考虑可持续发展的要求，城市道路建设才能较好地实现可持续发展战略。因此，城市道路建设系统各管理机构、各企业、各单位应该把本单位实施可持续发展的任务要点、责任内容合理地分解为下属各部门、各成员的具体工作要求，制定明确可行的考核标准和相应的奖惩办法，从经济利益和名誉待遇上促使每一个工作人员都成为贯彻可持续发展要求的模范。

3. 用可持续发展观念指导城市道路建设系统人员的业务知识培训

城市道路建设系统人员仅仅懂得什么是可持续发展，了解城市道路建设工作中为什么要做到可持续发展，知道自己在可持续发展方面应该而且可以做什么、不可以做什么，当然非常重要，但是还远远不够。他们还必须知道自己该怎么做。在科学技术迅速进步、城市道路建设面貌日新月异的今天，可持续发展的要求也是不断发展、不断深化的，实施手段处在经常更新、日趋复杂的状态之中。因此，必须在城市道路建设系统人员的业务知识培训中贯穿可持续发展要求。要让有关操作人员及时掌握城市道路建设技术的新进展，了解新材料、新工艺、新设备的性能、特点和对环境、生态、资源、社会等的可能影响，以及防范和消除不良影响、发挥和扩大有利影响的方法、技术。有关管理人员要及时配备并熟练掌握先进适用的环境、生态、灾害事故监测控制设备和手段，提高处理与可持续发展有关问题的能力和效率。有关决策人员也要懂一些这方面的技术和方法，减少决策失误，并更好地带领下属共同实现城市道路建设中的可持续发展。

第三章 城市道路建设节能问题分析

第一节 概述

一、城市道路节能的概念

(一) 城市道路节能概念的来源

1. 可持续发展理论

可持续发展理论于 20 世纪 70 年代在《人类环境宣言》中首次被提出,是对全球范围内的环境破坏、资源过度消耗等问题的一种反思。目前,对可持续发展理论国际社会公认和接受的定义是布伦特兰夫人小组在"我们共同的未来"报告中提出的,即指"满足当代人的需要,又不损害子孙后代满足其需求能力的发展"。可持续发展是人类思想的重要飞跃,强调把环境问题与发展问题结合起来考虑,即强调环境与自然资源的长期承载力对发展的重要性,以及发展对改善生活质量的重要性。

在城市道路节能概念中,自然资源的可持续利用是实现可持续发展的基本条件,而对资源和能源的节约利用即节能概念,也主要来源于可持续发展理论。因此,城市道路节能概念实际上是可持续发展理论在城市道路建设领域的具体延伸,城市道路建设项目节能评价指标体系中各指标的设计过程和指标内涵的确定过程都是可持续发展概念的体现。例如,在城市道路设计中采用新型能源、绿色能源、可再生能源,以及筑路材料的回收再利用,并将这些设计理念和建设要求转化为更加具体的节能评价指标。

2. 绿色交通理论

绿色交通理论是由加拿大学者 Chris Bradshaw 于 1994 年提出,并迅速受到行业内专家的认可和关注。绿色交通概念可以简单地表述为:一种基于可持续发展的交通理念,强调对"人"的服务,通过对于城市土地的综合一体化利用以及倡导和发展绿色交通的交通发展模式。其实现途径主要是:通过倡导城市居民更多采用慢行交通和公共交通的出行方式,减少居民使用小汽车的出行比例;创建低污染、低能耗、低占地,高效率、高品质,有利于社会公平的城市绿色交通发展模式,从而为城市居民的交通出行提供合适的交通服务设施,优化城市的交通条件,创造良好的城市环境。绿色交通涉及的范围超过了人们通常的认知，它既包含交通与环境及资源的关系，还涉及交通与社会的可持续发展，以及交通对社会经济的支持。绿色交通的本质是建立维持城市可持续发展的交通体系，以满足人们的交通需求，同时兼顾保护环境、节约资源和社会公平。绿色交通具有明确的可持续发展的交通战略目标，主张以最少的社会成本实现最大的交通效率，与城市土地利用模式相适应，与城市环境相协调，多种交通方式共存，优势互补。

正如"当斯定律"（Downs Law）所描述的那样，单纯通过道路建设无法解决交通问题。对于城市道路，单纯提高城市道路的道路面积或提高机动车通行能力，必然无法解决城市道路由于道路拥挤问题和机动车油耗大幅提高的问题。运用绿色交通的思想，改善城市居民出行方式，引导城市居民在中短途出行时，更多采用步行、自行车出行或公共交通等零能耗或低单位运量能耗的出行方式，具有非常重要的意义。绿色交通理论一方面阐明了减少城市交通能耗的方式方法，另一方面从侧面反映出通过设计和建造倡导绿色交通的城市道路，能够有效提高城市交通的整体节能效益。

（二）城市道路节能概念的界定

可持续发展战略的根本是控制人口、节约资源和保护环境，节约资源是它的最终目的之一；绿色交通旨在建设方便快捷、安全高效率、低公害的多元化城市交通系统，推动城市的可持续发展，其间接成果是城市道路运输的油耗节约。《绿色建筑评价标准》将绿色建筑定义为在建筑的全寿命周期内，最大限度地节约资源（节能、节地、节水、节材）、保护环境和减少污染，为人们提供健康、适用和高效的使用空间，与自然和谐共生的建筑。在道路行业中，国内一些学者从不同角度提出了绿色公路、低碳公路、节约型公路等概念，从不同角度深化了道路行业可持续发展概念，同时国内外学者在环境保护和生态平衡方面已进行了部分道路环境影响评价的深入的研究工作。

二、城市道路节能的本质和实现途径

城市道路节能的本质是建造可持续发展的城市道路，在满足人们交通需求的同时，注重资源能源的合理利用。综合国内外相关的研究成果可以知道，城市道路节能涉及的范围较为广泛，关联对象较多。一方面它包括了城市道路建设与城市资源能源投入的关系，如城市道路建设期间的筑路材料投入和施工机具的能耗关系；另一方面它包括了城市道路服务状况与城市资源能源消耗的关系，如道路建设与行驶车辆在里程缩短、通行条件改善等方面的行驶油耗节约的关系。

城市道路节能的实现途径可以从以下四个方面考虑：

第一，满足合理的道路交通需求；

第二，优化建设过程和进行资源充分利用；

第三，降低道路运营能耗和行驶车辆的油耗；

第四，优化路用资源分配，倡导绿色出行。

三、城市道路节能因素分析

（一）城市道路规模影响因素分析

1. 道路的规模确定与资源利用效率

由于城市道路满足其需要的基本通行能力是进行一切道路节能优化设计的前提，因而通过合理规划道路等级以实现道路通行功能，也是进行道路节能评价的重要步骤。城市道路规划设计需要根据实际通行需求，确定合理待建道路的道路等级，既要避免道路等级设置过高而造成建设资源能源的浪费以及道路功能和交通需求的不匹配，又要避免道路等级设置过低而造成道路设计使用年限内道路通行不畅，延误车辆的通行效率和增加车辆燃油消耗，同时避免需提前进行道路扩建或改建而造成更大的资源和能源浪费。综上所述，选定合理的道路建设规模一方面能极大提高城市道路的实际使用寿命；另一方面，根据不同等级城市道路在满足交通性能和生活性能偏重的不同，确定的待建道路等级，会对整条道路在设计使用年限内能否提供舒适安全的行驶路况、交通条件以及生活便捷需求产生影响。确定待建道路设计等级是否节能，可以从道路的通行能力、道路服务水平、通行后的交通分流能力等方面予以考虑。

2. 实际行车速度与油耗节约分析

车辆的实际行驶速度与车辆油耗存在重要联系，根据相关研究，当汽车车速保持在"经济时速"范围内，汽车的百公里油耗最低。在城市道路行车油耗问题中，还存在拥堵、非机动车和行人干扰等行驶阻抗干扰问题，如何尽量让汽车减少停车、制动等改变原有运行状态的行驶动作，尽量使汽车在经济速度下连续行驶，是汽车行驶节能与道路状况关系分析中，需要重点考虑的环节。

（二）城市道路选线节能因素分析

城市道路几何线形设计与道路的总里程相互影响和关联，在不考虑道路总里程的情况下，道路的几何线形选择间接影响城市道路筑路材料的投入量，而线形选择对运行车辆的油耗影响则较为直接。

1. 交叉口设计通行能力分析

交叉口是城市道路车流、人流相互衔接的重要环节，也是道路交通能否畅通节能的瓶颈部位。无论交叉口是否采用了交通管制，车辆在交叉口处均需要经过一个减速、停车、启动、加速的车辆行驶过程，这其中所产生的通行延误往往降低了道路的平均行车速度。一般认为，在城市道路中车辆通过交叉口时比正常行驶路段消耗更多的燃料。不同的交叉口由于具有不同的通行能力，其车辆通过油耗也有所差别。例如，当采用立体交叉时，相交道路上的车辆互不影响，车辆能大体保持各自在进入交叉口前的行车速度；当采用平面交叉时，不同的交叉方式对车辆运行流畅度的影响差别较大，如采用多路交叉、错位交叉、畸形交叉，其交叉口通行能力会相对降低。因此，道路的交叉方式、交叉口间距和位置布设，都直接影响着道路的通行节能状况。

2. 城市道路平面线形节能影响分析

城市道路的平面线形设计需要与实际地形保持协调，合理的道路平面线形设计能够有效节约道路建设过程中筑路材料的投入量。同时，由于汽车在进出平曲线特别是较小平曲线时会经历换挡进行减速、匀速、加速的过程，这就使得车辆动能大量损失，同时车辆滚动阻力和内摩阻力增大，导致车辆油耗量急剧增加。因此，控制车辆进出平曲线的次数也是道路线形节约油耗的关键因素。现有的部分研究认为，平曲线的半径关系到车辆速度变化的突变程度，决定了车辆每一次换挡的能耗损失，在平面设计节能因素中也需要考虑。

3. 城市道路纵断面线形节能影响分析

城市道路纵断面设计中，不同的道路纵坡设计对道路节能会产生较大影响。首先，道路纵断面设计是否贴近实际地形，对道路沿线地貌资源的破坏大小和道路土方填挖方量有直接影响；其次，根据现有研究，当道路纵坡超过3%后，车辆油耗增加比例随着道路纵坡的增大持续增加，同时随着爬坡行驶距离的增加，车辆上坡时燃油消耗持续增大；最后，在汽车下坡时需要采取制动，制动过程中汽车的动能通过摩擦转化为热能耗散掉，是一个能量进一步耗损过程。总的来说，随着道路纵坡的不断增加，车辆通行油耗也会持续增加，而节能效果也会逐渐降低。

4. 城市道路占地、拆迁量节能影响分析

不同的选线设计对项目沿线土地资源占用情况、房屋拆迁量会产生较大影响。

由于道路总里程直接关系到项目筑路材料的消耗量和行驶车辆的通行里程，同时基于我国人均耕地资源紧缺的现状，在满足道路项目基本功能的前提下，道路选线节能设计评价需要考量新建道路线形农林土地占用比率。同时，新建的城市道路可能涉及沿线建筑物拆迁，考虑到建筑在其本身的使用年限内需要终止使用并异地重建，这又是一个建筑资源浪费的过程，道路节能设计评价也需要考虑道路沿线的拆迁规模。

（三）城市道路路面结构设计节能因素影响

1. 城市道路路面性能节能影响分析

道路的路面状况会直接影响行驶车辆的行车速度、行车安全和舒适性。根据相关的研究成果，高等级路面在提高行车速度，增强车辆行驶的安全性和舒适性方面占有极大优势。例如，沥青路面与砂石路面相比，行车速度可以提高到1.7~2倍，轮胎使用寿命增加约20%；与在非高级路面上行驶相比，汽车在高级或次高级路面上行驶能够节约20%~30%的燃油。

2. 城市道路筑路材料节能影响分析

道路建设过程需要使用大量筑路材料，国内尚没有权威的能耗参考比较，《加拿大道路维修节能指南》中将各种常用路面材料在生产、运输、施工中的耗能进行研究统计并获得了大致的建材能耗评估指标。目前，沥青、砂石、混凝土等筑路材料的再生利用技术正在逐步完善，利用这些废旧路面材料的再生利用技术能够提高筑路自然资源的利用率，同时避免需要生产新材料过程的能源消耗，从而在较大程度上实现节能。在路面结构设计中，再生利用建材的使用比例是一个极为重要的节能因素。

第二节 城市道路照明设计及节能措施

一、城市道路照明设计

（一）接地系统的设计

第一，TNS道路照明接地形式，城市道路照明系统的电源端直接接地，从配电变压器低压侧中性点（电源端）引出中性线（N线）、保护线（PE线）至用电端。城市道路照明系统用电设备外露导电部分，接保护线（PE线）进行保护，中性线（N线）与保护线（PE线）要严格分开。

第二，TT道路照明接地形式，城市道路照明系统电源端直接接地，城市道路照明系统用电端也直接接地。TT道路照明接地形式中，不是从电源中性线引出保护线（PE线）接城市道路照明系统设备外壳。TT道路照明接地形式中，为城市道路照明系统专门设置接地极，引出保护线（PE线）接城市道路照明系统设备外壳。

（二）确定道路照明系统灯杆设计

首先，应该根据城市道路照明的实际需要确定照明灯杆的布设形式，在城市交通直线、居民区、厂矿、机关等部位多采用单侧布置灯杆的方式，选用单侧方式时应该控制照明的实际范围，形成规范的有效宽度。在城市高等级道路和主干路的照明设计和灯杆布设中一般选用双侧布置灯杆的方式，以此来消除单方向照明给驾乘者造成的眩光，做到对城市道路更为稳定地照明。其次，应该根据城市道路的设计选择适宜的灯杆高度，常规的灯杆高度要控制在6~10m内，对于主干道、快速路要控制高度在12m以内。同时，灯杆挑臂要控制长度和角度，不能出现长度超出2m、仰角大于15度的情况，做到对城市道路照明质量的有效保障。

（三）确定道路照明系统的功率密度

功率密度是道路照明功率密度的简称，主要意义是指在道路交通系统上，单位路面面积需要照明的基本功率。确定道路照明系统的功率密度应该结合道路的功能与位置来具体划分，同时也应该根据车道数量做到全面调整。城市快速干线车道一般为双向六车道，由于设计行驶速度快，所以功率密度应该大于30LX；城市主干道交通压力大，双向六车道应该将功率密度控制在30~20LX之间，以确保行车安全；城市次干道形成压力不大，四车道道路应该将功率密度控制在 20~15LX 之间，低于四车道道路应该将功率密度控制在 15~10LX 之间。总之，通过控制功率密度实现对道路系统更为有效的照明，在确保道路通行能力与安全的基础上，建立起适于城市发展和节能城市建设的基本体系。

二、城市道路照明设计节能对策

（一）充分利用天然的采光

施行照明节能技术，要先对照明的含义有所了解。照明是指利用各种光源不同于太阳光，对工作和生活场所环境或者物体东西进行照亮，从而方便人们看清物体。照明包括两方面：一是天然采光，二是人工照明，利用太阳光的是天然采光，利用人工光源的是人工照明。照明节能就是降低人工照明的损耗，大力采用天然光源的利用。当不使用人工照明时，就要最大限度地进行照明节能，利用天然光源进行照明，它更健康、更绿色环保，十分符合低碳生活的理念。充分运用天然的照明非常关键，它是照明系统当中不可或缺的一部分。天然的照明是无穷尽的，是用不完的宝贵能源。如果可以在电气照明之中充分运用天然的照明，那么节能就不是什么问题。例如，在白天时应该尽量减少开灯，借助自然光进行照明，若是阳光照不到的地方可以借助反光镜等采光；假若天然光的亮度不够满足人们的工作生活需要，我们可以设计一个亮度可调的照明系统满足室内工作的需要，而且天然光源的照明会比人工照明更健康舒服。随着人们对照明材料的研究不断深入，借助导光方法和导光材料已经成为城市道路采光的首选方式。

（二）推广使用高光效灯具

合理的使用灯具是控制城市道路照明能源消耗的关键环节。灯具的选择也应该根据市政的照明需求和自然采光效果来选择，灯具既要满足良好的光照效果，同时还要具备节能减排的要求。此外，灯具的质量、使用年限、操作性、实用性以及经济性等也应当有较好的保障。在进行灯具的选择时，可以从以下几个方面予以考虑：在较低的城市道路中，可以采用荧光灯，在充分利用自然光的基础上，荧光灯就能充分满足室内的光照需求；对于高度较大的城市道路，则可以采用金属卤化物灯。这种灯具的照明效果好、使用寿命长、稳定性高，在一些室外道路中也有广泛的应用。在场地范围较大、高度较高的城市道路中，金属卤化灯能够起到良好的照明和节能减排效果。在一些高度大，且维护难度较高的城市道路中一般采用无极荧光灯来进行照明。特别要注意的是，荧光高压灯和热辐射灯的能源消耗量较大，在城市道路照明中应当尽量避免使用。

（三）选用 LED 灯

LED 作为一种新光源，以其能耗低、发光效率高、体积小等优点而逐渐引起人们的重视，并被应用于路灯灯具中，为城市照明技术的发展做出了重要的贡献。

由于人们对于照明质量的要求也越来越高，照明设施设计中不仅仅要考虑亮度，还要考虑照明色彩、造型、质感等。因此，也就需要对LED路灯设计进行不断的创新和改进，以提高城市照明质量。

城市基础工程中道路是核心性的纽带和重要的系统，为了提高城市交通的安全性和通行能力，应该做好城市道路照明系统的建设工作，在确保城市交通安全与能力的同时，提升道路系统的核心作用和纽带功能。在建设城市道路照明系统的过程中，应该将系统功能和节能作为重点，要利用设计环节的决定作用，采用各种措施强化市政道路照明系统的设计工作，做到对城市道路照明功能的满足，提升城市道路系统的经济和社会效益，做到对城市化和经济建设的体系性、功能性保障。

第三节 城市道路建设节能环保问题分析

一、城市道路施工环保节能概念

道路施工应该将环保节能作为主要的诉求点，施工单位应该利用一些新技术、新设备对资源和能源进行有效利用，做好控制工作。首先，交通工程掌握一些节能技术，利用先进的节能技术来提高舒适程度。交通工程施工节能技术在施工领域具有很高的价值，一般我们认为，道路施工环保节能概念就是指在道路的施工过程中，通过对节能技术的运用，从而达到控制消耗能源的目的，采用各种节能技术的有效运用完成对能源和资源消耗的控制，达到节能和环保的效果，并且还可以在确保过程质量的前提下，形成道路施工的新型技术体系。道路施工环保节能概念应该被牢记，交通工程不应该以牺牲环境为代价为大家造福，而是应该在兼顾环境平衡不受破坏的前提下为人民造福。

二、城市道路中的节能设计

（一）电力节能

路灯用电消耗为直接耗能，一般可通过如下技术措施实现节能目的：第一，对于高压钠灯、汞灯和无极灯等灯具进行单灯电熔补偿，补偿后，其功率因数应不小于0.85；第二。近年来，LED路灯以其绿色环保、低功耗、光效高、光利用率高、使用寿命长等优点而逐步成为现在路灯市场上的主流产品。LED路灯的使用，相比传统的高压钠灯节能20%~35%；第三，选择电缆除满足压降、灵敏度等基本参数要求外，也应结合经济电流密度方式选用，以降低运行中电缆的铜耗；第四，安装智能照明系统，实现照明控制，以按需调控模式，将照明所形成的电力损耗显著降低。智能照明系统可以是集中的，也可以是单灯体的，具体可根据实际需要和综合造价整体考虑选用。

1. 电器自控设计

采取全线自动化控制体系，经计算机精确监测，对机电设备落实智能控制体系采取信息网络，实现集中监视、分散控制等各项控制措施结合。使用变压器应该尽量处于负荷中心，从而缩短供电距离。短距离供电能减少在供电过程中的电路损耗。低压侧可将无功补偿措施安置，可实现集中补偿模式，能确保线路无功传输减少，能减少电能损耗，实现节能目的。泵站动力负荷，可采用电机变频调速方式，以集水池中实际水压自动调节水泵电机的加减泵，以及调节其转速，达到最佳节能效果。

2. 照明设计的节能措施

因为城市道路的工程量比较大，且线路较为复杂，采取风光互补的LED路灯，其工程作业量比较小，且安装运输便捷，省时省力，能将埋管、放线等步骤省略，能节省大量的材料费、人工费、运输管理费、电力费等各种费用。最关键的是，其后期几乎是零成本运行，不需要支付昂贵的电能消耗费用。风光互补太阳能路灯能够实现风能发电、太阳能发电，不需要承担电费，也不消耗市区电力，在风光互补灯安装时，也能减少电缆费用的支出。可见，采取风光互补灯在市政道路工程中的使用，能实现减少投入，并充分利用地理优势，利用丰富的风资源和太阳能资源，可缓解传统发电中的能源消耗问题。

（二）工艺设计

在排水管道中，使用防腐蚀、耐磨的塑料管道，在节约成本投入的基础上，也能减少水摩擦，减少水在输送过程中造成的损失，可降低费用，有一定的节能效果。污水管道工程中，需尽量采取重力敷设，提升高度，减少污水泵站的数量，可降低运行费用，以此实现在运行过程中，减少使用费的支出。对于给水中的管网，需对其平差进行计算，确保管网的使用尽量合理化，减少不合理费用支出，减少运行费，提高其运作效率。

（三）燃油节能

在汽车行驶过程中，会对燃油消耗造成影响的因素较多，除去汽车本身因素外，道路、交通、行驶状况等，都是导致汽车行驶燃油消耗的主要原因，可表现为以下几个方面：

1. 车辆特点

在汽车行驶过程中，对燃油情况造成影响的因素有物理特性，以及汽车的形式特性、汽车载重、汽车重量、发动机转速、功率等，都是导致燃油损耗的主要因素。

2. 道路调节因素

道路条件包括几何特征，有曲率、纵坡、路面宽度等因素；路面特征包括平整度。道路纵断面线性、道路平面线性都需要做合理设计，并尽量缩短长度，保持线性优美。

3. 交通状况因素

交通条件是道路的服务水平情况，其中包括交通流大小、混合交通情况、离散程度、横向干扰程度、行人干扰程度、交通设施完善程度、车辆行驶速度等。在设计过程中，根据交通量预测，优化交通方案，合理确定道路的断面形式，行人设施、节点交通组织等进行设计，从而提高道路服务能力和通行能力，确保道路最大限度地发挥其功效，实现最佳节能效果。

4. 地域因素

对于项目所在地的交通管理状态，也应该考虑在内，当地驾驶人员较为普遍的驾驶行为，也是在燃油节能的设计中需要考虑的内容。

三、加强道路施工环保节能的措施

（一）加强道路施工中的节能环保意识

作为施工单位或者工程人员，要想做好节能环保的工作，就必须从内心认清其重要性，从意识里面认清环保节能的意义。第一，有关部门和负责单位应该大力宣传道路施工环保节能知识，多展开一些宣传活动。特别是在工程的前期，这样既可以使施工单位充分认识环保节能的重要性，还可以引导社会公众提高对节能环保施工的认识，增强各自的社会责任感，最重要的是能够使大家自发地形成一种环保工程的自觉性。

第二，充分利用交通业的人力资源优势，加强培养技术型人才、管理型人才、一线的施工工人等等，要尽可能地让大多数道路施工人员事先了解掌握节能环保施工的要求、原则、方法等，以便在工程施工中及时的、灵活的运用，保证实施效果。

第三，树立一些环保节能的典型企业单位，并且通过一些报纸、电视等宣传媒介大力宣传其优秀经验，在道路施工行业形成一个良好的示范作用，起到带头作用，可以给整个行业带来良好的循环。

（二）加强施工阶段的环保监测管理

交通工程项目施工的过程中难免会发生一些毁林占地的现象，还有就是对空气造成污染，对水资源的破坏，甚至是造成水土污染等，这些问题都需要相关部门的监测和管理。环保行政管理部门应该认真履行职责，定期对道路施工项目进行监督，对于施工中的污染超标问题要进行揭发和控制。对于严重破坏环境并且不配合整改的施工单位，则应通过法律手段强行禁止其不良行为，确保环境得到保护。

（三）采用先进设备

交通工程施工企业在施工过程中，应该采用一些先进的施工设备和施工技术，切记不要故步自封。只有不断地进行自我改进和完善，才能保障道路工程使用后性能的最大化。采用先进设备，不仅可以提高工程质量，还可以最大化地减少污染物排放量，特别是道路施工产生的废水、废渣等。在道路施工中，一定要结合现场的时间环境情况，保护周围的生态环境，针对不同的条件提出不同的方案，千万不要破坏周边的环境，一定要因地制宜。此外，在道路施工的过程中，要将隔离防护设备提前设置好，工程中的项目在实施时应该采取封闭式，尽量减少施工中产生的污水、噪声等。道路施工中产生的污染物，比如粉尘，如果处理不好会对人体造成直接伤害。

第四节　城市道路建设的节能评价

一、城市道路节能评价体系设计

（一）评价指标体系的构建方法

评价指标体系是指为达成一个确定的研究目的，建立一套指标间既相互独立又具有相互关联性的指标群，指标群必须能相对准确、全面地满足既定的评价要求。由评价指标体系的定义可知，在构建城市道路节能评价指标体系时，选择的指标群要能相关全面准确表征道路建设项目的节能状况。评价指标体系具体的构建方法比较多，从实际运用来看主要有以下三种方法：

1. 调查研究法

具体方法是通过调查研究，在收集有关指标的基础下，通过各指标间的相互比较和归类分析，构建评价指标体系，之后采用问卷咨询等方式，咨询相关专家和技术人员以获得最终调整后的评价指标体系的一种方法。调查研究法的特点是正确选择专家是成功的关键，其研究进程也受制于初期指标的完整性以及咨询专家的配合状况。

2. 目标分解法

采用对研究对象的目标进行逐一分解，将研究对象的目标由总目标逐层分解为各层下级目标。当所分解的目标是可度量取值时，停止分解而构建评价指标体系的一种方法，其特点是目标分解过程的科学性和逻辑性难以控制。

3. 多元统计法

主要有因子分析和聚类分析等方法，从初步拟定的较多因素指标中找到关键性指标。一般通过定性法分析和定量分析两个步骤构建评价体系，一阶段的定性分析主要目的是初步确定研究评价主体的各类要素，二阶段的定量分析目的在于确定各要素指标中较为主要的指标。其特点是逻辑性和科学性较强，同时能将定性和定量的评价指标合理结合起来。

（二）评价指标体系的建立程序

由于道路建设节能评价应考虑的因素相当多，意味着在实际道路节能评价中影响评价有效性的相关因素比较多，综合评价较为复杂。为了构建简明科学的评价指标体系，首先应分析各因素间主次关系，选取对城市道路建设项目节能起主要作用的因素，构建科学合理的城市道路节能评价指标体系。

城市道路节能评价指标体系的构建过程较为复杂，其步骤包括归纳现有研究成果、影响因素分析、初拟因素指标、确立指标体系结构、确定指标筛选原则、指标的筛选优化、确定评价指标的内涵和量化方法、评价指标的赋权、综合评价的计算等。

（三）评价体系结构设计

1. 层次型评价指标体系

层次性评价指标体系根据评价指标体系的目的和需要，通过分析评价内容的功能层次、结构层次、逻辑层次来建立相应的评价指标体系，这种评价指标体系在实际的评价应用中被广泛地使用。

2. 网络型评价指标体系

当所涉及的评价主体和影响因素比较复杂时，可能出现评价指标难以分解，一般可以尝试通过采用网络型评价指标体系处理一些特殊情况。

3. 多目标型评价指标体系

对于体系涉及多方面复杂的评价内容而言，追求单一的目标评价，往往具有非常大的局限性和危险性，一般所采用解决的办法是构建多目标评价体系。在多目标评价体系中，各个目标的评价指标体系类型并不确定，可以采用层次型的，也可以采用网络型的，甚至可以分解为多目标型。

二、评价指标的筛选原则

城市道路建设项目节能评价体系中涉及的指标比较多，每一个指标都从一个方面反映了线形的某些信息，并且这些指标间往往存在着复杂的横向或纵向关系，相互联系且相互制约。因此，为了保证所构建的评价指标体系达到系统上的最优，如何正确、科学地选择评价指标是首先必须处理的问题。

1. 简明科学性原则

评价指标在选取的过程中将相关节能理论和具体的实际技术相结合，即选取的评价指标需尽量体现道路节能状况的本质内涵，同时尽可能以公认的科学理论和科技成果为依据，进行定性和定量表达。同时，指标体系应尽量繁简适宜，避免指标过于烦琐或指标内涵相互重叠。

2. 系统整体性原则

评价指标体系应将城市道路节能看作一个系统对象，由于反映道路节能状况的评价指标众多，且这些指标之间存在一定的相互联系和相互制约性，需要从整体把握，构建一个能综合反映城市道路节能整体状况的评价体系。

3. 导向性原则

选取评价指标的目的是通过使用构建的节能评价指标体系，来对现有城市道路规划设计方案进行评价和结果分析，为相关的城市道路建设的决策部门、管理部门和城市道路规划设计部门提供参考。由于城市道路节能方面的研究相对较少，在本书指标选用过程中不能盲目局限于行业现行的评价指标，应大胆创新和采用一些其指标内涵能倡导部分重要的道路节能趋势的指标，即选取的各评价指标必须具有一定的导向性，能够引导道路节能规划设计和建造。

4. 前瞻性原则

城市道路节能评价目标和内容需具有远期长效意义，因此指标的选取必须考虑到节能领域内的动态变化。结合国家技术政策等发展战略目标，综合考虑道路建设行业现状特征及变化趋势，促进新的节能材料、节能技术和节能工艺的应用。对个别节能效益较高的指标，需进行具体分析，对其量值标准予以适当提高，以满足城市道路未来更高的节能要求。

5. 可行性原则

本书在评价指标的选择过程中，所选用的具体评价内容必须是切实可操作的。需要保证具体的指标数据采集过程在时间、空间、人物力、资金要求等相关主客观条件的限定，即具体评价指标资料应易于获取，收集方便且数据应尽量简洁便于处理。

第四章 城市道路无障碍建设分析

第一节 概述

一、无障碍概念的发展

无障碍设计概念（Barrier Free Design）源自20世纪初的人道主义思想，它强调运用现代技术建设和改造环境，为广大残疾人提供行动方便和安全空间，创造一个"平等、参与"的环境。此后，丹麦人卡·迈克逊于1950年提出了正常化原则的观念，"主张身心障碍者应和一般人一样在社区过普通人的生活，使这些身心障碍者回归社会主流，达到社会整合的目的"。

我国在《方便残疾人使用的城市道路和建筑物设计规范（试行）》中对无障碍设计做了如下的定义：运用现代技术建设和改造环境，为广大残疾人提供行动方便和安全空间，创造一个"平等、参与"的环境。传统的无障碍设计概念非常狭隘，无障碍设施只是为了方便残疾人，消除残疾人在信息、移动和操作上的障碍，强调了残疾人在社会生活中同健全人平等参与的重要性。而通常无障碍设施的立法、设计、施工都由根本无法体验残疾感觉的普通人群实现，仅从现实的角度讲，这不能充分调动执行人员和社会的积极性，也不符合无障碍设施的实际使用和社会环境的发展要求。

二、无障碍设计的新内涵

在城市人流中，人流结构以行动能力可划分为两类：一为身心健康、行动自如、受到限制比较少的健全人，即行动正常人群；二为因各种原因而行动受限的群体，应称为障碍群体，包括大部分的残疾人群、老年人、小孩、推婴儿车的母亲、伤病患者以及携带重物者等。

障碍和残病是截然不同的两个概念，前者是由于客观条件限制造成的，后者是身体机能的缺陷或下降造成的。障碍是相对于当前环境而言，如果克服了障碍，那么障碍者就成为无障碍者；而残疾病在医学上有严格的界限。障碍者是个相对的概念，不仅与个体身体机能有关系，还受外部环境的影响，因此障碍人群是一个变化的群体。

存在障碍与无障碍之间无明显的界限，而是随着外界环境和自身身体机能的变化而变化，二者发生着一定程度或根本的转变，研究的无障碍设计就是通过改变外界环境从而降低人群在城市运动中的障碍程度甚至消除障碍。例如，人行道改台阶为平缓坡道，就能使乘轮椅者得以通行，同时降低老人小孩的使用难度，也能使一般人群使用更为舒适。

实际上，城市中的任何人都可能遇到困难，因此，无障碍设计概念应该从以下两个方面扩展：

第一，扩大无障碍设计所定义的人群，而设计应该是针对每个人的设计。

第二，变单一的就事论事的无障碍设计，变成促成自我保护与自理使用的设计。

根据以上两个要求对无障碍设计的概念进行重新修订，并考虑残疾和障碍的概念区别，所以无障碍设计的对象不局限于残疾人群，而应考虑障碍人群，同时顾及其他人群。所以，笔者认为无障碍设计应该这样定义：运用现代技术建设和改造环境，为广大障碍人群提供行动方便和安全空间，创造一个"平等、参与"的环境，同时惠及所有人群的设计，是在最大限度内，不分性别、年龄与能力，适合所有人使用方便的环境或产品之设计。可以看出新的无障碍设计概念是一种为障碍人群设计的外部环境，是一种人性化的惠及所有人的设计。

三、城市道路无障碍设计的内容

1. 城市道路交通的障碍环境

城市道路是城市中供车流和人流通行的设施，连接着城市的各个角落。人群通过人行道或非机动车道（在部分支路上）进行基本通行，通过人行横道穿越对道路，通过地下通道和人行天桥对道路跨越，通过沿街社区、单位和建筑物进出口进行人流的集散，这些位置构成了城市道路的障碍环境。

2. 城市道路环境中无障碍设施设计的内容

主要有人行步道中的盲道、坡道、缘石坡道；人行横道的音响及安全岛；人行过街天桥与人行过街地道中的盲道、坡道或升降平台、扶手、标志；公交停靠站、交通信号、停车位等。但是，新建或改建道路无障碍设施设计时应依据不同地区的条件、道路的性质、人流的状况、公交的运行以及居住区分布等情况进行合理的、有针对性的规划和设置。

四、国内外城市道路无障碍环境设计的对策与经验

1. 欧美城市道路无障碍建设

美国是最早制定无障碍建筑技术条款的国家之一，1968年美国联邦政府正式通过"建筑障碍条例"，制定了残疾人在政府投资兴建的公共建筑和市政设施中应能方便通行和进行使用的权益。城市和地区在新建或改造后的道路与建筑物的无障碍设施都非常普及，更多的残疾人走出家门就业，获得了相应的生活收入，由原来靠国家救济的人变成为社会做

贡献的人，既改善生活与提高地位，又促进了经济建设和社会稳定。

德国、日本等国的大多数城市都建设了无障碍设施，包括盲道，但是有重点，主要铺设在盲人经常光顾的商场、医院等地方。日本城市十字路口四角都铺设盲道，缘石坡道坡非常标准，轮椅轻松行进无障碍；过街地道都铺设盲道，其坡道十分平缓、规范。很多过街天桥都安装了直升电梯，盲道几乎没有被占用的情况。做到了凡是健全人能够到达的地方和使用的设施，残疾人同样能够方便地、"无障碍"地使用。

2. 国内城市道路无障碍设计

我国无障碍设施的建设是从首都北京起步的。1985年3月，北京市政府决定将西单等地的四条街道作为无障碍改造试点。此后20多年时间里，随着《城市道路和建筑物无障碍设计设计规范》等相关法律法规的不断完善，我国无障碍设施建设逐渐从自觉行为变为强制标准，并突飞猛进地发展。南京的盲道铺设非常有特色，不仅标准，而且每条盲道两端都做了醒目的无障碍标志指示牌，视力残疾人和下肢残疾人很容易辨认，使用效果极好。杭州环西湖修建了盲道和坡道，残疾人也可以顺利地欣赏西湖美景。

第二节 城市道路无障碍建设理念及要点

一、城市道路无障碍建设理念

城市道路传统的无障碍设计理念比较狭隘，他们认为，只要满足了人们生活的基本需要，方便了残疾人的需要，消除了残疾人在行动上不利的因素就是无障碍的设计。重点突出残疾病人在社会生活中能够与正常人一起参与这就是无障碍设计，而有些方面的无障碍设计和实施则始终无法满足残疾人的需要。从现实的角度来讲，主要还是不能够充分地调动工作人员的实际操作和基本的发展要求。

无障碍设计是指为保障残疾人、老年人、伤病人、儿童和其他社会成员充分参与社会生活，方便走出家门时能通行安全和使用便利，在道路、公共建筑、居住建筑和居住区等建设工程中配套的服务设施。无障碍设计是"以人为本"设计理念的重要表现，体现出对残疾人和老年人的关爱。同时，它也从一个侧面反映出一个国家、城市的社会文明程度的水平，是城市文明进步的重要标志。

二、城市道路无障碍建设的要点

残疾人由于有各种特殊的情况，因而也就会有不同的要求，城市道路的设计也必须设计各种伤残情况下的问题。道路无障碍设计的基本规则如下：具有可接近性、具有可到达性、具有可用性、具有一定的安全性，具有一定的无障碍性。在不同的人群中活动的范围、时间的跨度，活动更频繁都是不同的，不同的障碍人群的需求相差比较大。首先就是可达性，障碍的人群能够通过无障碍的人群来到达一定的目的性；其次就是具有安全性，障碍的人群能够通过使用无障碍的设施来确保安全；最后是人性化，所有的障碍都需要被充分地考虑，要考虑不同人群的使用情况，并且能够为其他的人群提供一定的方便。

由于在目前道路的障碍中设计存在一定的不足，并且无障碍设计的全新引入，会根据不同障碍人群的不同需求，进行不同设施的优化，例如盲道、坡道、信号系统、交通标志、公交系统等等。需要注意每个无障碍设计人群的反应特点，在每个节点设计的过程中，最好都要考虑到其他的人群，最好使得所有的无障碍设施减少障碍人群的障碍，方便其他人，消除所有的障碍。

三、在市政道路设计中应用无障碍设计理念的建议及策略

（一）从语言障碍的角度实施市政道路设计

因为每个人的视力、反应力以及以记忆力等都会有所不同，尤其是儿童和老年人在很难去理解复杂的信息提示。为此，在对信息的表达进行设计的时候要加强针对性，降低老年人和儿童对标识信息的理解难度。

例如，在标线或者是标识牌等道路交通标识上添加一些对比色彩比较强烈的颜色，如红、蓝、黄等。同时，要把标志牌放置在比较显眼的地方，确保其示意图清晰明了，在第一时间可以获取所要表达的信息。同时，标志牌的文字应该要凹凸明显，高度以及大小都要适中，让人们一目了然。在枢纽的内部由于功能区域比较多，仅仅依靠标志是不够的，应该要尽量施工对比色和不同花纹的铺装来划分功能区，尽可能地让残障人士和反映较为缓慢的老年人得到心理上的暗示，表明已经进入另一个区域内。最后，在实际的设计当中，应该要确保符号标准以及形象化，对于文字符号应该要尽可能地采取填充的方式。

（二）从肢体障碍的角度实施市政道路设计

一般坡道可以分为缘石坡道和行进坡道。其中行进坡道的坡度比较小，可符合乘坐轮椅者的需求。缘石坡道一般都是位于人行道两边，可以帮助乘轮椅者解决一定的交通障碍问题。实际位置以及实际高差决定了缘石坡的形状，其最佳宽度应该要超过1.5m。

以中型城市为例，该城市的道路全面实施无障碍设计。在其各个人行道路口上，凡是已经被立缘石断开处均安置缘石坡道，在人行道的范围之内来设置缘石坡道，同时还要与人行横道互相对象。缘石坡道的坡度应该要为1∶30，采用单面坡的形式，宽度与人行道相等，三面坡缘石坡道的坡度应该为1∶20，要确保缘石颇大的坡面干净平滑，同时坡道的下口处与车行道的路面相互平接。

（三）从视觉障碍的角度实施市政道路设计

1.导盲路牌设计

一般来说，最合适的导盲路牌高度为1.3m，并且最好要距离边缘0.6~1.0m。此外，

导盲路牌上所呈现的盲文信息应该要尽量简单、明了化，应确保盲人在最短的时间内获取准确信息，防止走错等现象。尽量在盲道的交叉路口、盲道两侧等适合的位置，在设计上应该使用汉字和盲文来指示导盲路牌。在换乘出入口、站台以及换乘的通道内、电梯处、洗手间等处均要设计有连续的盲道。尽量避免在电梯口铺设慢电梯按钮，一般以3~6块警示砖为宜，让残障人士可以短时间内找到电梯门以及电梯按钮。

2. 方位定位砖设计

在方形砖表面用徐高的方式设置1~4的道搓板状棱条，也就是方位定位砖，并且要使用一道大大的箭头棱条来对方向做出指示。把棱条设置为横方向，使其和行进盲道成垂直的90°。设置出不同的棱条，可给障碍人群提供出不同的方位信息。例如，使用不同的棱条数目来对应不同的公交车站、医院、公共厕所以及商场等。让盲人可以踩着方位定位砖来分辨起指向，轻松顺利地到达和上述生活密切相关的场所。

3. 盲道北向砖设计

应该要在行进盲道之间或者是在提示盲道与行进盲道之间设立盲道北向砖。一般来说，盲道北向砖可以分为外侧轮廓砖和内侧圆形砖两种。外侧轮廓砖主要是以把普通方形砖的中心以一定直径来进行挖空，进而形成中间带圆孔的路面砖。而内侧圆形砖的直径要小于外侧轮廓砖的圆孔，在其表面设计上有类似于"八"的触感标记符号，该标志的箭头指示北方。

综合所述我们可以知道，让无障碍设计理念始终贯穿于整个城市道路建设当中，不但可以帮助障碍人群更好地参与到公共生活的权利，从根本上来提高他们出行的安全性，还可以促进社会主义和谐社会的早日实现，符合社会主义精神文明的本质需求。未来，相关部门要在结合城市道路特点的基础之上，努力提高无障碍设计水平，确保无障碍设计能够为人们出行提供更大的便利。

第三节 城市道路无障碍设施建设

一、我国城市道路无障碍设施建设的方向

（一）加强对相关法律，法规和规范的宣传

虽然我国各级政府及各级城市规划、建设、管理部门对城市无障碍设施建设的重视程度较以前有了较大提高，但一些老百姓包括专业人员、建设单位、开发商对无障碍建设的认识还不到位，有的市民不认识盲道，对占用盲道不以为意；有的市民不了解为什么要在普通电话亭旁还要设一个低位电话亭等；有些开发商认为专门为为数不多的残障人建设无障碍设施是一种浪费等等。针对这一现象，政府各部门有必要通过公共传媒加强对城市无

障碍设施建设的重要性以及相关的法律、规范，如《中华人民共和国残障人士保障法》《中华人民共和国老年人权益保障法》《方便残疾人使用的城市道路和建筑物设计规范》《城市道路和建筑物无障碍设计规范》以及一些地方性法规的宣传，加强对无障碍知识的宣传，使公众了解无障碍，关心无障碍，爱护无障碍设施，使无障碍环境成为全社会文明的标志之一。

（二）提高设计、施工人员的素质，使无障碍设施建设规范化

大量的无障碍设施都是健全人设计、施工建设的，缺乏亲身体会。因此有必要对设计、施工人员进行培训，包括对相关法律、法规和规范的学习，甚至还可以让这些人员坐上轮椅或蒙上眼睛，去体会残障人的生活，从而提高对无障碍设施的感性认识。通过这些活动可以提升人员素质，使无障碍设计成为建筑设计和市政设计的基本元素，让设计、规划人员意识到建筑设计要有无障碍就如建筑物要有门一样重要，从而使无障碍建设更加规范、系统，真正体现以人为本，实现人文关怀。

（三）加强对无障碍设施各建设阶段的管理

规划阶段，规划行政管理部门和建设行政管理部门必须按照有关规定在核发《建设工程规划许可证》和《建设工程施工许可证》前，将配套建设无障碍设施的内容列入审查范围，不符合相关规定的坚决不予审批。施工过程中，施工单位应当严格按照经批准的设计文件，配套建造无障碍设施。建设项目竣工后，建设单位在组织验收时，应当同时验收配套建设的无障碍设施。无障碍设施建成后，建设单位应当按照国家和地方政府的有关规定，设置指导和提示人们正确使用无障碍设施的图形标志。同时无障碍设施不能只是一种摆设，还必须加强对它的管理与维护，避免在"无障碍"上出现"障碍"。同时，对于遭到破坏的设施应及时进行维修，确保无障碍设施能够正常使用，给残疾人、老年人的出行和使用带来方便。

二、现代城市无障碍设施建设中存在的问题

近年来，随着经济发展和社会进步，我国的无障碍设施建设取得了一定的成绩，这在北京、上海、天津、广州、深圳、重庆等大城市表现得比较突出。在城市道路中，为方便盲人行走修建了盲道，为方便乘轮椅残疾人修建了缘石坡道。建筑物方面，大型公共建筑中修建了许多方便乘轮椅残疾人和老年人从室外进入室内的坡道，以及方便使用的无障碍设施。即便如此，从现有的无障碍思想体系和已建成的无障碍设施来看，我国的无障碍设施的修建及管理与国际发达国家相比仍然存在很大的差距，无障碍环境建设还较为落后，远不能满足障碍人士的需要。原因是多方面的，比如设计规范没有得到较好的执行，很多设施流于形式，得不到认真的落实和管理，归为以下几种：

（一）城市无障碍设施建设的社会意识欠缺

由于障碍人士在社会总人口中占很少的比例，据 1996 年全国残疾人抽样调查统计，我国残疾人数达 6000 万，占全国人口总数的 5%。对此，城市道路从管理者到设计部门，对于建设无障碍设施或无意识或认为其不会影响城市的整体发展，甚至会导致城市建设造价增加，常常因此不重视无障碍设施建设，甚至在城市的相关建设中常常忽略无障碍设施。另外，从全民的整体素质来说，由于上级部门不够重视，导致无法对民众进行无障碍设施保护的教育宣传，社会大众对于无障碍设施的保护意识不足，很多已经建成的无障碍设施被侵占，甚至很多人并没有意识到自己侵占了这种特殊设施。

（二）不能全面地理解"无障碍人群"

所谓"障碍"，就是指实际环境中残疾人和能力丧失者不能使用通行的部分，它对正常健全人来说都方便无阻，所以只是一种"相对"的概念。按照人们通常的理解来说，障碍人士仅仅包括聋哑人、盲人、残疾人等，所以在建设无障碍设施时也仅仅针对这几种情况做出简单的设计。这样就使得更大一部分无障碍人士的出行困难仍然不能得以解决。实际上，无障碍人士中，不仅包括永久障碍者，也有临时障碍人士，比如抱小孩的人、暂时受伤人员、需急救的病患、老人等等，这些都是暂时丧失一部分通行能力的人。除此之外，由于身体行为上的障碍会导致部分障碍人士产生自卑、闭塞、孤独和恐惧感，因此也就形成了心理障碍，凡此种种都应列入障碍人士的体系。

（三）现有的无障碍设施建设中仍然存在诸多问题

1. 已建成的无障碍设施可利用率较低，达不到设计目的

条形盲道与圆点形提示盲道均不能提示明确的方向，所以盲人易出现辨方向的困难而走错路的现象。行进盲道的任务单一，仅提示地铁入口、人行横道入口及汽车站等等，圆点提示盲道虽能告知盲人注意该处环境发生变化，但不能提示盲道环境所发生的变化，不能辨明医院、银行、商店、厕所等与生活密切相关的场所方位。市政道路两侧的开口、居民点出入口很多，开口的宽度很大，并且成增大、增多趋势。在开口处往往造成盲道中断，在市政道路的平面交叉口处，盲道断开，分不清方向，在线路转弯处的方向指示不明确，不能起到正确的导向作用。此外，盲人或红绿色盲在红绿灯处无警示标志，红绿色盲对标志灯的辨别不明显，导致车祸时有发生。听觉障碍时语音系统无法达到目的，没有为听觉障碍的人提供提示手段。

2. 无障碍设施建设缺少体制保障

由于还没有体制确保无障碍设施设计标准化要求的落实，在已建成的无障碍设施中设施不规范的现象时有发生，如个别地方在盲道中间设置下水道管或电线等障碍物，严重时会危及盲人的生命安全；有些地方设计人员为了追求视觉效果将盲道设计成奇怪的形状，反而给盲人出行带来更多的困扰。

三、城市道路无障碍设计的对策

道路无障碍设施作为城市道路的基本组成部分，保证人人都能够自由地出行并方便到达目的地是每一个城市居民最基本的权利。为任何一个社会成员提供无障碍的出行和交流的环境，这是保证其他权利（工作、受教育、住房、医疗保障等）的前提条件。

（一）设计应注重满足人的实际需要

完全按照规范设计的优点不容忽视，但是按照规范设计，达到规范要求并不一定会满足使用者的需求，甚至会给使用者带来意外的麻烦。现代无障碍设计理念在设计原则上更加注重使用人的实际需求，注重互动型设计，让使用对象参与设计与建设过程，在每一个环节、每一个细微之处都有使用者的参与，真正满足使用者的实际需求。

我国对城市道路有相关规定，针对无障碍设计也有需要遵循的原则，不过遵循相应的原则也不能说明能够满足使用人的需求，所以在进行设计的过程中应该从实际情况出发，而且可以通过对这些使用人进行实际调查，并让其参与到具体的设计之中，尽可能地保证每个环节都能够满足使用人的需要，这样才能够使每个使用人受益。

（二）重视无障碍设计科研与教育

以科研为指导，在实验室阶段通过局部试点，反馈、改进从而决定该项设计是否具有推广的价值，可以极大地节约成本。同时，在实验阶段，可以开发新技术、新工艺，产生新的设计手段，创新性的解决无障碍设计中出现的难题。目前，发达国家和地区都建立了无障碍设计研究机构，如德国柏林工业大学无障碍设计中心、日本东京大学先端科学技术研究所、美国北卡罗来纳州立大学通用设计研究中心等。

随着社会经济的快速发展，无障碍设计也必须跟上时代的需求，所以必须重视无障碍设计的科研。而科研通常都是在大量的实践及思考的基础上实现的，并通过反复的实验，进一步节约道路建设的资金投入，同时提高无障碍设计工程的质量。

（三）整合无障碍设施资源，优化设计

城市道路无障碍设计须做到无障碍设施的系统化、体系化。我国城市道路无障碍设计仅仅停留在城市公共设施和公共空间的无障碍规范方面，提供零碎服务设施，并没有将社区、地区层面的无障碍交通系统与整个城市，甚至是区域的快速交通系统综合起来考虑。要改善这种注重细部、忽略整体的狭隘局面，必须具备多模式交通、无障碍整合的区域眼光和空间公平价值导向，从根本上改变弱势群体交通出行的可选择性。要实现点、线、面的紧密结合，实现从家门到目的地整个过程的无障碍，提供真正的"门到门"服务。

无障碍设计并不是孤立存在的，而是一个系统化的工程。不能只停留在公共区域以及提供零碎化的服务，而是应该综合考虑，把无障碍设计和其他区域联系起来，体现出点线面的结合，并尽可能地发挥整个无障碍设计的最大功能，为障碍人士提供方便。

综上所述，无障碍设计是市政道路设计中的重要体现，在具体设计的过程中必须遵循以人为本的原则，这也是一个城市文明程度以及发展状况的具体体现。伴随着我国人口数量的不断增多，老年人以及残障人士的数量不断升高，各个城市必须做好无障碍设计工作。不过随着人们素质的普遍提升以及经济环境的不断变化，无障碍设计也面临着新的机遇和挑战。为了创造更加和谐的社会，为市民提供优质服务，需要加大无障碍设计的科研力度，并不断更新设计理念，设计出更加科学的方案。

第四节　城市道路无障碍建设的优化

一、城市道路无障碍建设优化的基本理念

近年来，在公共场所的环境上越来越注重"以人为本"思想，这是时代发展的要求，也是我国经济不断提高的表现。在城市道路的设计上，这种思想的运用能够很好地体现人与人之间的尊重和关怀，这更多地体现在特殊人群的身上。

人一旦进入老年，身体机能就会下降，身体的行动、视觉、听力等都有很大程度的衰退。现在城市道路的设计很多不能满足特殊需要，很多城市道路的设计都是按照正常人的标准来的，这样就会对特殊人群的交通行走带来不便。

目前我国的城市道路建设出现了很多的问题，传统的城市道路无障碍设计理念已经不能满足现在的要求，所以随着社会的进步，城市道路的无障碍设计也不断地得到了更新。城市道路设计主要针对两部分人，一类是障碍人群，一类是无障碍人群，而城市无障碍设计的主要考虑障碍人群，城市道路无障碍设计的以人为本的设计理念也是主要针对障碍人群来说的。为了实现城市道路无障碍设计理念，就要充分了解障碍人群的需求。不同的障碍人群因为障碍的程度的不同对于城市无障碍设计的要求也不同。所以，城市道路的无障碍设计要综合考虑各类障碍人群的需求，最大限度方便障碍人群的出行。

二、城市道路无障碍建设的优化措施

（一）坡道的优化

缘石坡道应当确保坡面的平整。下口应当高于行车道地面不超过20mm。若是单面的缘石坡道，应当采用方形、长方形或扇形设计，三面缘石坡道则其正面坡道宽度应当在1.2m以上。

《城市道路和建筑无障碍设计规范》规定坡道的坡面要求坚实、平整和不光滑，为了轮椅的通行顺畅和减小阻力。规范中对坡道面层具体要铺设哪些材料没做文明规定。考虑到各地区市政道路的地形环境不同，硬性统一规定并不合理。但所采用的材料产生的效果

应该合乎要求。以室内用橡胶地板和经特别设计的混凝土板为例,橡胶地板耐磨损、防滑性较强、环保可靠、无污染、低噪声,容易进行安装,颜色能自由选择,有利于减少使用拐杖的人滑倒现象;混凝土板除了有耐磨损的特点,投入的成本也比较低,而且可设各种纹式。通常情况下,地下通道和人行天桥的坡道地面材料可用成本较高的橡胶地板,以保证安全使用,而在其他的断面则可以使用混凝土板以降低成本。

此外,坡道是一种常见的无障碍设施,坡道大体上分为缘石坡道和行进坡道两种,行进坡道的坡度一般来说比较小,乘坐轮椅的肢体障碍人员可以方便地通过,而缘石坡道具有一定的特殊性,在设计的过程中应当尽可能保证坡面的平整,下出口要高于行车道以保证残疾人的通行安全。在台阶的优化设计时,要综合考虑台阶的设计高度和宽度及其相应的尺寸标准。在坡度比较大的人行通道以及过街天桥等处要设置扶手,既为障碍人群起到提示作用,也可以保证障碍人群的通行安全。同时,在路面设计的过程中要注意采用颜色警戒,以便引起行人的注意。

(二)盲道的优化

盲道优化主要通过盲道砖的功能提升来实现。传统条形行进盲道和圆点形提示盲道均不能提示明确的方向;圆点形提示盲道只能提醒盲人注意该处环境发生变化,但却无法具体告知是何种变化,比如前方即将到达医院或者商场。推广使用新型感知盲道砖则能有效解决这些问题。感知盲道砖包括指北方向砖、导盲路牌与指示砖等。

指北方向砖由两部分组成,即外侧轮廓砖(方砖中间垂向挖圆孔)和内侧圆形砖(半径略小于圆孔,砖面带有"八"字形的标记),装设在条形盲道和圆点式盲道之间,也可以设在较长的条形盲道的特殊位置,"八"字具有指北功能,其头部略显突起,指向北面,盲人容易感知。而且这种砖在铺设时也容易组合。

指北方向砖和现行的盲道砖结合,触感分明容易区别,此前通过告知盲人这些功能特点,能有效地帮助盲人辨别方向。

导盲路牌是靠盲文或者其他符号指示方向的路牌,传达的信息必须简洁、清楚易懂,且触感必须明显,一般安装在盲道两侧,道路交叉口的合适位置,不宜太高,以免触摸困难,也不可太低,否则难以发现,一般距地面高度1.3m为宜。

导盲路牌距离盲道边缘线最佳距离为0.6~1m,这样既不干扰行走,又便于获取信息。导盲路牌指示砖采用一块表面平整的路砖,再借助周围行进盲道路砖和提示盲道路砖的组合,指示导盲路牌的位置。此外,在设计盲道线路时,要尽可能避免铺设井盖,尽量远离电线杆、树木、拉线等障碍物体。至于机动车占用人行道停车阻碍盲道的问题,除了需要行政执法部门加大管理力度之外,也可以采用在违停严重路段的人行道边缘加设隔离桩的办法,但是该办法不能在全路段推广,一是成本过高,二是影响市容美观。

盲道在实际应用的过程中往往达不到设计预期的使用效果,主要是由于在当前的盲道设计工作中设计理念存在问题。盲道中的圆点型的行进以及条形的行进在视觉障碍的人群使用过程中不能够明确指示出行进的方向，且圆点型的提示虽然在一定程度上能够提示盲人所处位置的变化，但不能提示所处环境的变化，再者就是盲道的提示砖和星级没有明确的针对目标，对一些银行、医院、超市的一些具体场所的具体方位不能有针对性地辨别。在对当前的道路无障碍设计进行改进时，要对盲道的感知功能加以改进，充分利用现有盲道上的路砖具有很多圆点和条形的特征。在路砖设计过程中加入一些特殊的信息，在对方位的定型砖块主要是将方形的砖块制作成不同的道路，制作成有一到四道由一端低到一端慢慢变高的搓板性棱条，制作成专用的"方为定位转"，在盲道上适合的位置设置一些导盲路牌，并在路牌上用盲文和汉字进行标注。

（三）人行天桥、地下通道的优化

人行天桥、地下通道梯道两侧均应设置扶手，对障碍人群起到一定的提示引导和支撑作用。上下口处均应设置提示盲道，设计台阶时，要对台阶的高度与宽度综合考虑，尺寸上尽量用最符合人体行动的 15×30cm 的规格，并避免台阶边缘外凸。同时，为了让轮椅、婴儿车、自行车、拉杆箱等轮式工具平顺通过，应该在天桥和地下通道的梯道右侧设置足够宽的坡道。如果财政预算允许，可以安装残疾人无障碍外挂式升降梯或自动扶梯。

第五章　桥梁标准化作业管理

第一节　安全性检测管理

城市桥梁作为重要的城市基础设施，采取标准化管理是照章办事、规范程序、提高质量、增强效能的有效途径。在桥梁建筑的发展中，桥梁试验检测发挥了重要作用。通常桥梁原型结构开展的试验多属于检验性、验证性试验，目的是通过试验掌握桥梁结构在试验荷载作用下的实际工作状态，判定桥梁结构的承载能力和安全性能，检验设计与施工质量。上述所谓桥梁原型试验也称为桥梁安全性检测，桥梁安全性检测又可分为结构检测、荷载检测。

一、桥梁术语与结构组成

城市桥梁通常是指城区内建造的跨河、跨江、跨海桥梁、立交桥梁，人行天桥等。为了保持道路的连续性，充分发挥其正常的交通功能，对于跨越障碍的城市桥梁，既要保证桥上的交通运行，通常也要保证桥下水流的流畅、船舶的通航或车辆的通行。作为城市桥梁，它还是一件建筑艺术品，具有观赏性。现代的城市桥梁已经能够从桥型选择，合理布局、材料、灯光和色彩的运用，以及体、面、线的配合和环境协调等方面来考虑桥梁的美学要求。

1. 桥梁功能性术语及符号

（1）标准跨径：对于梁式桥或板式桥，是指两相邻桥墩中线之间的距离，或桥墩中心线至桥台台背前缘之间的距离；对于拱桥，则是指净跨径。

（2）净跨径：对于梁式桥，是指设计洪水位上相邻两个桥墩（桥台）之间的净距，用 L_0 表示。对于拱式桥，是每孔拱跨两个拱脚截面最低点之间的水平距离。

（3）总跨径：在单孔桥中即为桥梁的净跨径，在多孔桥中是指多孔桥梁各孔净跨径的总和，以 $\sum L_0$ 表示。它反映了桥下宣泄洪水的能力。

（4）计算跨径：对于有支座的桥梁，是指桥跨结构相邻两个支座中心之间的水平距离，以 L_0 表示。对于拱式桥，是两相邻拱脚截面形心点之间的水平距离。

（5）桥梁全长：简称桥长，是桥梁两侧桥台的侧墙或八字墙后端点之间的距离，以 L 表示。

(6)桥梁高度：简称桥高，是指桥面与低水位之间的高差，反映了桥梁施工的难易程度。

(7)桥下净空高度：简称净高，是设计通水位至桥跨结构最下缘之间的距离，它应保证安全排洪，并不得小于对该河流通航水位所规定的净空高度。

(8)建筑高度：桥上行车路面标高至桥跨结构最下缘之间的距离。它不仅与桥跨结构的体系和跨径大小有关，而且还因行车部分在桥上布置的高度位置而异。一般说来，城市定线中所确定的桥面标高与通航净空顶部标高之差，称容许建筑高度。显然，桥梁的建筑高度不得大于其容许建筑高度，否则就不能保证桥下的通航要求。

2. 桥梁结构组成部分

桥梁一般由上部结构、下部结构、支座和附属设施四部分组成。

(1)上部结构：桥梁位于支座以上的部分，一般称为桥跨结构。桥跨结构是在线路中断时跨越障碍物的主要承重结构，它的主要作用是承受其上面荷载和交通荷载。

(2)下部结构：通常包括桥墩桥台和基础。桥墩、桥台是支撑桥跨结构并将恒载和车辆等活载传至基础的结构物。其中桥台通常设在桥的两侧，它除了支撑桥跨结构作用外，还起到衔接桥梁和路堤的作用，并抵挡路堤土压力，防止路堤填土的滑坡和塌落。而桥墩、桥台受到的全部荷载传至地基的底部奠基部分，则称为基础。

所受到的全部荷载主要包括竖向荷载以及地震力、船舶撞击力等引起的水平荷载。

所谓基础就是桥梁的根基，是确保桥梁安全运行的关键。

(3)支座：桥跨结构的支撑部分，架设于墩台上，顶面支承桥梁上部结构的装置。其功能是将桥梁上部结构固定于桥台，承受作用在上部结构的各种力，并将它可靠地传输给墩台。

(4)附属设施：桥梁建筑中，除上述基本结构外，根据需要还常常修筑护岸、导流结构物和导航装置等。桥梁本体的附属设施主要包括桥面铺装、排水防水系统、栏杆、伸缩缝及灯光照明等。

3. 桥梁结构的分类

桥梁结构可以按结构体系跨径、桥面位置，主要承重结构所用的材料、跨越方式施工方法分类。

(1)按结构体系区分：桥梁是由基本构件组成的各种结构物，按结构体系区分是指按桥梁结构的力学特征可归结为梁式、拱式、刚架、悬吊式等体系以及它们之间的各种组合。通常可把桥梁分为梁式桥拱式桥、刚架桥、斜拉桥及悬索桥五大类。

梁式桥具有一种在竖向受力作用下无水平反力的结构。由于作用方向与承重结构的轴线接近垂直，故与同样跨径的其他结构体系相比，梁内产生的弯矩最大，通常需用抗弯能力强的材料来建造。城市桥梁多数采用预制装配式钢筋混凝土和预应力混凝土简支梁桥。当跨径较大（一般大于50m）时，也可建造悬臂式或连续式的梁桥；当跨径很大时，或为承受很大作用力的特大桥梁宜建造成钢桥。

拱式桥的结构形式：在竖向荷载作用下，桥墩或桥台将承受水平推力。这个水平推力将抵消一部分拱圈内的弯矩，因此，与同跨径的梁相比，拱的弯矩和变形要小得多。鉴于拱桥的承重结构以受压为主，一般可用抗压能力强的圬工材料和钢筋混凝土等来建造。但为了确保拱桥能安全运行，其下部结构和地基必须能经受住很大水平推力的不利作用。

刚架桥的主要承重结构是梁或板与立柱或竖墙整体结合在一起的钢架结构，梁和柱的连接处具有很大刚性。在竖向荷载作用下，梁部主要受弯，而在柱脚处也具有水平反力，其受力状态介于梁桥与拱桥之间。因此，对于同样的跨径且在相同作用下的刚架桥，跨中正弯矩要比一般梁桥的小。

悬索桥采取悬挂在两边塔架上的强大缆索作为主要承重结构。它是通过吊杆竖向拉力的作用，使缆索也受到很大的拉力，缆索所受到的拉力通常需要在两岸桥台的后方采取修筑非常大的锚定结构。该类型的桥梁结构自重较轻，一般能以较小的建筑高度跨越其他任何桥型不可企及的特大跨度。其经济跨径在500m以上。

斜拉桥是由承压的塔、受拉的索与承弯的梁体组合起来的一种结构体系。其中，由于斜拉索将主要承重的主梁吊住，使其变成多点弹性支承连续梁工作，由此减小主梁截面，增加桥梁跨径。与悬索桥相比，斜拉桥是一种自锚体系，不需要昂贵的地锚基础，防腐技术要求也低，从而降低了防腐费用，刚度及抗风能力又比悬索桥好，钢索用量比悬索桥少。

（2）按桥面位置区分：桥面位置在桥跨结构上面的为上承式桥；桥面位置在桥跨结构下面的为下承式桥；桥面位置在桥跨结构中间的为中承式桥。

（3）按主要承重结构所用的材料区分：有木桥、钢桥、圬工桥（包括砖、石、混凝土桥）、钢筋混凝土桥和预应力钢筋混凝土桥。

（4）按跨越方式区分：有固定式桥梁、开启桥、浮桥漫水桥。

（5）按施工方法区分：如混凝土桥梁可分为整体式施工桥梁和节段式施工桥梁。

二、桥梁结构的安全等级

桥梁结构工程应根据结构破坏可能产生的后果（危及人的生命、造成经济损失、对社会或环境产生影响等）的严重程度，采用不同的安全等级。而结构可靠度水平应根据结构构件的安全等级、失效模式和经济因素等确定。因此，对结构的安全性和适用性可采用不同的可靠度水平。

（一）可靠度与设计使用年限

桥梁结构可靠性是指结构在规定的时间内，在规定的条件下，完成预定功能的能力。结构可靠度是对可靠性的定量描述，即结构在规定的时间内和规定的条件下，完成预定功能的概率。所以，桥梁结构的使用维护应使结构在规定的设计使用年限内，以适当的可靠度且经济的方式满足规定的各项功能要求，而桥梁结构或构件的设计使用年限通常为不需进行大修即可按预定目的使用的年限。

在桥梁设计使用年限内，考虑桥梁结构应以可靠度适当且经济的方式满足以下各项功能要求，如能承受在施工和使用期间可能出现的各种作用；保持良好的使用性能；具有足够的耐久性能；当发生火灾时，在规定的时间内可保持足够的承载力；当发生爆炸、撞击、人为错误等偶然事件时，结构能保持必需的整体稳固性，不出现与起因不相称的破坏后果，防止出现结构的连续倒塌。桥梁结构所处的环境对其耐久性有较大影响时，应根据不同的环境类别选取结构材料、设计构造、防护措施、施工质量要求等，并应制定结构在使用期间的定期检修和维护制度，使结构在设计使用年限内不因材料的劣化而影响其安全或正常使用。

早在2000年国务院令第279号颁布的《建设工程质量管理条例》中，就规定了基础设施工程、房屋建筑的地基基础工程和主体结构工程的最低保修期限为设计文件规定的该工程的"合理使用年限"。之前国际标准《结构可靠性总原则》（ISO2394：1998）中，提出了"设计工作年限（design working life）"，其含义与"合理使用年限"相似。至2001年在国家标准《建筑结构可靠度设计统一标准》（GB 50068-2001）中，将"合理使用年限"与"设计工作年限"统称为"设计使用年限"。而在国家标准《工程结构可靠性设计统一标准》（GB 50153-2008）中，又将"设计使用年限"推广到各类工程结构，并规定工程结构在超过设计使用年限后，应进行可靠性评估，根据评估结果，采取相应措施，应重新界定其使用年限。设计使用年限这项设计规定，通常理解为在这一规定的时段内，结构只需进行正常的维护而不需进行大修就能按预定目的使用，并完成预定的功能，即工程结构在正常使用和维护下所应达到的使用年限，如达不到这个年限则意味着在设计、施工、使用和维护的某一或某些环节出现了非正常情况，应查找原因。

（二）桥梁结构安全等级

桥梁：工程结构设计时，应根据结构破坏可能产生后果的严重程度，即危及人的生命、造成经济损失、对社会或环境产生影响等，考虑采用不同的安全等级。安全等级划分如表5-1所示。

表5-1 桥梁结构的安全等级

安全等级	破坏后果
一级	很严重
二级	严重
三级	不严重

桥梁结构中各种构件的安全等级一般宜与结构安全等级相同，但对其中部分结构的安全等级可进行调整，等级调整不得低于三级。而可靠性水平即可靠度的设置是根据结构安全等级、失效模式和经济因素等确定。所以，在工程设计过程中，为保证工程结构具有符合规定的可靠度，除应进行必要的设计计算外，还应对结构的材料性能施工质量、使用和维护等进行相应的控制。就桥梁运行阶段来讲，桥梁结构应按设计规定的用途使用，定期

检查结构状况，并有计划地进行维护和维修。当需要变更其用途时，应进行设计复核和采取必要的安全措施。

三、桥梁结构安全性检测

首先，桥梁建成竣工后，作为重要的桥梁结构，应通过桥梁检测验证施工质量与结构性能，判定桥梁结构的实际承载能力，为桥梁工程验收、投入运行提供科学的依据。既有桥梁结构在运行期间，由于受水灾、地震等自然灾害而损伤，或因设计施工不当而产生严重缺陷，或因使用荷载大幅度增大而超过设计荷载等级，或在加固改造完成之后、重新开通之前，可通过桥梁检测来评估其使用性能和承载能力。

而这对于缺乏完整技术资料的旧桥更为必要。

（一）安全性检测的重要意义

1. 实行预测、预报、预防

桥梁安全运行管理的重点之一，就是通过检查检测与健康监测，对桥梁关键部位或重要构件的退化等危险性进行预测、评估，达到预防为主的目的。采取有效对策，控制及消除这些隐患，有效地对桥梁通行、维护和加固过程的系统安全进行预测、预报、预防，以获得最佳的桥梁安全运行效果。

依据我国《城市桥梁养护技术规范》（CJJ 99-2003）、《城市桥梁检测和养护维修管理办法》（建设部令第118号）及《公路桥梁承载能力检测评定规程》（JTG/TJ21-2011）的规定桥梁检测和评估是城市桥梁养护管理程序中的重要环节，目的是对桥梁"进行体检及诊断"，在采集检测数据的基础上进行桥梁技术状态评估分析，确定其基本的物理性能和功能状态。而每一轮所取得的周期性的桥梁检测评估数据必然成为桥梁管理信息系统的主要管理对象，这些数据的分析和积累，可以为管理人员提供桥梁的正常状态或退化趋势的连续记录，使得桥梁管理人员能够真实地掌握桥梁结构是否损坏或功能等级是否降低等情况，必要时可采取相应的养护维修措施，消除隐患，提高运行安全度，保障城市公共运输安全。

通过对桥梁的检测与评估，也可以发现服役多年的桥梁存在的各类缺陷，判定损伤部位的损伤程度及实际承载能力。比较全面的桥梁检测还可以提供主要构件及材料退化程度的信息，用于分析退化形成的原因与退化对桥梁构件的影响程度，达到跟踪结构与材料的使用性能变化的目的，使桥梁维修计划更具有针对性，有利于确定维修和加固计划安排的次序，提高效率，降低维修成本。与此同时，还可以了解车辆和交通量的改变给桥梁运行带来的影响。原来按旧标准规定的荷载等级设计建造的桥梁，需要根据检测评估结果，确定桥梁现有的承载能力，以采取相应的管理维护措施，如限载或加固提高技术等级。

2. 为养护管理决策提供依据

随着现代化工业及城市建设的发展，特大型工业设备、集装箱运输逐渐频繁，超重车辆过桥也同样需要通过检测与评估，确定过桥可行性，并为临时加固提供技术资料。桥梁遭受特大灾害时，如因地震、洪水等受到严重损坏或在建和使用过程中发现严重缺陷等（如质量事故、过度的变形和严重裂缝以及意外的撞击受损断裂等），均应通过检测评估为桥梁修复加固提供可靠依据。国内目前已经建立和使用的桥梁信息管理系统，还处于数据累积阶段，今后当桥梁检查结束后，即可通过该系统实施桥梁技术资料的积累，为桥梁管理与桥梁状态评定提供第一手资料，并为桥梁构件和同类桥型的退化分析提供客观的数据，进而更好地为养护管理决策提供必要的技术支持。首先，最重要的是通过检测评估，为养护、设计与施工等部门提供反馈信息，实现养护工作的规范化与科学化，减少桥梁生命周期内的运行费用。

其次，通过对桥梁结构质量进行验证这样的方式，管理人员也可掌握结构在荷载作用下的实际受力状态，探索结构受力行为的一般规律，为充实和发展桥梁结构的设计计算理论积累资料。

3. 确定安全性检测的步骤

桥梁检测的内容比较多，涉及很多方面。如按建设周期来分，桥梁检测可分为施工阶段监测成桥验收检测及运行期检测。这里主要介绍桥梁运行期检测的有关内容。依照《城市桥梁养护技术规范》（CJJ 99-2003）的规定，桥梁运行期安全性检测应包括常规定期检测、结构定期检测、特殊检测。具体实施检测可分为三个步骤，即规划与准备，测试与观测，分析与总结。

桥梁检测前，按常规应进行必要的规划与准备工作。这项工作包括委托专业检测单位检测，一般由相应资质的专业检测单位承担。首先，桥梁监管部门应制订年度检测计划，明确桥梁检测的类型，并做出先后检测的时间安排；同时考虑到某些桥梁可能需要在特定时间检测，如干燥季节、恶劣天气或交通繁忙时间，才能反映出它们在运行极限状态下的结构表现，以便做出先后检测的时间安排。检测单位应注意收集待查桥梁的相关资料，并保证其完整性，如桥梁的地质资料、水文资料、设计资料、竣工验收资料，桥梁历次检测资料以及桥梁重大维护、加固、改善或改扩建资料。桥梁检测中使用的计量仪器应由政府法定或授权的计量技术机构进行定期检定校准。此外，需检查桥梁现状如桥面系、承重结构构件、支座、墩台基础等部位的外观情况。

测试与观测是整个桥梁检测工作的中心环节。这是在各项准备工作就绪的基础上，按照预定的检测方案与程序，采用各种试验仪器，观察试验结构受力后的各项性能指标，如挠度、应变、裂纹宽度、加速度等，并采用人工记录或仪器自动记录手段记录各种观测数据和资料。通常常规定期检测是采用目测与无损检测相结合的方法；结构定期检测往往基于日常检查和常规定期检测结果，借助专业的鉴定技术和设备进行测试的方法；特殊检测是依据一定的物理、化学检测手段，并辅以现场和实验测试等特殊手段对桥梁及构件进行详细检测和综合分析。桥梁观测主要是对特大桥、特殊结构桥梁和单孔跨径60m及以上的大桥，要求设置永久性观测点，必要时大、中桥也应设置永久性观测点。新建桥梁交付使用前，建设单位也应在竣工时设置便于观测的永久性观测点。观测点的编号、位置（距离、标高和地物特征）和竣工测量数据，均应在竣工图上标明，作为竣工资料予以归档。

检测工作结束之后，检测单位将对原始测试资料进行综合分析与总结。原始测试资料包括大量的测试数据、文字记载和图片等，受各种因素影响，一般显得缺乏条理性与规律性，未必能深刻揭示试验结构的受力行为规律。因此，应对这部分原始测试资料进行科学的分析处理，去伪存真、去粗存精、由表及里，综合分析比较，从中提取有价值的资料。检测取得的数据或信号，有时还需按照数理统计方法进行分析，或依靠专门的仪器或软件进行分析处理。测试数据经分析处理后，应按照相关规范、规程以及检测的目的要求，对桥梁结构做出科学的判断与评价。这项工作直接反映整个检测工作的质量，将最后体现在所提交的桥梁检测报告中。现场记录资料及检测报告应有必要以电子文档和书面文档两种形式，提供给委托单位或管理部门，并归还桥梁检测委托机构提供的原始资料。

桥梁检测报告应包括桥梁的基本信息，如桥梁的概况，包括工程名称，工程地点，建造年代，结构类型，跨径布置和横向布置，材料类型和强度，荷载等级，允许车速，历史检测记录，加固维修记录，设计安全等级，设计使用年限，环境类别等；以及检测目的、内容、依据和方法。检测内容应包括检测日期及时间，检测结果，检测数据分析与结论等；以及报告的日期、主要人员和检测单位的签章（字）。附录应提供计算资料，试验数据图表、试验现场和结构检查的照片及必要的影像资料等。

4. 制订专项安全措施

桥梁检测的过程中，还应结合具体检测项目的工作特点和环境条件，制定专项的安全措施，并在检测区域设置明显的标识并采取必要的隔离措施，避免检测时发生安全事故。通常要求与检测无关的人员未经许可，不得进入检测区域内；检测人员应着专用工作服或有警示标志的反光标志服，应戴安全帽。需占用车道、航道进行检测时，应先征得相关管理部门的许可，同时必须设置明显的交通封闭、航道封航或引导标志。夜间作业必须配备足够的照明和警示设备，高空作业、攀登作业、水上作业应符合有关高空作业、攀登作业、水上作业的安全规定。检测所用的电器、电缆必须有良好的绝缘效果，电动工具应有漏电保护开关，严格按照安全用电的规定作业；检测设备在进行安装调试或检测时，必须有安全保护装置。荷载试验时，桥上及周边环境不得有交通干扰。

（二）安全性检测的形式

1. 常规定期检测

常规定期检测一般由城市桥梁监管机构或授权管理单位组织的专职桥梁管养技术人员或桥梁工程技术人员负责，检测负责人要求由具有中级或以上职称，具备5年以上的城市桥梁养护或设计工作经验的桥梁结构工程师担任。检测人员不得少于5人，并需制定相应的定期检测计划和实施方案。检测周期应根据城市桥梁实际运行状况、结构类型和周边环境等因素确定，并不应超过1年。常规定期检测以外观观测为主，观测内容包括桥面系及附属设施、支座装置、桥梁上部及下部结构。

（1）桥面系及附属设施的观测内容。桥面铺装层纵、横坡是否顺适，桥头有无跳车；桥面有无脱皮露骨、骨料松散、泛油裂缝破碎、坑槽、洞穴、波浪、防水层漏水；桥头搭板是否完好，是否出现滑移、开裂、混凝土碎烂、局部坑洞，台背是否下沉、开裂、倾斜。伸缩装置是否平整、顺直、伸缩自如，是否有异常变形和响动、松动、破损、脱落、漏水，是否嵌入杂物；槽口铺装层是否啃边，是否造成明显的跳车。排水系统桥面、桥头引道排水是否顺畅；泄水口、收水口或收水井泄水管是否破坏、损伤脱落、堵塞。人行道铺装、路缘石、平石是否完整，有无严重的裂缝（网裂、纵横裂缝）碎烂、残缺、塌陷等。栏杆、护栏防撞墙、防撞墩是否完整、牢固、有无撞坏、断裂、错位、松动、缺件、锈蚀、剥落等。桥梁绿化设施结构是否完好、牢固；支架是否锈蚀、变形脱落；花盆是否锈蚀、开裂、失稳、坠落；外饰面板是否松动、脱落；绿化排水系统是否完整排水顺畅，有无漏水现象，是否生长可能影响桥梁结构的植物。防护网、隔音屏、隔离带是否完整，是否锈蚀、破损、断裂、松动、缺失、剥落。

（2）桥梁上部结构的观测内容。钢筋混凝土结构是否有裂缝、剥落、渗水、空洞、露筋、蜂窝麻面、表面沉积和钢筋锈蚀等情况。预应力混凝土梁锚固端的封端混凝土是否有裂缝、剥落、渗漏穿孔，预应力钢束锚固区段混凝土有无开裂，沿预应力筋的混凝土表面有无纵向裂缝等。钢结构涂层是否出现老化、膨胀和脱落；构件是否生锈，有无扭曲、异常变形，节点是否滑动错裂，焊接断面有无削弱和裂纹，铆钉和螺栓是否松动、脱落。砖石结构砌缝是否开裂，灰浆是否脱落；砖石材料有无风化、剥落和裂缝，砌体是否有鼓肚变形；砖石结构表面是否长有苔藓，砌缝中是否植物丛生。木结构有无腐烂、顺纹裂纹及磨损；接合点、榫头和支承处是否松动，连接螺栓或钉是否锈死。组合结构除检查钢结构和混凝土结构桥梁内容外，应着重检查联结面的安全。

（3）支座装置的观测内容。钢板滑动支座和弧形支座是否干涩、锈蚀；辊轴支座轴承有无裂缝，辊轴是否出现不允许的错位。简易支座油毡是否老化、破裂；拉压支座拉力螺栓是否完好；摆柱支座各部件相对位置是否正确，受力是否均匀。四氟滑板支座是否老化、变形、移位；盆式橡胶支座固定螺栓是否剪断损坏，螺母是否松动。橡胶支座是否老化、移动、变形；活动支座是否灵活，实际位移量是否正常；球形支座是否灵活，有效。

（4）桥梁下部结构的观测内容。墩台顶面是否清洁，伸缩缝处是否漏水，有无滑动、倾斜、下沉，台背填土有无沉降或挤压隆起。混凝土墩台及帽梁有无风化、开裂、剥落露筋等，横系梁连接处是否开裂、破损；石砌墩台有无砌块断裂通缝脱开、变形，砌体泄水孔是否堵塞，防水层是否损坏；墩台防震设施是否有效。基础下是否发生不允许的冲刷或淘空现象，扩大基础的地基有无侵蚀，桩基顶端在水位涨落、干湿交替变化处有无冲刷磨损、颈缩露筋，是否受到污水、咸水或生物的腐蚀。锥坡和引道挡墙应检查是否完好，有无砌块断裂、混凝土剥离脱落、通缝脱开、变形，砌体泄水孔是否堵塞。调治构造物应检查是否完好，功能是否适用，桥位段河床是否有明显的冲淤或漂浮物堵塞现象。

2. 结构定期检测

结构定期检测是保障桥梁结构安全的检测，目的是评定桥梁结构的耐久性和安全性（或承载能力等）。结构定期检测往往基于日常检查和常规定期检测的结果，借助专业的鉴定技术和设备，进一步确定病害的程度和影响，量化结构的退化程序，并认定病害原因和推荐适当的维护措施，包括养护、维修、加固措施或建议特殊检查。

通常按规定的周期对桥梁进行检测，并根据桥龄交通量、车辆载重、桥梁使用历史、已有检测资料、自然环境以及桥梁临时封闭的社会影响制订实施方案。斜拉桥、吊桥、系杆拱桥等通过索（杆）作为传力构件的特殊结构桥梁，检测周期应符合国家现行标准《城市桥梁养护技术规范》（CJ99-2003）的规定。下面介绍几种常用的检测技术方法。

一是几何形态参数的检测。即桥跨结构纵向线形的测点宜沿桥纵向分断面布设，桥轴线、车行道上游边缘线和下游边缘线按二等工程水准测量要求进行闭合水准测量，测点应布置在桥跨或桥面结构的跨径等分点的截面上；对中小跨径的桥梁，单跨测量截面不宜少于5个，大跨径桥梁单跨测量截面不宜少于9个；墩（台）顶的水平变位或塔顶水平变位，可采用极坐标法等方法进行测量；拱轴线和主缆线形量测的测点宜按桥跨的八等分点分别在拱背、拱腹和主缆顶面布设测点，并采用极坐标法进行平面坐标和三角高程测量。

二是混凝土结构强度的检测。可采用回弹法或超声回弹综合法检测其材质强度，必要时采用钻芯法检测。钢材强度检测宜截取试件，通过试验确定；钢筋锈蚀检测可采用测量钢筋锈蚀电位、混凝土氧离子含量和混凝土电阻率等方法确定其锈蚀程度；可采用钢筋探测仪检测钢筋直径。

三是钢筋间距和保护层厚度的检测。可根据钢筋设计资料，确定检测区域内钢筋可能分布的状况，选择适当的检测面。检测面应清洁、平整，并应避开金属预埋件，对有饰面层的结构及构件，应清除饰面层后在混凝土面上进行检测。当实际混凝土保护层厚度小于钢筋探测仪最小示值时，应采用在探头下附加垫块的方法进行检测。有下列情况之一时，如相邻钢筋对检测结果有影响，钢筋公称直径未知或有异议，钢筋实际根数、位置与设计有较大偏差，钢筋及混凝土材质与校准试件有显著差异，应选取不少于30%的已测钢筋，且不应少于6处（当实际检测数量不到6处时应全部选取），可采用钻孔、剔凿等方法验证。

四是混凝土构件裂缝的检测。可根据桥梁普查结果绘制裂缝分布图，或以照片形式记录裂缝分布情况。裂缝分布图中应标明代表性裂缝的长度、宽度和位置，必要时标明代表性裂缝的发展变化数据和观测点的深度值，裂缝深度检测宜采用超声波无损检测，必要时进行钻芯法验证。选取代表性裂缝应根据裂缝对构件承载力和耐久性的影响程度确定，一般一条裂缝上的观测点不少于3点，对于存在可见裂缝的混凝土构件，必须进行裂缝检测。

五是混凝土碳化检测。当钢筋锈蚀检测及用回弹法测定混凝土强度时均应检测混凝土结构碳化状况，碳化深度的测点布置应与钢筋保护层厚度测点布置一致或者与回弹法测区一致，即在回弹值测量完毕后，应在有代表性的位置上测量碳化深度值，测点数不应少于构件回弹测区数的30%，取其平均值为该构件每一测区测量碳化深度值。当碳化深度值极差大于 2.0mm 时，应在每一测区测量碳化深度值。

六是钢结构焊缝及涂层检测。一般钢结构桥梁焊缝检测宜采用超声波无损检测、焊缝磁粉检测、焊缝渗透检测；钢结构的所有焊缝应进行外观质量检查，外形尺寸和缺陷可采取抽样检测，并依照现行国家标准《钢结构工程施工质量验收规范》（CB 50205-2001）的规定进行检测和评定。钢结构的涂层可用漆膜测厚仪进行检测，检测漆膜厚度时，钢结构构件的抽检数量不得少于现行国家标准《建筑结构检测技术标准》（GB/T 50344-2004）的规定，涂层的厚度和偏差应符合现行国家标准《钢结构工程施工质量验收规范》（GB 50205-2001）的规定。

七是桥梁自振频率的检测。桥梁自振频率变化不仅能够反映结构损伤情况，而且还能反映结构整体性能和受力体系的改变。所以，通过测试桥梁自振频率的变化，就可以分析桥梁结构性能，评价桥梁工作状况。桥梁自振频率的测点应布置在桥梁上、下部结构振型的峰、谷点，进行多点多方向的测量，并根据实测自振频率 f_{im} 与理论计算频率 f_{di} 的比值。桥梁拉吊索索力应符合现行行业标准《公路桥梁承载能力检测评定规程》（JTG/T J21-2011）的有关规定进行检测。

总的来讲，结构定期检测的内容应以常规定期检测的结果为基础，采取更深入和专业的检测手段进行病害和退化的状况与原因分析，内容涉及桥梁耐久性与安全性两个方面，重点应集中在桥梁的上下部结构及基础上。

例如，桥梁上部结构检测包括实际截面尺寸、跨径、填料厚度、拱轴线、钢筋直径和布置，以及构件材料的力学性能，如圬工砌体，混凝土和钢材的强度，弹性模量等。桥梁实体主要是检测混凝土的空洞、蜂窝、剥落、层离、风化隆起、露筋、破碎和钢筋锈蚀，以及圬工砌体的开裂、风蚀、砌缝、填料脱落等。钢结构主要检测涂层脱落、生锈、变形、裂纹、焊缝开裂、铆钉或螺栓松动脱落等。桥跨结构应检测不正常变形，如开裂、支承处主要承重构件的局部承压不够，以及承重构件横向连接开裂脱落失效，组合结构结合面裂开、错位，拱圈纵横开裂，拱轴变形和侧墙鼓胀。索塔顶应检测水平变位、扭转变形、拉索套管的破裂、拉索锈蚀、锚头病害等。

桥梁下部结构及基础的检测，主要检测墩台材料的风化、水蚀、剥落破损及裂缝，以及冲刷与碰撞防护工程的损坏失落和撞击破坏等，并检查墩台基础的冲刷、倾斜、滑动、下沉、冻结及水平位移。地基基础采用开挖或触探检查。影响桥梁混凝土结构耐久性和使用寿命的因素不仅仅是混凝土结构的强度，环境条件，混凝土的缺陷、裂缝、含湿量和渗透性，以及钢筋的数量，位置和腐蚀情况等，都对混凝土结构耐久性和受力性能有着重要的影响。因此，在评估混凝土结构耐久性时，除了检测混凝土的强度之外，还必须进行其他项目的检测。

3. 特殊检测

桥梁承载力检测是在特殊情况下的特殊检测，如火灾、水灾、地震或事故损伤，或满足管理的特别需求（荷载提级、通行重车等），由检测单位专业人员采用一定的物理、化学检测手段,并辅以现场和实验测试等特殊手段对桥梁及构件进行详细检测和综合分析,目的是查明桥梁重大病害的原因、破损程度及范围、实际承载能力,分析损坏所造成的后果以及潜在缺陷可能给结构带来的危险,以便采取维护措施。其一般由现场检查和实验室测试分析两大部分组成,包括材料检测、计算分析评估和荷载试验。

当桥梁发生下列情况时,应安排进行特殊检测。一是依据《城市桥梁养护技术规范》(CJJ 99-2003)的有关规定,如桥梁遭受洪水冲刷、流冰漂流物、船舶或车辆撞击、滑坡、地震、风灾、火灾、化学剂腐蚀、荷载超过桥梁限载的车辆通过等特殊灾害造成结构损伤。二是常规结构检测结果,难以判明是否安全,或被评定为不合格级的1类养护的桥梁和被评定为D级或E级的Ⅱ-V类养护的桥梁,以及发现加速退化的桥梁构件需要补充检测。三是为了提高或达到设计承载等级而需要进行修复加固、改建、书建的桥梁,与桥梁通行车辆荷载发生较大变化,并在经审批超载车辆通过城市桥梁的前后。四是超过设计年限需延长使用,桥梁又没有原始设计资料,需通过特殊检测明确桥梁承载能力等。五是企业运营管理的城市桥梁,运营期满后,移交城市人民政府或其他管养单位。六是因桥梁梁体新增挂管、附属设施,恒载增加较大,或新增设施超过规范规定范围的,需进行桥梁安全评价。七是需要进行限载,而限载标准不明确,或有地下工程穿越影响较大的桥梁。

特殊检测这项工作应由专业人员对桥梁结构缺损状况、材料退化性能和整体力学能力进行详细诊断,原设计条件已经发生变化,或发现结构缺损、材料退化而需要评定的桥梁,应选择表面测量.无损检测技术和局部取样等方法进行相关检测。选取试样时宜考虑有代表性构件的次要部位,并依照相应的试验标准进行检测。结构整体技术性能主要衡量结构承载的能力,衡量方法是根据诊断后的构件材料质量状况及其在结构中的实际功能,如采用计算分析进行评估。当计算分析评估条件不满足或难以确定时,采用静力荷载方法鉴定结构承载能力,用动力荷载方法测定结构力学性能:参数和振动参数,并按照桥梁承载能力检测评定的有关规程进行桥梁承载力评定,其中荷载试验包括静载和动载试验两种。

桥梁静力荷载试验是按照预定的试验目的与试验方案,将静止的荷载作用在桥梁指定的位置上,观测桥梁结构的静力位移静力应变、裂缝、沉降等参量的试验项目,然后根据有关规范和规程的评价指标,判断桥梁结构的承载能力及使用性能。桥梁静力荷载试验主要用来检验桥梁结构的设计与施工质量,验证结构的安全性与可靠性。对于大、中跨度桥梁,相关规范要求在竣工之后,通过试验鉴定其工程质量的可靠性,并将试验报告作为评定工程质量优劣的主要依据之一。此外,既有桥梁在运行若干年后或遭受各种突发灾害后,必须通过静载试验来确定其承载能力及使用性能,并以此作为继续运行或加固改造的主要依据。

静力荷载试验宜在温度变化不大的条件下进行,并在设定的桥梁断面上进行桥梁承载力测试,桥梁断面这样的设定是以桥梁档案资料和桥梁养护管理系统的检查结果为依据,选择最不利或有代表性的桥跨结构或构件作为承载能力检测评定的对象,判断桥梁结构或构件的承载能力。一般宜考虑结构形式与跨度相同的多孔桥跨结构,可选择具有代表性的一孔或几孔进行加载试验；对于结构形式不相同的多孔桥跨结构，应按不同的结构形式分别选取具有代表性的一孔或几孔进行试验；对于结构形式相同但跨度不同的多孔桥跨结构，应选取跨度最大的一孔或几孔进行试验；对于预制梁，应根据不同跨度及制梁工艺，按照一定比例进行随机抽查试验。

静载试验开始前，根据现场调查和资料收集的情况制定静力荷载试验的实施方案，该试验实施方案是桥梁静载试验的重要环节是对整个试验过程进行的全面规划和系统安排。实施方案内容宜包括：试验的目的、任务、试验内容、加载方法、观测方法、分析方法及安全措施。而静载试验中的最大变形（挠度、水平位移和转角等）、最大应力（应变），活动支座和结构连接部分的变位，支点沉降、墩台位移，以及裂缝的出现及扩展情况等，需要选择结构最大内力和最大变形等部位作为试验控制截面。对于桥梁结构的其他薄弱截面和易损坏部位，可根据桥梁调查与验算情况，确定是否作为试验控制截面。静力试验的荷载可按控制内力、应力或变位等效原则确定，按分级加载的方法进行试验。在试验过程中，若发现实测应力、变位（或扰度）已达到或超过控制应力值，结构裂缝的长度或缝宽急剧增加，或新裂缝大量出现，或缝宽超过允许值的裂缝大量增多，沿跨长方向的挠度曲线分布规律与计算结果相差过大，以及其他影响桥梁承载能力或正常使用的损坏情况，应立即停止加载并查找原因，在确保结构及人员安全的情况下方可继续试验。

桥梁静力荷载试验报告应包括：结构的总体尺寸，杆件的截面尺寸，各部分的高程，行车道面的平整度，墩台顶面标高和平面位置、支座位置，材料的实际物理力学性能等；桥梁上下部结构的裂缝缺陷、损坏程度和钢筋锈蚀状况，支座锈蚀和损害状况，试验过程中支座变化情况；在加载试验前后及加载过程中，对受加载影响较大的部位及裂缝区进行全过程的跟踪观测。同时需要收集提供的各项原始资料包括：桥梁调查报告、验算结果、试验方案及理论计算说明。以及测试项目的读数记录、结构裂缝分布图、结构力学性能试验结果，荷载试验过程中出现的各种异常情况的记录和照片等。有关结构静力的计算宜包结构理论计算模型、结构内力影响线图、设计荷载作用结构内力包络图、试验荷载作用结构内力图控制断面应力分布与荷载作用结构挠度曲线图等。

桥梁结构的动载试验是利用某种激振方法激起桥梁结构的振动，测定桥梁结构的固有频率、阻尼比、动力冲击系数动力响应（加速度、动挠度）等参量的试验项目，以此宏观地判断桥梁结构的整体刚度与使用性能。桥梁结构的动载与静载试验虽然在试验目的、测试内容等方面有所不同，但可以相互补充、相互印证，对于全面分析掌握桥梁结构的工作性能是同等重要的。

动载试验前要做准备工作，首先调查桥梁及桥梁连接道路的线路状况、允许车速、车辆实际过桥速度，然后确定测试项目、加荷或激振方式、确定测点、仪器安放和导线布设位置等。桥梁动力荷载试验项目：一是测试桥梁振动加速度，应选择结构敏感点布置拾振器，并对不同的桥型测定不同的固有频率的阶数。如悬索桥斜拉桥不宜少于10阶，连续梁桥、刚构桥、拱桥和简支梁桥不宜少于3阶，脉动试验记录时间不宜少于30分钟。当大跨径桥梁测试断面较多时，可分批次记录，但应保证有一个参考点不变。二是跑车试验应采用不同的车速试验，车速宜为 10km/h、20km/h、30km/h、40km/h、50km/h、60km/h，试验时车辆在桥上的行驶速度应保持不变，跑车试验时应记录车桥联动和桥梁自有衰减振动的动态响应，记录时间不宜少于 30 分钟或以波形衰减完为止。三是跳车试验宜由载重车后轮越过高 5~15cm 障碍物后立即停车的方法激振桥梁结构，并记录桥梁结构的动态响应，记录时间以振动波形衰减完为止。

上述动力荷载试验项目，常需要通过仪器仪表将振动过程中许多物理量进行量测并记录下来，这些随时间变化的物理量一般称为信号，而测得的结果称为数据。根据这些实测数据，可以进行有关振动量之间相互关系的分析。动力荷载试验应记录时程曲线，同时记录对应的动力荷载试验参数（重量、速度、加速度和振动频率等）、车辆进桥和出桥的标记、仪器的参数。桥梁自振特性试验需整理的资料宜包括：结构的固有频率、结构的阻尼特性、结构的振型图。桥梁受迫振动特性试验需整理的资料宜包括：动力荷载试验效率，动力冲击系数，结构受迫振动频率、振幅与加速度，动力冲击系数与车速的关系曲线，卸载后（车辆出桥后）的结构固有频率等。

4. 安全性检测评估

桥梁结构安全性评估的核心是建立一个模型，按桥梁试验测试规范采集得到技术数据（主要是定期检测），并对这些数据进行分析处理，获得能够用于桥梁评估的参数，从而进行桥梁使用状态的综合评估。在城市桥梁运行管理的实践中，通常有下列几种评估方法：

一是桥梁状况经验评估法。桥梁工程师和有经验的桥梁技术工作人员采用观感检查和必要的量测，根据相关规范的规定，用文字描述及量测结果对桥梁质量状况进行分类评估。此项评估技术主要依赖大量的主观定性的信息，取值决定于桥梁工程师们自身的经验和判断。

二是设计验算评定法。根据《公路旧桥承载能力鉴定方法》，由实测材料性能、实体结构尺寸、支承条件、外观缺陷及通行荷载，按照桥梁结构理论评定桥梁的承载能力。这种方法难以反映结构退化后的受力状况，只是对桥梁综合技术状况得出大致结论。为了得到更为准确的判定结论，需要进行专门的桥梁荷载试验检测。

三是专家评估法。桥梁专家通过计算机系统对桥梁安全性进行评估。如需要对具体数据进行处理，一般采用模糊综合评价法、灰色关联度评价法、模糊神经网络法等。

四是可靠度评估法。根据结构可靠度理论，为确保用最少费用达到容许安全等级，从而有效利用资金，城市桥梁的评估方法和桥梁状况指数 BCI 的评定按现行行业标准《城市桥梁养护技术规范》（CJJ 99-2003）的有关规定，并根据常规定期检测的结果对桥梁进行技术状况评估分级，该方法其实最为常用。

而可靠度状况的评估是要求 I 类养护的城市桥梁应根据检测发现的结构构件损伤情况，将桥梁的技术状态评估等级分为合格级或不合格级。合格级是判定桥梁结构构件可有损伤但不影响桥梁安全，不合格级是判定桥梁结构构件损伤已影响结构安全。II-V 类养护的城市桥梁应根据检测结果对桥梁状况指数 BCI 进行评定，并以此将桥梁技术状况评估为下列五个等级：A 级为完好状态，BCI 达到 90~100；B 级为良好状态，BCI 达到 80~89；C 级为合格状态，BCI 达到 66~79；D 级为不合格状态，BCI 达到 50~65；E 级为危险状态，BCI 小于 50。但由于部件损坏，可能影响桥梁结构以及行人、行车安全，也可经与桥梁监管机构协商评定为不合格等级或 D 级。而作为分幅的桥梁宜将各幅作为独立桥梁分别进行 BCI 评定，高架桥梁宜将每联作为独立桥梁分别进行 BCI 评定，确定该联桥梁的技术状况，并在最终评定结果中对危险构件进行单独评价。

发生下列情况之一的各种类型桥梁，也可评定为不合格等级或 D 级，例如，I、IV 类环境下的预应力梁产生受力裂缝且裂缝宽度超过限值；拱桥的拱脚处产生水平位移或无铰拱拱脚产生较大的转动；钢结构节点板及连接铆钉、螺栓损坏在 20% 以上，钢箱梁开焊，钢结构主要构件有严重扭曲、变形、开焊，锈蚀削弱截面积在 10% 以上；墩、台、桩基出现结构性断裂，或出现倾斜、位移、沉降变形；关键部位混凝土出现压碎或压杆失稳、变形现象；支座错位、变形、破损严重，已失去正常支承功能；基底冲刷面积达 20% 以上；承载能力下降达 25% 以上；上部结构有落梁、脱空趋势或梁、板断裂；特大桥、特殊结构桥除上述情况外，钢-混凝土组合梁桥的桥面板发生纵向开裂，支座和梁端区域发生滑移或开裂，斜拉桥拉索、锚具损伤，吊桥钢缆、锚具损伤，吊桥或拱桥吊杆和锚具损伤。

有关桥梁技术状况的评定还应根据动、静荷载试验检测数据和分析结果，明确 I 类养护的城市桥梁和 II~V 养护的城市桥梁的使用性能与安全性，提出结构及局部构件的维修、加固或改造的建议方案，提出桥梁承载能力要求和维护管理措施。对特殊检测结果不满足要求的城市桥梁，在维修加固之前应建议有关部门及时采取限载、限速或封闭交通措施，并应继续监测结构变化。

有关桥梁承载能力的评定则应填写桥梁承载能力评定表，存入桥梁技术档案，经评定的桥梁应出具桥梁承载能力评定报告。评定报告除应符合本节有关内容之外，尚应包括下列内容：桥梁结构检算情况，荷载试验及资料整理分析，桥梁承载能力分析评定，桥梁承载能力的评定结论及处置建议。

第二节　健康监测管理

现代测试与传感技术，网络信息技术，信号处理与分析技术，损伤识别理论，以及结构分析理论的飞速发展，使桥梁结构健康监测登上了桥梁运行管理的历史舞台。这项独特的监测技术可以弥补原来人工检测桥梁的不足。而二者配合可达到对桥梁结构全面、实时、客观的监测效果，为桥梁结构的安全运行、科学养护提供可靠保障。

一、桥梁健康监测综述

当前，随着城市化进程的加快，各类桥梁结构被破坏及倒塌事故的增多，开展面向公共安全的城市重要桥梁的健康监测与预警处置技术应用，实现城市桥梁安全通行的目标，体现了我国经济和社会可持续发展的重大需求，已成为一项迫切而重要的科学管理任务。从健康监测（Health Monitoring）一词的实际意义理解，就是利用现场的、无损的、实时的方式采集桥梁结构与环境信息，分析结构反映的各种特征，获取结构因环境因素、损伤或退化而造成的改变。而这项工作早在20世纪50年代就已提出，并且从欧美国家开始，以人工检测为特征的桥梁检测标准得以实施。

（一）最初政策及研究成果

桥梁健康监测技术的相关规范，目前仍处于制定完善的过程中。自1985年起，我国交通部曾相继颁布了《公路旧桥承载能力鉴定方法》和《公路桥涵养护规范》等技术标准，为基于人工监测的桥梁状态监测和评估提供了有益指导。2007年发布了《公路桥梁养护管理工作制度》，该制度要求"特大桥、特殊结构桥梁和单孔跨径60m及以上大桥的检测评定工作应符合以下规定：对特别重要的特大桥，应建立符合自身特点的养护管理系统和健康监测系统"。住建部2008年第1号令《市政公用设施抗灾设防管理规定》第二十条规定："市政公用设施的运营、养护单位应当定期对市政公用设施进行维护、检查和更新、确保市政公用设施的抗灾能力。市政公用设施的运营养护单位应当加强对重大市政公用设施、可能发生严重次生灾害的市政公用设施的关键部位和关键设备的安全监测、健康监测工作，定期对土建工程和运营设施的抗灾性能进行评价。并制定相应的技术措施。"《地震监测管理条例》第十五条规定："核电站、水库大坝、特大桥梁、发射塔等重大建设工程应当按照国家有关规定，设置强震动监测设施。"也对大跨径桥梁运营期的安全监测提出了明确的要求。

在实际工作中，建立一个完备的桥梁健康监测和状态评估系统需要做许多探索性和基础性研究。1985年由铁道部大桥局设计院研制出的"桥梁数据库系统"，系国内首次系统研究桥梁风险评价的成果，该系统可对不同类型的桥梁进行储存、分类和检索，但限于当时人们的认识程度和计算机技术的发展水平，其研究和开发工作仅仅是初步的。1997年同济大学项海帆院士等提出"确保大型桥梁结构安全度与耐久性的综合监测系统年度研究报告"，并由同济大学负责完成了对"大跨斜拉桥综合监测与评估系统"的研发等。

此后多年以来，相继有不少国内学者对该领域进行了深入的研究，并取得了一些新的进展。例如，在我国公路建设领域提出了"桥梁缺损状况评价方法"，就是采用层次分析、综合评估法并应用人工神经网路方法进行桥梁安全评估。通过对桥梁结构状态的监测与评估，使桥梁在特殊气候、交通条件下或桥梁运营状况出现严重异常时触发预警信号，为桥梁运行与维护，维修管理决策提供依据和指导。当前各地桥梁健康监测系统的建设应用，还没有统一的规范要求，主要是根据桥梁结构安全性、适用性和耐久性评估的需要和桥梁管理决策部门的信息需求，并结合目前国内的实际经济条件及桥梁现场监测条件，确定桥梁结构监测系统中实施的监测项目，并在实用性、可靠性基础上，兼顾其先进性、费用—效益的关系。

（二）发挥实时监测作用

桥梁健康监测系统是现代桥梁科学管理的重要手段和内容，也是对大型桥梁的运行安全管理实现可控化、可视化和警示化的重要保障技术。健康监测系统的设计开发应立足于长期规划，并能结合桥梁的结构特点和使用环境，考虑不同时期对结构安全监控的需求，为结构设计验证、结构模型校正、结构损伤识别、结构养护和维修，以及新方法、新技术的应用提供支持。其中，该系统的主要功能宜包括：结构安全信息监测、结构安全评估、结构安全预警结构安全档案管理等。

鉴于对桥梁安全度的深度关注，国内外的许多大型桥梁已经配置了相应的健康监测系统。比较典型的有宁波招宝山大桥芜湖长江大桥、杭州九堡大桥、南京长江大桥、东海大桥、苏通长江公路大桥、洞庭湖大桥、大佛寺长江大桥、天津永和桥等。特别是对一些重要的独立大桥或者健康等级较低且已有一定隐患的桥梁，健康监测系统已成为桥梁监管不可缺少的装备。通常桥梁健康监测系统，可以在任何情况下，实时监测到重要结构的受力响应。如果桥梁的受力状况超过预警值或者发生意外（船只撞击、车辆撞击或者地震等）导致结构的内力和变形出现问题，系统可及时地将相关信息提供给桥梁监管部门，以便及时有效地决策和处置，对结构安全运行实施掌控。而系统能做到安全可靠效费合理、方案可行便于维护。

为了充分发挥桥梁健康监测系统的作用，上述设计开发的系统还能通过桥梁检测监测、信号处理、结构分析、损伤识别、可靠性评估等多种途径，对结构行为进行全面的评估，达到安全预警的目的。因此，健康监测泛指对结构的受力行为和内在损伤实施例行检查的程序，而桥梁监管机构可根据现有桥梁运行管理的需求，研发具有多种监测和分析功能的健康监测系统。其系统的主要功能包括：结构安全信息监测，实现对桥梁运行状况信息的收集和管理；结构安全评估，主要完成结构健康状况的离线分析与评估；结构安全预警，主要完成桥梁结构健康状况的实时预警与提醒；养护维修建议及计划，为桥梁监管和养护维修提供技术支持；结构安全档案管理，定期提供预警与评估报告；用户访问支持与控制，为系统使用者提供访问支持，为专家提供远程会诊支持。

（三）作为诊断桥梁病害的一种手段

众所周知，桥梁是交通的咽喉，交通是社会的经济命脉，交通不畅会制约社会的经济发展，所以保障桥梁的功能性、耐久性、尤其是安全性至关重要。通常，随着桥龄的增长，气候和环境等自然因素的长期作用，以及交通量和非常规超重车荷载的不断增加，桥梁结构和构件将产生不同程度的劣化和损伤积累。同时，在桥梁结构运行过程中也不可避免地会因维护不当、交通事故及地震、风暴等因素的共同作用，致使桥梁损伤加剧。

因此，为了保证桥梁结构全寿命的安全，应综合考虑桥梁规划施工、运行和拆除等各阶段不同因素影响下的桥梁全寿命安全设计理论体系和方法，以便从源头上保障桥梁结构安全。因而需要能实时监测桥梁在各种环境，荷载等因素作用下的结构响应，并能有效地提供桥梁养护管理的科学依据，显著提高桥梁整体管理水平，从而能够最大限度地确保桥梁安全运行、预诊断桥梁病害和延长桥梁使用寿命。而桥梁健康监测的基本内涵就是根据结构的主要性能指标（如可靠性、耐久性等），结合无损检测（NDT）和结构特性分析（包括结构响应），从营运状态的结构中获取并处理数据，目的是诊断结构中是否有损伤发生，判断损伤的位置，估计损伤的程度，以及损伤对结构将要造成的后果。

二、健康监测系统的应用

1. 总体设计与组成

桥梁健康监测是一门新兴的科学和技术，由于受种种测试技术和诊断水平限制，目前在系统的规划和实施中还存在不少问题需要研究解决。首先，在实施之初必须对系统的总体规划和布局进行缜密的研究和考虑，这包括必须有一整套实用且有效的算法支持，以优化结构测试项目和测点布置，并且相应建立一个较为完备的数据存储和管理查询系统，以妥善处理和利用大量的监测数据与各种有效信息。选择并优化适用于桥梁结构检测的专用传感器，做到使用尽量少而精度高的传感器来获取尽可能多的结构健康信息。在集中对结构整体性和损伤识别的基础上，需要提炼对结构性能改变较为敏感的若干重要参数，以便用于对桥梁整体安全评估，并从定性到定量。

所以，桥梁健康监测也是一项正在发展和需要完善的技术，应以稳定可靠、简便实用、经济合理为主要设计原则，并兼顾考虑设计验证和科学研究的需求。实际应用时，一般系统主要由两个部分组成，即在线监测系统和人工监测系统。这两个系统互为补充，共同实现上述设计原则。而该两大系统又由许多相应的子系统组成，例如系统规模、系统测试、信息处理、系统集成等，这些都涉及系统建成后的服务质量和水平，即能否长期维持，能否很好使用并且对桥梁的安全做出准确评估。

其中，在线监测系统在选用传感器与采集装置时，要综合考虑监测要求和经费预算等多方面因素合理选择，传感器布设应根据工作环境考虑一定程度的冗余，宜优先选用技术成熟可靠的产品；系统其他硬件应具备适当的保护措施与维修替换性，使用寿命应不低于系统预设使用寿命；软件应与硬件匹配，且具有兼容性、易扩展性、易维护性与较好的人机交互功能，且能长期稳定运行。同时，此系统还应充分考虑与桥梁施工监控、成桥荷载试验等的关联性，并与桥梁信息管理系统兼容。与之相连，使之能充分发挥其功能，真正使健康监测服务于桥梁监管。

桥梁健康监测系统自身也存在使用期限及寿命的问题。频繁使用或长期处于恶劣多变环境中的电子设备，其损坏的可能性极大。因此，在规划时需要针对新建桥梁和在役桥梁划分不同阶段实施。前者因主要监测一些突发性事故（地震、船舶撞击）下的响应，故只需在若干关键部位布设测点；后者则必须对已出现病害部位进行有针对性的监测，这种分阶段实施的做法，既可保证监测系统发挥其应有的作用，也可保证对关键部位监测数据的延续性，以节省投入。

2. 子系统组成

不同的监测系统可以由不同的子系统组成，从国内已建成的桥梁健康监测系统来看，大致应有：传感器子系统数据采集与预处理子系统、远程通信子系统、桥梁健康信息显示子系统、数据库管理子系统和安全预警子系统六个组成部分。

（1）传感器子系统。传感器系统主要包括风速、应变，振动加速、位移等多种传感器及相应的信号放大与接口装置，主要完成桥梁结构环境状态与荷载信号，以及各种静、动态响应的传感和变换功能。为桥梁安全运行管理提供桥梁结构使用状态的信息，及时管控桥梁主体结构的受力水平，预测结构或构件质量退化的趋势。

（2）数据采集与预处理子系统。这是实现桥梁健康监测与评价工作的重要环节。系统要实现对多种信息源不同物理信号的量化、记录、传输和管理。其主要任务是按照数据采集控制终端的指令，在各传感器的配合下采集环境数据、静动态响应等信号，进而将这些信号数据实时传送到监视终端，并以数据文件的形式进行存储，供数据存储终端下载和利用数据库来统一管理信号数据。

（3）远程通信子系统。解决系统的各个关键部位以及监测点之间的远距离数据传输问题，实现数据的实时性、准确性。整个数据传输系统采用户外型工业级设备，可保证系统在恶劣环境下稳定可靠地运行。

（4）桥梁健康信息显示子系统。该系统可通过远程通信获得桥梁实时健康信息，进行可视化，并提供一定的数据处理和分析。该系统还能帮助不具有很高专业知识的人员了解整个系统。

（5）数据库管理子系统。数据库管理系统（Database Management System）是借助操作系统的支持对数据库和系统资源进行统一管理和控制的软件。其主要功能包括：数据库的建立，数据定义，数据操作，数据库的运行管理和维护。它作为系统后台服务模块，为其他软件模块提供数据存储、管理、组织和调用服务。总的来说，该子系统是一个公用模块，可以有效反映结构的健康信息。同时，数据库系统还处在整个监测系统的核心位置，用于存储、处理和管理桥梁的动态监测数据，包括所有的硬件、软件以及监测和分析结果等。

数据库设计应遵循数据库系统的可靠性、先进性、开放性、可扩展性、标准性和经济性的基本原则，并保证数据的共享性数据结构的整体性、数据库系统与应用系统的统一性。数据库的功能包括监测设备管理、监测信息管理、结构模型信息管理、评估分析信息管理、数据转储管理、用户管理、安全管理以及预警信息管理等方面。选择数据库管理系统宜考虑：系统支持对海量数据的高效管理机制、异常情况下的容错功能，系统恢复功能、系统宜支持分布式数据管理功能。原始数据在动态数据库中至少保存30天，预处理结果在动态数据库中至少保存1年；以上数据需要定期存档、备份，以降低数据损失风险、保持数据连续性；授权用户可以访问各个动态数据库。

（6）安全预警子系统。该系统可按照设计的结构监测项目，将数据传输与控制软件采集的数据进行分类，并将结构监测项目（如结构振动挠度线形等）进行数据同步，又根据结构安全分析需要，从数据库读取对应的设计允许值，通过比较实测的结构健康安全信息值与设计允许值，当结构健康安全信息值超越安全警戒指标，即设计允许值时，提供安全预警，帮助有关部门对大桥实施有效的运行管理和维护。

由上述子系统组成的总体框架系统，可采用带有操作系统功能的软件作为平台，以数据管理系统为核心，通过传感器系统，数据采集和传输系统结构损伤识别和状态评估系统，远程信息查询系统及桥梁信息管理应用系统作为外围应用的功能，并以人工监测为补充，所形成的监测系统应具有良好的适应性可扩展性、兼容性、可靠性、容错性和易操作的开放式的模块化构架。

3. 传感器优化布置及类型

传感器（transduersensor）是指能感受规定的被测量并按照一定的规律转换成可用信号的器件或装置，通常由敏感元件和转换元件组成。而传感器的优化布置是将尽可能少的传感器布置在结构的适当位置，使其能够感知、监测外部环境和自身结构的变化，以达到某一特定目标的过程。

（1）传感器优化布置。首先，传感器类型的选择。桥梁结构健康监测系统根据项目具体的要求和现场运用条件，综合考虑"监测信息全面、信号质量稳定和经济合理"的因素，来选取传感器的种类和数量。而传感器在系统中，主要用于监测三类参数：一是诸如风、地震和车辆荷载；二是诸如应变、位移倾角和加速度等结构响应；三是包括温度、湿度、雨和腐蚀等环境因素。上述三种不同的参数须选择相应的传感器。因此，要求传感器在服役期间具有良好的稳定性和抗干扰能力，与监测系统具有同样服役寿命，并根据所需监测参数来选取传感器的灵敏度和量程范围，以及相应频率响应特性。其次，选取的传感器应具有良好和稳定的线性度、分辨率，且不应低于所需监测参数的最小单位量级。根据监测参数要求，应选用精度等级满足要求的传感器，满足结构实际使用的环境因素，且应便于维护和更换。

传感器布置的原则是能全面、精确地获取所选择位置的结构参数的信息，且具有较好的抗干扰性能，测得的模态信息能够与有限元分析的结果保持良好的吻合度，并可通过合理添加测点对感兴趣的部分模态进行数据重点采集。另外，考虑到所选的位置测得的响应宜对结构参数的变化较为敏感，可布置在结构反应最不利位置或已损伤位置。同时，应方便安装和更换传感器，尽量缩短信号的传输距离，使测量结果具有良好的可视性和鲁棒性。

（2）常用传感系统布置类型。常见的桥梁健康监测传感系统的布置可以分为三个层次，分别为全效型、实用型及精简型（包含专项内容监测）。数据采集与传输系统，数据处理

与控制系统,结构运营状况评估系统,软件系统等,将根据这三个层次分别设计。其主要区别如下:

一是全效型传感系统:参考国际标准,基本为进口产品,系统针对主桥进行监测,传感系统布设全面,测点较多,且有部分冗余,系统功能强,可靠性高,采用目前国际上最先进的、成熟的传感器和设备,确保监测系统的先进性耐久性,但费用高、价格不菲。全效型的代表方案为香港青马大桥等健康监测系统。

二是实用型传感系统:结合中国特点,考虑合资和合作技术,系统针对主桥进行了监测,测点数量布设适中,但基本没有系统冗余,可靠性较高,采用目前国内外先进的、成熟的传感器和设备,确保监测系统的先进性、耐久性,工程费用适中。实用型的代表方案为贵州坝陵河大桥运营安全监测系统。

三是精简型传感系统:传感系统布设精简,选取部分关键内容进行监测,测点布设较少,采用目前国内生产技术较好、性价比较高的传感器和设备,维护更换方便,不包含人工巡检系统,工程费用较低。精简型的代表方案为洪都大桥运营安全监测系统。

三、桥梁结构损伤识别

损伤(damage)是引起结构性能降低的结构状态的不利变化。损伤识别(damage identifcation)是利用结构的响应数据来分析结构模态参数物理参数的变化,进而识别结构损伤的过程。目前,有关数据处理和损伤识别这项工作还停留在比较初级的水平上,无论在对结构周边环境不确定性的认知方面,判别信号传递引起的系统误差方面,还是采集到的信号对结构损伤并不敏感等方面,都有大量的研究和改进工作要做。

1.结构损伤识别的常用方法

(1)静力参数法。可采用结构刚度(包括结构单元刚度)位移、应变、残余力、材料参数(如弹性模量、单元面积或惯性矩)等作为损伤指标。静力参数法通常在单元层次上,利用参数的残差分析来识别损伤。在静力荷载作用下测得的挠度、应变等比较直观,也是结构状态评估目前普遍使用的方法。

(2)动力参数法。可采用频率比、振型变化、振型曲率应变模态振型、MAC、COMAC柔度曲率、模态应变能、里兹向量等来构建损伤指标。结构的模态参数(模态频率、振型等)反映了结构固有的动力特性,是结构物理参数的函数。结构发生损伤后,结构的刚度(或质量、连接条件、边界条件等)将发生改变,从而使结构的模态参数发生相应变化,因而可以根据结构动力参数的变化来辨识结构的损伤。典型的动力参数法是将观察到的动力参数改变与基准参数比较,并选择其中最有可能的改变来判断结构的真实状况。

(3)模型修正法。这是常用的损伤识别方法,可采用矩阵型修正方法、基于参数灵敏度修正方法及随机模型修正方法等。模型修正是利用结构实测数据(一般是模态参数)来修正结构的初始理论模型,使修正后的结构模型的响应与结构的实测响应相一致。而用模型修正法进行损伤识别时，应把有限元基准模型作为结构的初始理论模型，把损伤后的结构响应作为结构实测数据修正后的结构模型，其与初始基准模型的差异即反映为结构的损伤。

2.结构安全性评估

安全性评估（safety asessment）是通过各种可能的测试手段，分析结构当前的工作状态，并与其临界失效状态进行比较，评定其安全等级。要正确判断一座桥梁是否满足荷载等级要求，评定当前的工作状态，就必须对桥梁的结构性能做出准确的评定。当前采用的方法大致可归纳为外观调查评定法、设计规范评定法荷载试验评定法、专家经验评定法、结构可靠度评定法五种。

（1）外观调查评定法是根据外观调查进行评定的方法。有经验的桥梁技术人员对既有桥梁进行全面检测，并用文字描述和定量检测结果对桥梁质量进行分类、评定。目前该评定法在评分标准、方法上已有大量的研究，但此类评定技术的主要依据仍是大量的定性信息，取值相当程度上依赖于评定工程师自身的经验，而且无法发现桥梁隐蔽的缺陷。

（2）设计规范评定法是根据设计规范的规定，通过实测材料性能、结构几何尺寸、支承条件、外观缺陷及通行荷载，依据桥梁结构的计算理论来评定承载力。由于设计理论的结构力学模型与实际受力状况有差别等原因，该评定法难以反映结构的实际性能。

（3）荷载试验评定法是在桥梁进行现场荷载试验后，结合理论分析手段，对桥梁进行诊断识别，建立桥梁结构的实际工作模型，进而根据这个模型确定桥梁的实际承载能力，利用现场测试技术，可以获得一部分桥梁结构的确定信息，从而减少评定工作中的不确定性因素。由于结构识别过程与获取的结构信息密切相关，如要获取比较符合实际的计算模型，必须获取足够的信息。

（4）专家经验评定法是利用桥梁专家的知识和经验，通过计算机系统对桥梁的安全性进行评估，由于桥梁在设计、施工和管理等方面存在不确定性，这使得研究桥梁专家系统面临许多困难，而真正能供使用的桥梁专家系统并不多。

（5）结构可靠度评定法是根据结构可靠度理论在确保用最少费用达到容许安全等级之外，有效利用资金，对于既有桥梁结构其荷载和抗力都是不确定的随时间变化的随机过程。为此，随着工作荷载的增加及构件缺损的加剧，桥梁结构可靠度降低。

第三节　桥梁接管与检查考核管理

为实现桥梁工程完工移交与接管工作的有效对接，适应城市桥梁设施的养护需要，拟移交的桥梁设施应满足国家、行业地方技术标准及安全使用功能要求，并符合相关的国家法律法规及地方文件的规定。

一、桥梁移交与接管

1. 参与设计方案审查等活动

提前介入桥梁建设活动是为了规范桥梁设施项目的竣工验收、移交与接管工作，充分发挥桥梁设施的使用功能。为加强桥梁安全运行的管理，桥梁建设单位应在工程建设项目初期，即在施工图交底前，将初步设计批复等其他相关资料送交桥梁接管行政主管部门进行登记，并做出桥梁接管单位的界定。当作出界定之后，桥梁接管单位应按移交与接收管理的规定告知受理登记后的程序及相关要求，并参与建设行政主管部门进行的下列活动：

（1）初步设计方案审查。通常，桥梁建设行政主管部门进行下列活动时，如涉及城市道路桥梁设施的建设项目的审批初步设计方案审查，应当通知城市管理部门参加，听取城市道路管理部门的意见和建议，并留有完整的文字记录，对符合国家和本市相关标准的意见和建议，应当采纳。城市道路管理部门发现不符合城市道路桥梁专项规划、设计规范、养护管理标准等方面问题，或对设施运行和养护管理可能产生影响的，应当以书面方式向建设单位提出改进意见。

（2）施工图交底、涉及使用功能的设计变更等活动。桥梁接管单位界定后，应及时参加施工图审查和施工图交底，并以工程初步设计批复为依据，结合桥梁管养的实际情况提出意见和建议，对可能影响桥梁运行安全及管理的事项，建设单位提交相关的处理方案或签订保护协议。内容包括项目规划、设计方案评审、初步设计审查、施工图交底、工程初步验收及工程竣工验收等，并提出管养要求与对策。施工过程中，对即将影响桥梁设施运行安全及管理的施工行为，应制订专项施工方案，对涉及使用功能的重大设计变更或变相的事项，应报行政主管部门批准后实施。试运行阶段，参与关键设备安装调试等。

（3）竣工验收。接管单位参与竣工验收检查，应对项目使用功能是否达到设计批复要求进行仔细、全面的实地查验和资料审查；并将查实的问题以市政设施建设项目检查记录表的形式告知桥梁建设单位。由桥梁建设单位及时组织参建单位对查实的问题进行整改，同时将整改情况予以反馈。完成相关建设规定程序和上述问题整改消项之后，接管单位参加竣工验收会议并通报现场检查情况和存在的问题，审查竣工资料，必要时提出相应的处理意见和建议。

（4）签署移交接管协议。根据竣工验收会议确定的内容和处理意见，形成竣工验收合格的意见，即可通过竣工验收并签署移交接管协议，也可同步完成移交。同时，桥梁建设单位应当按照有关规定，将桥梁信息管理设施、专业养护设备、养护用房、观测点等附属设施，以及依附桥梁铺设的管线的相关资料移交接管单位，并及时办理交接手续。

而桥梁接管单位应当建立健全桥梁设施接管管理制度，明确桥梁设施接管的主体、内容、条件、程序等相关事项，规范桥梁设施接管行为。一般情况下，未能办理移交接管手续的桥梁设施，应由桥梁建设单位或者其委托的单位负责养护维修。关于社会产权的桥梁设施的移交与接管，如果产权人自愿无偿移交且符合规定的移交接管条件，可以按照上述规定程序接管，由产权人承担相应的养护维修责任。当产权人变更或者灭失时，可由其权利义务承继人承担养护维修责任；没有权利义务承继人的，由产权人的上级主管部门自行承担或者指定养护维修责任人承担养护维修责任；没有上级主管部门的，通常由属地区、县人民政府指定养护维修责任人。

2.具体实施移交与接管

拟移交的桥梁设施应按规定程序完成竣工验收，并由建设主管部门实施竣工备案。所谓移交，是指按照法定程序将城市桥梁及其附属设施的工程实体、档案资料等移交给接管单位的工作总称。所以，总体来讲，拟移交的桥梁应明确所需内容或范围，红线界定清晰，特别是移交范围内无拆迁遗留等问题，或已明确负责处理拆迁遗留问题的责任主体。同时，桥梁移交前还应进行竣工清理，对因施工而造成的场地地形变化等方面的不足进行处理完善，如对因进驻施工而损坏或污染的植被、设施进行修复。关于新建、扩建、改建桥梁的移交，一般由桥梁建设单位牵头组织，移交方和接管方同为主体责任单位。以这两方主体责任单位为主可成立移交工作小组，小组成员包括熟悉本工程的建设、施工、监理、设计等方面工作的单位，具体实施移交与接管验收工作。所谓移交与接管验收是指在桥梁工程竣工验收的基础上，按照相关规定及要求对桥梁及附属设施的移交条件进行验收，并在验收前进行现场检查技术交底、主要功能测试、专项培训等。具体实施可参考以下步骤：

（1）提交设计图纸及有关资料。移交前一个月，桥梁建设单位应将设计图纸施工过程中的质量缺陷处置记录、桥梁养护过程应注意的事项等资料先行提交接管单位，之后可按桥梁分部分项工程的要求制订移交清单，各类清单应明确各部位的名称、规格（型号）用途、数量、厂家等，并注明实际技术参数或指标。需要移交的资料主要包括：竣工资料、经营资料、管养资料、施工监控资料、检测及荷载试验资料、前期地勘资料等所有档案资料。

（2）确定移交与接管的形式。移交与接管可采取一次性移交、有条件移交、延期移交三种形式。首先，符合上述移交与接管等要求的，应进行一次性移交；如存在资料不够完整或个别缺失，可进行有条件移交，并应在三个月内将相关资料补充完整；如果存在施工质量问题，功能性指标不符合的情况，且不能通过整改按时完成移交的，则应延期移交，延期期间移交方必须按相关规范要求进行管养。

（3）签署移交与接管协议书。移交与接管最后的步骤，即双方应签订移交与接管协议。一般情况下，桥梁项目应在竣工验收合格报告签发之日起，一年内办理移交，如超期，应委托有资质的检测鉴定机构重新鉴定工程质量，达到合格后方可按上述步骤进行移交与接管工作。

（4）质量保修与回访期。质量保修、回访期从竣工验收合格之日起开始计算，期限设定应符合有关规定要求。在项目质量保修、回访期内，桥梁建设单位和接管单位应及时掌握由于工程质量而影响使用功能的问题，以及竣工验收承诺的有关整改情况检查等，是否都已整改到位。如果质量保修、回访期届满，桥梁接管单位应根据质量保修、回访情况签署接管意见,并向有关机构备案。

二、符合接管的基本条件

桥梁移交与接管可作为一项考核规定,故应建立常态化、规范移交与接管工作的机制,桥梁行政主管部门或受委托的监管机构应按相关规定开展本行政区域内桥梁的移交与接管工作,除按实际情况制定城市桥梁移交与接管的管理制度,明确移交与接管要求之外,还应明确桥梁运行之前需要符合移交与接管的基本条件,并符合下列相关要求。

1. 符合一般规定的要求

(1)一般超过竣工验收合格之日起一年的城市桥梁,在移交与接管前,应对桥梁重新开展检测评估,检测结果必须符合原设计标准。

(2)桥梁限载标志(牌)、限高标志(牌)、限高措施(限高架)通航警示标志防撞保护设施和警示标志等设施,以及桥梁永久性观(监)测点应按规定设置。

(3)桥梁上使用的易损专用构件,建设单位应配备适当数量的备件,并与桥梁工程同步移交。桥梁上配套建设的实时监控(测)系统、机电设备等设施应符合设计要求,且运行正常。城市桥梁管理用房和技术档案资料(含电子文档)应与桥梁工程一并移交。

(4)特大桥、大桥、中桥在接管前,应出具荷载试验报告。特别是大型桥梁,其结构较复杂,体量也较大,桥梁病害可能在工程竣工验收完成后的运行期间开始显现,因此在桥梁移交与接管前,接管单位应开展调查工作,发现桥梁病害及不符合桥梁管养要求的情况时,应向建设单位提出改进建议,以进一步提高桥梁结构耐久性,完善桥梁的使用功能,以满足运行期间的管养要求。

(5)桥梁未经验收或验收不合格以及未设置、施划有效交通标志、标线和防护设施的,不得交付使用和移交接管。

(6)防抛网的设置主要针对有行人通行的桥梁,防止桥上行人抛物危及桥下道路通行安全。其设置形式也具有多样性。《城市桥梁设计规范》(CJ11-2011)规定:"当桥梁跨越快速路城市轨道交通、高速公路铁路干线等重要交通通道时,桥面人行道栏杆上应加设护网,护网高度不应小于2m,护网长度宜为下穿道路的宽度并各向路外延长10m。"《城市桥梁养护技术规范》(CJ99-2003)规定:"快速路两侧应放置防护网,上跨快速路及铁路的天桥有人行步道的立交桥两侧应设防护网。"

2. 符合档案资料的要求

桥梁移交与接管前,一般应取得城市规划行政主管部门核发的建设工程规划许可证,并经建设行业主管部门验收合格,提供"市政基础设施工程竣工验收报告""工程竣工验收备案表"、工程竣工图纸、竣工图电子文档,以及相关的文字、音像和实物等资料。

建设过程中的各项专项设计、专项检测、功能性论证评估等结构安全资料可列入移交目录,一并移交给养管单位,并就后期需要说明的有关养护事项向养管单位进行专题说明。

个别缺少验收标准的新技术、新工艺、新材料的使用，设计图纸必须明确相关技术参数和安全管理方面的要求，施工技术资料中应证明相关材料已达到设计的要求，及标明应注意的事项。同时，考虑桥面合龙时及相应温度状况下裸梁的桥面线形情况，桥梁移交时应提交桥面合龙时及相应温度状况下裸梁的桥面线形，桥面线形调整后及桥面铺装成型、桥面通车时温度状况下的线形及桥墩在不同工作状况下的垂直度等施工监控资料。

工程竣工及功能性检测资料应齐全，内容符合规范要求，各部件实际技术状况与竣工记录、竣工验收资料的指标和参数相符。其中，应向养管单位提交移交设施（设备）的数量、规格型号清单；工程主要建筑材料、建筑构配件和设备的进场试验报告，以及有关质量检测和功能性试验资料。I类桥梁工程还应有荷载试验、竣工测量记录等相关资料，以及电气设施、设备运行正常的相关记录资料。按规定需要进行监测的桥梁及其附属设施，建设单位应提供原始监测、测量的点位资料、专项安全论证资料；相关成套产品应提交原理图、操作使用手册、使用及保养说明；程序软件应提交使用说明、安装光盘和密码。

建设单位向城市桥梁管理单位移交桥梁基础资料（含电子文档），并协同做好接管工作。未经验收或验收不合格的桥梁，或未设置、施划有效交通标志、标线和防护设施的桥梁，不得交付使用。新建、改建、扩建的城市特大桥、大桥、中桥在接管时，应进行荷载试验及桥梁观（监）测点的设置工作。而城市桥梁管理单位应开展一次常规检测，记录桥梁病害，评估桥梁完好状态等级，建立桥梁管养技术档案。新建的桥梁在工程质量保修期内出现的质量问题，通常由建设单位负责整改至合格。

3. 符合重要使用功能的要求

（1）对通航航道上的桥梁，应考虑对桥墩进行防船撞风险评估及专项论证，并在便于观测水位的桥墩上设置清晰的水位标尺线。

（2）混凝土结构物的强度和外观，除满足设计要求及规范明确的标准外，还应满足平整精细、外观整洁、色彩统一等外观及整体性方面的要求。

（3）钢结构及混凝土结构防腐涂装体系的设计使用寿命应不低于15年，同时设计应明确钢结构现场焊接及交叉施工部位的防腐涂装措施，而所有外露钢结构及构件的防锈措施应与桥梁主体钢结构的防腐年限保持一致，以确保钢结构的整体防腐年限。桥墩等混凝土结构物的防护涂装，其底层涂装应具有封固混凝土微裂缝的耐久性保护功能，外观涂装除满足其整体景观的要求外，还必须满足市政设施标准的有关色系要求。

（4）重要桥梁应设置必要的检修通道，并对桥梁运行后期需要大修的周期及相关内容做出说明，考虑设计恒载时，应包括临时交通管制措施可能增加的交通载荷。

另外，在移交与接管之前，桥梁混凝土结构局部已出现实质性破损或缺损的，其修补方案应征求设计单位意见，满足耐久性方面的要求；后浇混凝土或特种抹面砂浆修补的结构，应根据实际情况在混凝土后浇带或抹面砂浆内布设防裂、防脱钢筋网；所有外露钢预埋件或其他附属钢结构，在切割或用其他方式处理后，应采取专项防锈蚀和防结构锈胀、脱落方面的措施；有关施工过程中出现的混凝土裂缝，移交时应将裂缝整治资料及竣工图纸一并移交接管单位。

因此，一般不得随意在桥梁混凝土结构物上打孔、打洞，不得破坏混凝土结构的断面尺寸，不得使结构物出现外观缺损渗水、析钙、爆壳及污物流坠等情况。必要时应对渗水部位等进行彻底整治，以避免外观污染。局部钢结构若因交叉施工出现涂层破损，应对整个部件或节段进行整体涂装。

4.符合附属设施使用的要求

（1）人行道性能应满足防滑要求，人行道路面与路缘石、检查井之间的材料及结构构造应相互匹配和协调，不得出现影响使用和美观的缺陷。雨水漫流的部位宜设置挡水线或截水沟。

（2）桥面铺装必须具备耐久性、整体性、行车舒适性、适应变形等方面的要求。在重要桥梁的桥头两端可设置便于组织维修，执法、重车管理的加宽车道，其车道宽度不宜小于3m，长度不宜小于100m，有条件的应设置汽车超重自动报警装置。

桥面铺装应加强各道工序质量的控制，在合理的运行期内铺装层不得出现车辙、破损、变形、开裂等病害，确保铺装层的设计使用年限。移交时车行道上不得有交叉污染的水泥浮浆、沥青斑点、油污和其他杂质异物，应保持车行道的干净整洁。施工质量保修期内若出现沉降、破损等质量缺陷，应按单元进行整板修补，以保证路面结构体系的完整性。

（3）应对伸缩装置进行专项设计，明确其相关技术指标，明确不同工况下缝宽的最大值与最小值，明确锚固区的构造形式，应考虑后期的维修与保养，提交伸缩缝及相关部件的工作原理图及保养手册。设计图纸应明确伸缩装置质保期或使用年限（包含钢结构防腐及相关附属配件），同时应明确伸缩缝两端的排水处理措施，与立交匝道相连接的部位，应注重路面的整体性设计，并利用结构构造合理留设伸缩变形缝。梁桥建设时可考虑同步设置大位移伸缩缝的检修平台。伸缩缝锚固区应有足够的锚固措施和抗裂措施，不得出现横向裂缝和混凝土锚固区破损。移交前应清除伸缩装置缝间垃圾、施工模板，其他异物等施工残留物，保证伸缩缝锚固区界面及伸缩缝下方整洁。

（4）移交时所有支座滑动面周边、防尘罩应清洁、完好，不得遗留杂草青苔、垃圾。橡胶支座保护层不得有开裂、破损，各层加劲钢板之间的橡胶外凸应均匀、正常。支承垫石顶面不得开裂、积水，固定螺栓螺母紧固，螺杆采用统一标准，钢盆外露部分不得存在锈蚀。阻尼器的铭牌数据、安装位置、元件连接必须按照安装图执行。

（5）桥面给水管的设置应按所用材料的性能、大桥伸缩变形的特点，设计适合变形的支架、导管和伸缩节。桥面给水管宜在桥面人行道外侧按30~50m的间距配套设置取水点，伸缩节安装间距不宜超过100m。在桥头成片的绿化地应设置绿化养护给水管。

（6）桥面排水、落水管应提供设计安装详图。排水、落水管转弯角度宜大于135°并明确转弯处、收水口的详细做法，以及落水管支架、抱箍、卡环等配件的用材、结构形式间距和安装方面的要求，其中排水、落水管抱箍间距宜小于2m。设计应明确排水、落水管材料的壁厚技术指标、耐候性参数等，铸铁落水管应考虑设置便于清淤疏通的检修口。

根据水箅子盖板的安拆、维修、反复使用等功能的需求，桥面排水系统应设置沉沙井、疏通孔及检查口（桥面水平排水管检查、清掏口间距不得大于20m）。桥面低洼处、人行道管线走廊、封闭箱梁等容易出现积水的部位，也应充分考虑排水、通气顺畅等功能，移交前应清除施工等杂物。桥面排水应通过落水管落地排放，落地后归流的方法，落地部位应尽量隐蔽设置，如果出现堵塞排水管脱落、污水漫流等情况，一般不得移交。

（7）桥面路缘石通常除满足设计规范的相关要求外，还应符合当地市政设施关于路缘石选用的标准及要求。一般路缘石高度应不低于37cm，为防撞，路缘石制作也可采用现浇。桥梁防撞路缘、防撞护栏、防撞栏杆设计应在满足规范要求的同时，做出设防条件和等级的说明。路缘石材料应具有足够大的强度，如采用混凝土其强度等级不应低于C35，路缘石的外表严禁使用装饰材料来修补或找平。防撞护栏除满足整体景观的要求外，还应符合市政设施色系的整体要求。

（8）重要桥梁必须有防雷专项设计，其设计图须经防雷相关职能管理部门审核认可。为便于日常检测作业需要，防雷系统应设置防雷测试的端子，并同时考虑不同水位下的检查测试要求。桥梁防雷设施采用的专门产品及材料，其材质必须满足防雷系统耐久性和可靠性的需求，防雷设施设置要有防范洪水冲刷、防止人为破坏的措施。

桥梁移交前，桥梁建设单位应通过防雷系统的专项验收，并提交由具备资质的检测单位出具的检测资料及合格证书，以及防雷测试点的位置图及施工过程中避雷连接线（带）安装与测试的相关质保资料。移交时如果实测防雷阻值不达标或避雷连接线与规范不符，一般不得移交或应延缓移交。

（9）消防水管和民用水管应分别设计为独立的系统，其中民用水表和消防水表应分开设置。同时移交方应提交消防设施的使用及维护维修保养手册，对养管单位人员进行操作技能培训。对于自动消防远程控制系统，宜将其主机设置在大桥的中央控制室，并提供按消防审批程序进行的消防申报、检验及验收合格报告等全套资料。

（10）重要桥梁在建造期间应安装健康监测系统，监测系统的设计方案应明确传感器、分析仪、工控机、终端及传输系统的耐久性要求和质量要求，以及相关元器件的技术参数，明确系统软件功能及升级方面的需求。系统的终端应设计成直观友好的操作界面，并具备动、静态状况下特征点的数据分析和对比功能，能够实时直观地反映重车对大桥的影响情况并进行数据统计，包含车流量的自动统计。必要时，可考虑在系统运行中，对采集系统的数据进行设计验证。其中质保书、合格证书等资料必须齐全，运营监测项目合同必须明确该系统质保及维保的方式，通常用于计量的传感器、设施、设备应按要求进行标定，质保期限不宜低于5年，系统的设计使用寿命不低于15年。

桥面车行道设计时应考虑设置防止车辆在桥上违章掉头的措施，并设置符合规范的中央隔离栏杆、水马等方便交通转换的设施；交通标志、标牌的设置除满足通行指示标识功能外，还应满足安全牢固、整洁美观的要求，与环境保持整体协调，并按要求进行分类设置。在进入桥梁两端的明显位置，应设置限制汽车载重质量、轴载质量、禁停、限速等标志标牌，在不同道路等级的路口根据需要设置限高、限质量、限宽等交通标识和防护设施。

5.符合电力设施使用的要求

各类设施设备、电气元件应满足桥梁所在环境下的使用要求，并应满足其耐久性和耐候性方面的需求，以及设计使用年限的要求。

（1）供配电设备与桥梁景观、功能照明使用的灯具，应选用便于维修、更换和具有耐候性的通用产品。路灯照明线路与光彩照明线路宜独立分开，并可在桥面区域内设置便于管理维护、施工用电的三相供电接口，且供电间距宜控制在400m以内。

（2）需要考虑设置在灯具更换和系统维修时便于安全作业的检修通道。而采用集成控制软件的配电室或室外控制箱应具有防雨、防尘、防潮等防护措施，配电室应设置恒温系统。

（3）电力控制系统、照明控制系统、风机除湿机等电气类控制系统应设置在电力控制室。塔（箱）内检修照明系统，应设置双控开关装置，其内壁平均照度不应低于50lx。安装在室外的塔柱卷扬机等机电设备应设置防雨、防尘、防晒等保护措施。电缆沟、井内应设置排水设施。

（4）强电与弱电线路应单独设计路由，减少信号干扰。机电类特殊设备，如除湿机、检修小车、升降设备等，应由专业单位进行维护保养。在选用设备时，宜选用在本地区设置了相关售后维修服务机构的品牌，并应在采购合同中明确今后的售后服务承诺，在桥梁设施移交时转交养管单位。设施线路保护套管的安装应适应桥梁变形和环境的需要，节点安装必须牢固规范。

（5）不得使用塑料波纹管等耐久性差、易变形的材料。中控室、配电室内各种工控机的控制程序及所有机电设备的随机附带工具仪器、专用工具应一并移交养管单位。灯杆颜色应符合统一要求，灯杆地脚螺栓宜采用混凝土包封，其大小、形状应规范整齐。

6.符合监控设备使用的要求

（1）满足摄像机的镜头分辨率。摄像机镜头分辨率应达到1280×720像素（720P）、帧率≥25帧/秒，模拟摄像机镜头分辨率应达到720×576像素、帧率≥25帧/秒。显示部分应采用配合视频镜头分辨率的高清整体化成套设备。采用可控类变焦机型，在视距300m范围内应能分辨人、物的轮廓特征。

（2）考虑视频图像监控与存储。每路视频图像的存储时间在满足镜头主要参数的情况下不应少于24小时×30日。控制系统宜采用统一控制、联控报警需求的监控管理平台，以及显示地理位置信息的控制软件和光纤传输系统，并预留不低于40%的冗余量。

（3）考虑视频监控系统的布设。视频监控系统的布点除应满足交通监控、安全保卫、航道监控的要求外，应同时考虑超限车监管的需求。重要桥梁应设置车辆监测设施，每日监测的车辆数据准确率不应低于95%，还应具备以下功能：能在不中断交通的情况下测量车辆重量，以及准确记录车辆牌照，并根据车辆轴数分类、分方向按时段统计车流量。同时，在城市桥梁两端设置可变情报板，可及时发布路面交通信息。

（4）确保室外杆体及控制箱的耐候性。室外杆体及控制箱应确保良好的耐候性及防腐性，并按规范要求做好防雷接地，保证室外杆体及控制箱稳固，视频画面无抖动等现象。

7. 符合安防系统的使用要求

除按交通工程的要求设置交通监控系统外，应同步设计建设大桥的安防系统。桥梁的安防系统应包括结构自身安防体系，重要出入口和重点要害部位的视频监控、电子防盗、保安岗亭、隔离与封闭、门窗防盗等一切防入侵的设施，还应设置红外线安全报警与视频监控联动装置，以及相应的供电保障系统。

8. 符合检修平台及通道使用的要求

（1）按"三同时"的要求留设。桥梁的检查检修通道应按安全生产"三同时"的要求，与桥梁主体结构同时设计、同时施工、同时使用。桥梁结构构件设计时应考虑检修口和检修通道的留设。检查检修通道及平台的设计除满足结构、耐久、安全等方面的基本要求外，还应尽量满足检查检修人员在高空作业时的人性化需求，考虑方便检修，人员进出、防火、逃生方面的功能。

（2）满足耐久性和防腐要求。一般情况下，桥梁混凝土箱梁钢箱梁、塔柱等设施的通道，其出入口不得少于2个，双层桥梁的上下层桥面之间应设置供检修人员进入的连接通道；桥梁设置的塔内升降设备如有不能到达的部位，应补充设置钢平台或钢爬梯，相应的钢结构应有耐久性和防腐方面的设计。

（3）满足安全防护和使用功能的要求。检查检修平台及通道应按需求覆盖桥梁结构日常检查及定期检测的全部范围。除满足工程检修人员行走、检查、检测、安放仪器或设备等工作状况的安全需求外，还应设置隔离门栅、踏板、梯步、平台、栏杆、扶手、防护网等安全防护装置，还应按需求完善外露通道的防盗设施和功能。

（4）配置特种设备逃生系统。桥梁检修小车、塔内升降设备等特种设备，应设置便于检修人员进入的通道，并配备必要的三方通话系统安全运行系统、检修系统和逃生系统等，满足安全规范和安全作业的相关要求，移交时应提交相关资质机构检验合格的报告。关于检查检修平台与结构相连的钢预埋件或植筋结构，需明确其抗拔力和耐久性方面的设计要求。

三、桥梁检查分类及内容

通过桥梁检查可掌握桥梁使用阶段的设计状况，以及缺陷和损伤的性质、部位严重程度、发展趋势，弄清出现的缺陷和损伤对桥梁质量和使用承载能力的影响，以识别可能存在的危险。而且，通过桥梁检查可以提供构件及材料的退化程度信息，用于分析退化形成的原因与退化对桥梁构件的影响程度，达到跟踪结构与材料使用性能变化的目的，使桥梁维护计划具有针对性，促使有关部门采取相应的对策措施，预防或从根本上消除事故和危害，确保桥梁完好和正常运行。桥梁检查通常分为经常性检查、定期检查、特殊检查。其中，经常性检查可分为日常巡视和经常性巡查，这项检查主要是对桥面结构，车行道范围内的各种病害、障碍物、交通标志及其附属设施进行一般检查；定期检查是一项重要的检查，是对桥梁主体结构及其附属设施的技术状况进行的全面检查；特殊检查是在特别情况下对桥梁的全面检查，以查清病害成因、破损程度和承载能力等，确定桥梁技术状况。

1. 桥梁检查的准备工作

桥梁检查这项任务，可通过检查桥梁当前状况，掌握车辆运输和交通量的改变对桥梁运行的影响、跟踪结构与材料使用性能的变化，为桥梁状态评估提供相关信息，并建立桥梁结构性能数据档案，向设计、建设及管养等部门提供反馈信息。同时，桥梁检查也是桥梁运行管理的重要组成部分，桥梁监管单位应按计划组织开展桥梁检查，认真做好桥梁检查记录，并要求记录准确清晰、完整及时掌握桥梁技术状况，发现问题及时采取措施，保障桥梁安全运行。

做好桥梁检查工作，可从以下四个方面入手：一是受过培训且具备经验的检查人员，二是采用有效的技术手段，三是采用适当的检测设备，四是采取合理的检查程序。现场检查人员的检查任务常常是在没有监督的情况下完成的，检查结果所提供的检查资料正确与否也是桥梁检查是否有成效的关键，所以需要明确检查人员的责任和义务，保证检查人员具有较高职业素养，同时，确保所有参与检查的人员能够按照统一的检查标准进行操作。

（1）正常情况下，桥梁检查采取的技术手段包括外观检查技术和破坏性或无损检查技术，适用的检查类别各不相同，技术层面的要求也相差较大。外观检查主要采用肉眼观察缺陷或缺陷痕迹，也可借助放大镜、望远镜、数码相机等；有时可通过敲击检查构件，从音量及声音类型判断构件内部状况。上述检查方法直观、简便易行，但只能够定性，不能定量。其他类型的病害可使用专门检测仪器进行检查，主要采用 X 射线、其他射线及超声波检测焊缝质量或钢构件的裂缝等缺陷，采用超声回弹仪检测混凝土强度，采用不同车载路面检测仪、探地雷达探测仪在桥面以正常速度移动就可测得路面平整度、路面状况和结构层厚度；等等。

（2）检查所需的装备将随检查类型、性质和结构部位的形式有所不同，主要包括需要到达被检查构件部位的辅助设备和检查仪器。检查所需的辅助设备是考虑桥梁某些区域属于不易到达检查的位置，例如高架立交的底梁斜拉桥拉索或跨越河流的桥梁，而为能接近检查构件，使检查结果更准确翔实，必须借助某些辅助设备才能到达预定的检查部位。通常这些辅助设备包括高空检查车、桥梁检查车、移动检查车及桥下检查船等。检查仪器一般除清洁工具、协助目视的检查工具、测量工具及记录工具之外，可根据结构定期检查和特殊检查时的内容需要，考虑使用经纬仪、水准仪、智能全站仪等测量仪器，测量构件的位移、高程、距离和尺寸等；使用无损检测仪、裂纹探测仪、手提式混凝土钻芯取样机、氯离子测定仪、激光平整度仪、落锤式弯程仪、路况等仪器，检测混凝土强度、氯离子含量等构件退化程度的指标。

（3）桥梁检查程序化则可提高桥梁检查的效率和准确率。一般根据桥梁运行管理年度总体目标，制订全年检查计划，并按此计划具体安排检查程序及内容要求。第一，制订检查计划。检查计划的内容宜包括桥梁地点、到达检查部位的方法、检查工具检查仪器检查日程、检查种类、现场注意事项现场交通维持及其他必要措施。

第二，在一座特定桥梁检查之前，检查人员应研读所有该桥的相关记录和资料，并从桥梁管理信息系统确认桥梁构件的编码。

第三，为避免现场遗漏或减少不必要的重复作业，应在出发前做好各项准备工作。如果是委托检查的，也要事先召开准备会议，对检查事项逐一落实。

第四，确定检查的顺序。一般方法是由上而下，即先上部结构，后下部结构；有时因桥梁形式、构件状况、检查种类及桥梁交通情况，也可视实际情况调整。

第五，将所有检查结果信息逐项录入桥梁管理信息系统，现场原始记录整理后作为检查资料归档。同时，检查人员或第三方受委托机构需要撰写本次检查报告，检查报告经审核后也要求归档。

2.检查的类别及内容

城市桥梁所处的地理位置十分重要，其通行的车流量较大，几乎所有的桥梁都处于饱和状态，还有一些重型货车经常出入，因此产生桥梁病害的概率较高。经常性检查应由经过培训的专职桥梁管理人员或有一定经验的工程技术人员负责，对桥面设施，上部结构、下部结构及附属构造物的技术状况加强检查，以便发现问题，采取相应的维护措施。检查的目的是随时获得结构运行是否正常的信息，使桥梁结构在病害初期就能得到及时的养护或紧急处理。

（1）经常性检查。经常性检查应按桥梁的类别、桥梁等级、技术等级分别设定巡查周期，对重要桥梁，或遇到恶劣天气、汛期、雨季等特殊情况，周期宜短。一般每月巡查不得少于一次，汛期应加强不定期检查。经常性检查的范围包括桥面铺装人行道、泄水孔，伸缩装置、栏杆、结构构件表面、拱座、吊杆护套、桥面板、机电设施等，以及障碍物、交通标志及其附属设施的完好状况。经常性检查的内容主要包括：

①桥面铺装平整、无裂纹、坑槽、不得积水、沉陷、波浪、车辙、桥头跳车。

②钢构件表面涂装完好，无明显损坏老化变色、开裂、起皮、剥落等现象。

③防撞栏杆、人行道护栏完好，不得脱开、松动、缺件、剥落、锈蚀等。

④排水设施良好，桥面泄水孔、落水管不得堵塞破损；伸缩缝平顺，缝内无杂物。

⑤连接部件无松动、脱落破损，支座无锈蚀，活动支座的滑移量正常。

⑥交通信号、标志、标线、照明设施及桥梁其他附属设施齐全、完好。

（2）定期检查。定期检查是为了评定桥梁的使用功能，为制订养护计划提供基本数据，对桥梁的主体结构及其附属构造物的技术状况进行全面检查。其应做到桥梁外观整洁，桥面平整，排水畅通，重要构（部）件完好，标志齐全，通行顺畅。通常定期检查人员是富有经验的专职桥梁检查工程师，他们会对损坏严重、危及安全运行的危桥，提出暂时限制交通和报废的建议，并根据桥梁的技术状况确定下次检查时间。定期检查的时间周期按下列情况确定：新建桥梁竣工接养一年后，进行第一次全面检查，三级运行管理的桥梁为十年；特大、特殊结构和特别重要桥梁定期检查一年不少于一次，也可根据专职桥梁养护工程师等桥梁养护技术人员的报告进行，病害在三类以上的桥梁，应安排定期检查。定期检查的方法是以目测结合仪器检查为主，对桥梁各部分进行详细检查，一般安排在有利于检查的气候条件下进行。

实施定期检查前，专职桥梁养护工程师要认真查阅所检查桥梁的技术资料以及上次定期检查报告，以便有充分的准备和做对比分析，并应按规范程序进行定期检查。定期检查主要是针对桥梁结构中常见的缺损及日常养护的实施效果，每年进行一次的结构技术状况动态数据采集，并以书面报告和必要的影像资料，对设施的运行状态做出评定。评定结果将作为制订年度养护维修计划的主要依据。定期检查可按以下几方面内容进行检查：

①桥面系：包括人行道面、车行道面、栏杆系、缘石、伸缩缝、桥面排水设施。主要检查内容为桥面铺装平整和磨耗度及抗滑性能；桥面铺装开裂、积水、坑穴、波浪和表面污迹；栏杆系的撞击损坏、松动、开裂、下挠和上拱以及构件脱落丢失；伸缩缝、人行道的桥头接缝的开放程度、阻塞和损坏；桥面排水设施是否合理、破损堵塞或漏水等。

②上部结构：包括主梁、主副拱肋横撑、拱桥拱上建筑、系杆拱之吊杆、主梁拱圈及之间的横向联系等部位。主要检查：结构实际尺寸、跨径、填料厚度、拱轴线、钢筋直径和布置等；混凝土的空洞、蜂窝、剥落、层离、风化隆起、露筋、裂缝、破碎、表面沉积和钢筋锈蚀等；钢结构的涂层脱落生锈、扭曲变形、滑动错裂，焊缝开裂和铆栓钉松动脱落等；桥跨结构的不正常变形如开裂，支承处主要承重构件的局部承压不够，承重构件横向联系是否开裂、脱落失效；组合结构结合是否张开、错位；以及拱圈纵横开裂、拱轴变形和侧墙鼓胀。

③支座：包括盆式橡胶支座、球型钢支座。检查内容：支座是否变形，支座部件是否剪断等，支座转动有无不正常的位移量。

④下部结构：包括桥墩台、基础、地基。检查内容为墩台材料的风化、水蚀、剥落、破损及裂缝等；墩台材料的力学性能，如强度；墩台基础的冲刷及倾斜、滑动、下沉或水平位移；地基基础触探检查。

⑤桥头接坡、桥上交通情况：检查内容为接坡线形、开裂、沉陷，以及接坡雨水管井盖座是否完好和堵塞；桥上照明设施、标志和桥上交通照明或泛光照明设备损坏、失效等；标志是否清楚易读，是否处于恰当的位置等。

桥梁定期检查与评定应符合《城市桥梁养护技术规范》《城市桥梁检测和养护维修管理办法》的规定和要求，桥梁养护工程师应对评定为二类以下的桥梁进行针对性、预防性小修保养，对三类桥梁应提出大、中修方案建议，对四类桥梁须提出做特殊检测计划报告；对于难以确定损坏原因和程度的，应做出继续观察或提出特殊检测计划报告，报告应对提出检测的原因和损坏部位做详细说明。

（3）特殊检查。特殊检查应按照相关规定委托专业桥梁检测单位及时开展，以查清病害成因、破损程度和承载能力等。该检查应由具有城市桥梁管理、养护、设计经验的人员参加，必要时应对结构或结构部位进行安全性检测，并提交养护维修意见。

特殊检查是在特定情况下对桥梁的缺损状况、病害成因、承载能力或抗灾能力做出科学明确的判定，并需要根据检测结果提出针对性的维修处置措施建议。当桥梁出现以下状况时应进行特殊检查：桥梁遭受漂流物船舶撞击，自然灾害（或者火灾）或超重车辆通过后造成桥梁严重损坏的；桥梁技术状况为四、五类且结构病害成因及程度难以判明的；桥梁要求提高荷载等级及其他情况。特大桥、特殊结构桥梁和单孔径60m及以上大桥应符合以下规定：

①桥梁上、下部结构应埋设永久性位移观测点，并定期进行观测。

②应委托有资质的检测单位进行特殊检测，同时对桥梁结构进行特殊检查。

③正常使用状态的大桥在使用15年后，应进行一次桥梁结构的特殊检查，以后每隔10年进行一次。特殊检查可按本书第三章特殊检测的相关内容实施。

四、桥梁运行管理考核标准及内容

桥梁监管部门对桥梁的考核工作做了许多有益的探索，但考核形式仍较为简单、零散，不够全面，无法较好地体现城市桥梁运行管理的实际需要，与城市桥梁全寿命周期内的管养工作要求还有较大差距。因此，城市桥梁运行管理应结合国家及地方标准的相关要求，统筹考虑桥梁综合考核体系如何进行完善，使考核体系更符合桥梁运行管理的需求。

（一）管养专业人员配置

根据桥梁的数量、桥型、养护等级等，配置相应的专业技术人员，专业技术人员应包括养护工程师、检测工程师（技术员）、施工员、质检员、安全员、档案（信息）管理员等。

其中，养护工程师、检测工程师应具有土木工程类专业本科以上学历，3年以上城市桥梁专业工作的经验，以及应获得中级以上技术职务任职资格。

检测技术员、施工员、质检员应具备土木工程类专业本科以上学历，或土木工程类专业专科学历，且有2年以上城市桥梁专业工作经验。

安全员应熟悉市政工程安全文明施工相关规定，并经安全员岗位培训考核合格。

档案管理员熟悉档案管理相关规范及规定并取得档案管理员资格；信息管理员为经培训能从事计算机或相关专业的人员。

（二）检测设备的配置及用途

1. 部分检测设备用途

桥梁检测主要是针对桥梁技术状况的检查检测，即查找桥梁缺陷，判别损伤的性质，找出病害发生的部位。同时分析其严重程度及发展趋势，找出产生缺陷和损伤的主要原因，分析和评价其对桥梁质量、使用承载能力的影响，为桥梁养护提供可靠的技术数据和依据。桥梁专用检测设备及仪器是指在常规定期检测过程中所用到的仪器设备，此类仪器设备的选用适宜桥梁常规定期检测项目为依据的。其作用是检测确定桥梁的功能状态和承载能力的变化，提供桥梁状态和退化评定的连续记录，以及为建立桥梁技术状况档案而获取相应数据。

（1）桥梁检测车。桥梁检测车可以为桥梁检测人员在检测过程中提供作业平台，并装备桥梁检测仪器，用于流动检测的专用车辆。它可以随时移动位置，能安全快速、高效地让检测人员进入作业位置进行检测。工作时也不影响交通，而且可以在不收回臂架的情况下慢速行驶。其工作原理是由液压系统将工作臂弯曲深入桥底，把电视摄像机送至检查部位拍摄图像，通过电视检查、录像机录像，能迅速准确地检查桥梁。目前，桥梁检测车可分为吊篮式和桁架式两类。

吊篮式桥梁检测车也称折叠式桥梁检测车，其结构小巧，受桥梁结构制约少，工作灵活，既可检测桥下也可升起检测桥梁上部结构，工作斗可伸入桥底位置为6m，可有线或无线操作，有时候还可以作为高空作业车使用。

桁架式桥梁检测车一般采用通道式工作平台，稳定性好，承载能力大，使用时检测人员能方便地从桥面进入平台或返回桥面，工作平台的最大下降深度为9m，如配置升降机则可大大增加下桥深度。

（2）超声波混凝土测试仪。超声波混凝土测试仪主要用于混凝土结构质量无损检测，适用于超声透射法检测基桩完整性、综合法检测混凝土抗压强度、结构混凝土缺陷探查、全波列岩石孔纵横波测试、岩体动力学参数测定。

（3）裂纹宽度探测仪。裂纹宽度探测仪是进行定期检测评定的重要内容。因此，裂纹宽度探测时应考虑选择在主要承载构件或承载构件的主要受力部位，或根据一般检查结果有迹象表明裂纹可能存在发展的部位。

（4）锈蚀仪。锈蚀仪可用于非破损检测混凝土结构中钢筋锈蚀程度。钢筋锈蚀的检测对于尽早发现和诊断钢筋锈蚀状态，确保结构耐久性与安全是十分必要的。混凝土结构中钢筋锈蚀量的非破损检测方法有分析法、物理法和电化学法三大类。分析法是根据现场实测的钢筋直径、保护层厚度、混凝土强度、有害离子的侵入深度及其含量、纵向裂缝宽度等数据，综合考虑构件处的环境情况推断钢筋锈蚀程度；物理方法主要通过测定钢筋锈蚀引起电阻、电磁、热传导、声波传播等物理特性的变化来反映钢筋锈蚀情况；电化学方法则通过测定钢筋或混凝土腐蚀体系的电化学特性来确定混凝土中钢筋锈蚀程度或速度。

（5）回弹仪。回弹仪可采用回弹法检测桥梁结构混凝土抗压强度。检测时测区选择应符合以下要求：每一结构的测区数量不小于10个，当某一个方向尺寸小于4.5m且另一方向尺寸小于0.3m，测区数量不应小于5个；相邻两侧区的间距应控制在2m以内，测区离结构端部或施工缝的距离不宜大于0.5m，且不小于0.2m；测区应均匀分布，结构的重要部位及薄弱部位必须布置测区，并避开预埋件；结构或构件的测区应有清晰的编号，且应在记录上：描述测区布置示意图和混凝土外观质量情况。

2. 检测设备配置标准

根据桥梁的数量、桥型和承担的工作任务等，配置相应的桥梁检测评估与养护维修作业机具、设备。养护管理机构配置的桥梁检测设备应包括检测辅助设备和检测工具设备两类。

（1）检测辅助设备。对经常性检查和常规定期检测作业所需的检测工具设备应配置齐全。桥梁经常性检查和常规定期检测作业所需的检测工具设备包括钢刷、刮刀、锤子、望远镜、手电筒、带灯矿工帽放大镜、钢卷尺、裂缝测宽仪、读数显微镜照相机、摄像机、标示笔、标示牌等。

（2）检测工具设备。对结构定期检测和特殊检测作业所需的检测工具设备可适当配置。结构定期检测和特殊检测可按需配置的专用检测工具设备包括：经纬仪、精密水准仪、全站仪等测量仪器；混凝土强度回弹仪、超声混凝土测试仪、钢结构超声波裂纹探测仪、钢筋位置探测仪、钢筋保护层测试仪、钢筋腐蚀探测仪、氯离子测定仪等无损检测仪器；水下摄像机、透地雷达探测仪等特殊仪器。

（三）养护机具的配置及使用管理

桥梁养护机具是指用于桥梁养护和保障的各种机械设备，是城市桥梁机械化养护的物质基础，而且还必须具备设备先进、运行安全可靠、工作效率高、环保性能好、适合桥梁养护的作业特点。只有具备了这些特点，才能够适应城市桥梁养护的要求，体现预防性养护和桥梁病害维修相结合的原则，体现新材料、新工艺、新技术、新设备"四新"成果应用原则。

1. 桥梁养护机具的使用管理。桥梁养护机具应统一管理、统一调度、规范使用，建立严格的岗位责任制，实行定人、定机、定职责等责任制度。正确使用桥梁养护机具，要求各工种都要建立岗位责任制，做到合理安排，科学调度，充分发挥养护机具的效能，提高利用率。

一般操作人员必须经过岗前培训后才能上岗作业，特种机具设备的操作人员还应取得有关部门颁发的证件，方可上岗作业。机具设备的操作人员必须掌握机具设备的构造、原理和性能，熟悉操作技术，遵守操作规程，认真做好例行保养工作，做到会使用、会保养、会检查、会排除故障，使机具设备经常保持整洁完好。机具设备应定期保养，做到不拖保、不漏项、及时修理，不得带病运行。严格执行保修规程和技术标准，确保保修质量，保持机具设备的技术状态良好，提高完好率。养护机具设备的技术状态应满足相关技术标准的要求，并按核定负荷作业、不得超负荷运行。

2. 安全作业保证措施。桥梁养护机具设备作业应坚持"预防为主，安全第一"的方针，建立健全养护机具设备安全生产制度，经常进行安全生产教育，定期或不定期地进行安全检查，采取有效措施，确保各类养护机具设备安全作业。养护机具设备的操作人员必须严格遵守安全操作规程，确保安全作业。机具设备的安全防护装置必须可靠，在危险环境作业，一定要有可靠的安全措施，使用和停放中务必注意防盗、防火、防冻、防风、防雷击等。

（四）检查方面考核

政府行政主管部门每年对桥梁监管机构进行一次综合检查考核，综合检查考核由检查考核与社会监督评价两部分组成。其中,检查考核评价由工程建设期参与及接管、监管、养护、桥梁实体考核等四类指标组成。检查考核占总分的90%,社会监督评价占总分的10%。考核方式采用百分制评分。

1. 检查考核的基本要求

综合检查考核应以每座桥梁为单位建立档案,档案内容应包括:桥梁主要技术资料,施工竣工资料,养护技术资料,巡检、检测、测试资料,桥梁自振频率等相关资料,并建立信息数据库,纳入桥梁信息管理系统管理。检查考核首先查阅各类资料台账,包括会议通知、会议纪要、往来文件、审批文件、移交与接管文件、组织机构设置、规章制度与职责、设计图纸、竣工图纸、工程竣工验收报告、招标投标文件、合同文件、材料台账、机械设备台账、检测报告、管养技术档案、书面及影像记录、媒体(网络)报道等。

现场检查包括:桥梁管养人员配置、仪器工具配置、机械设备配置、物资储备、资金储备、操作技术作业等,以及桥梁实体管养、养护工程施工质量安全管理、病害处置、灾害防治、应急处置措施、信息管理系统、监控系统及机电设备建设与运行情况等。

(1)综合检查考核的评价等级可分为优良、合格和不合格三个等级,并按设定的控制项一般项和桥梁实体评定综合检查评价等级。一般桥梁实体的考核评价是通过现场检查桥梁设施的完好情况,对各检查项目进行现场考核与评分,并计算每座桥梁的累计评分值,再计算所有被考核桥梁的综合平均评分值,最后由综合平均评分值确定考核评价等级。例如:85≤综合平均评分值≤100,为"优良";70≤综合平均评分值<85,为"合格";综合平均评分值<70,为"不合格"。

优良等级应满足所有控制项的要求,即控制项的考核评价等级为"合格",一般项的考核评价等级为"优良",桥梁实体的考核评价等级为"优良"。

合格等级应满足所有控制项的要求,即控制项的考核评价等级为"合格",一般项和桥梁实体的考核评价等级为"合格"或"优良",且未全部为"优良"。

不合格等级为未满足所有控制项的要求,即控制项的考核评价等级为"不合格",一般项的考核评价等级为"不合格",桥梁实体的考核评价等级为"不合格"。

(2)桥梁检查考核时,管辖范围内的桥梁被抽取的数量一般不少于3座,其中特殊结构桥梁、特大桥、大桥抽取的比例宜占65%,中、小桥宜占35%。为更好更全面地评价其管养水平,对实行市场化养护作业的桥梁,所抽取数量可综合考虑合同期、考核频率等因素,确保所有桥梁在合同期内都能被考核不少于1次。例如,某养护单位承担90座城市桥梁的养护任务,合同期为3年,被考核的频率为每年6次,则每次考核时抽取的桥梁数量应不少于90/(3×6)=5座。

通过检查考核被评为"不合格级"或"危桥"的桥梁应立即采取措施,限制或封闭交通,设置明显的警示标志,并在24小时内向行政主管部门报告,等待处理。"危桥"应限期排除危险,而在危险排除之前不得使用,同时应增加日常巡检次数,必要时设专人专职管理。

2. 检查考核的内容

（1）桥梁永久性标牌设置。一般包括：按要求设置的桥名牌，按需要设置限高或防撞限高（限高架）通航、限载等交通警示牌，以及位于机动车道的桥墩及道路分流处的桥梁护栏、桥梁安全保护区域设置的警示标志，多跨结构桥梁的墩台及桥面编号等标识。通航标志的设置比较复杂，其设置的主体单位和管养单位各地市的执行情况存在差异，其归属存在不统一现象。城市桥梁管理单位应立足于桥梁的运行安全。对通航河道上的桥梁设置通航警示标志，引导船舶顺利通过桥孔，防止撞桥事故，有条件的单位可在必要时设置超载自动监控系统。

（2）养护管理机构及专业技术人员、设备配置。按相应规定设置养护管理机构及专业技术人员、设备配置，实行养护作业市场化或管养分离的，可根据管理职责配置专业技术人员。行政主管部门或城市桥梁管理单位应组织开展城市桥梁管养技术培训，且每年不少于1次，并公布城市规划区范围内桥梁管理单位及其职责。

作为保证安全生产的前提条件，现场养护作业人员应配备和正确使用必要的安全防护用具。养护作业安全防护用具包括人的安全防护用具、物的安全防护设施施工现场作业安全防护设施等，如安全帽、安全带（绳）、安全网、反光背心、工作服、反光路锥、防撞桶（墙）、隔离护栏（板）、隔离墩等。

（3）超限车辆过桥管理。超限车辆过桥应按经审批的方案实施，可由城市桥梁管理单位派专人指挥，并详细记录存档。超重车辆过桥后，桥梁管理单位应对桥梁进行检查，确保桥梁完好。

（4）安全保护区隐患调查主要为开展安全保护区内的地质灾害调查和治理工作，主要包括下列内容：河道采空区，河道陡坎应采取抛填片石、防止冲刷和崩塌等治理措施，确保河床稳定。发现河道漂石、漂浮物应采取清除、固定措施。发生边坡或堤岸崩塌应采用排水、减重、支挡等综合治理措施。

第四节　桥梁信息系统管理

桥梁信息管理是桥梁管理和现代计算机科学相结合的产物，桥梁信息管理的目标是确保每座桥梁的相关信息记录足够精确和完整，以便能够掌握桥梁的结构状态和性能，合理安排有效的检测、养护、维修，加固等程序。依靠桥梁信息管理系统整合桥梁整个寿命期间所有技术资料信息，对于掌握桥梁结构现状是极其重要的。同时，它还负责桥梁构件的性能等级评估及预警，实现桥梁信息管理系统的多样化、智能化。

一、信息管理系统应用

（一）实现户籍式管理

交通部最初于2007年发布了《公路桥梁养护管理工作制度》，该制度要求"桥梁管养单位和监管单位应建立健全公路桥梁技术档案管理制度，大力推广应用公路桥梁管理系统，及时更新桥梁技术数据，保证公路桥梁技术档案真实完整，实现电子化管理。特别重要的特大型桥梁应建立符合自身特点的电子档案管理系统和养护管理系统"。桥梁管理系统的研究基础是通过数据处理，对桥梁的技术状况做出准确的评价。桥梁信息管理系统大多以地理信息系统（GIS）为平台，它正日益发挥着重要作用。

配置有完备的城市桥梁等基础设施是充分发挥城市载体功能的先决条件，也是发挥城市综合功能的基础，是衡量城市经济、科技、社会发展水平的重要标志，也是城市防灾、救灾的必要保证。所以管理和养护好市政基础设施将直接体现城市的管理水平，对城市人民的生活和城市可持续发展的重要性是不言而喻的。

随着改革的进一步深入，每个城市已逐步建立起适应社会主义市场经济的养护体制，实行市、区两级管理和管养分开。实现管理专业化、养护市场化，这就要求建立一套完善的监督、检查、评价体系及桥梁管理信息系统。桥梁管理系统的发展从无到有，从简单到复杂，从单一数据处理到复杂数据处理。最近几十年有关专家在桥梁管理系统研究方面倾注了大量的时间和精力，先后有广东桥梁研究所、四川公路研究所、北京公路研究所等，研究开发出各具特色的桥梁管理系统。这促进了桥梁管理系统的发展，但是相比其他的发达国家，我国桥梁管理系统的发展还是处于初级阶段。

具体来讲，桥梁信息管理系统是关于桥梁基本信息数据桥梁检测、状态评估、结构退化预测、养护对策和计划以及经济分析的计算机信息管理系统。当前这个桥梁管理系统的开发还需要一个循序渐进的过程，需要与桥梁相适应的管理体制、方法，并配备必要的技术，严格按照国家建设部《城市桥梁养护技术规范》（CJJ99-2003）要求进行开发。按此要求研发的系统将提供城市桥梁管理，桥梁的静态信息和动态数据管理，桥梁的病害数据录入，技术状况BCI评价，不合格桥梁和危桥预警，桥梁养护决策，上传桥梁CAD竣工图和专业单位检测报告等功能，从而实现城市桥梁的统一化、规范化、数字化和科学化管理，成为相关管理部门辅助决策的工具，对提高城市桥梁管养的技术水平具有很大的促进作用，但许多方面的数据还需要大量的累积，以确保完整性和实用性。

其中，桥梁资料卡，桥梁基本信息和结构信息，电子版桥梁竣工图，专业单位桥梁检测报告等桥梁静态信息，以及维修记录、日常巡检记录和定期检查将基于PDA桥梁子系统，利用先进的GPS功能，对桥梁的日常巡视、定期检查人员进行现场定位，确保巡检人员在有效范围内完成日常巡检和定期检查任务，确保桥梁检查的真实记录等动态信息数据，按规范要求实现了"一桥一档"的户籍式管理。

（二）实现信息资源共享

桥梁信息化管理不仅包括桥梁自身结构健康监测系统的信息化管理，还包括桥梁从设计到竣工、从投入运营到结束运营期间的各种资料，文档、图纸、数据等的信息化管理。随着办公自动化的普及和计算机技术的广泛应用，文档资料的管理正走向规范化、数字化、网络化、社会化，实现了档案信息资源共享。

1. 解决查询效率低的问题

纸质档案存放占用的空间大，手工查档会因档案的不断增加、库房内同一类档案可能出现空间存放位置交叉或不统一，使检索和查询工作量大而影响档案的利用查询服务。利用计算机进行系统化管理，利用微机调阅数字档案可以大大提高档案的查询速度，同时可以提高查全率和查准率。

2. 解决档案管理难度大的问题

档案的登记、录入、归档、借阅、接收等日常管理工作任务繁重，档案的分类、统计工作不如使用计算机来得系统，容易出现管理漏洞。在对外借阅时，由于大部分档案室是以卷为单位整理的（不包括实行立卷改革的文书档案），不便于根据不同的借阅对象采用不同的保密方式进行管理。而使用计算机进行管理时对发现的错误可以及时发出提示，防止出现工作漏洞，并可根据查档的权限提供相应的档案，防止泄密。

3. 解决档案保存的问题

灰尘、潮湿等自然因素会对纸质档案造成自然损害；频繁的调阅和复印原始档案，也会对纸质档案造成人为的损害。提供电子档案，可以避免纸质档案因多次反复使用而造成损害，以保护档案原件。

4. 解决不易实现信息共享的问题

原始档案只有一份，以往的保管和查询模式无法满足多人同时共享信息资源的需求。档案信息化后，可以利用计算机系统，把档案放在云端，同时提供给众多用户上传和下载，实现各部门、各地区、各个国家之间的数据共享，更好地服务于桥梁的使用与建造。

目前市政行业管养分开改革正在不断深化，虽然市政设施的长效管理体制基本形成，但新型管理体制下的机制还不够完善，行业管理还处于摸索阶段。因此，建立长效管理机制，健全和加强各级行业管理，为各级市政行业管理部门的建设规划、工程施工、日常养护提供辅助决策信息，成为信息化建设的总体需求。

按照桥梁运行管理信息化建设的总体目标，应考虑在规划中便提出建立市政设施信息化管理的二级网络，即市监管部门可作为一级节点、各区（县）市政设施管理部门作为二级节点这样一种思路，使城市桥梁信息化管理系统成为上下沟通、联系的桥梁和纽带，同时也为系统的应用与维护提供了可能，为桥梁运行信息管理体制的可持续发展奠定基础。

经过多方面的综合分析，桥梁运行信息管理体制也可选择地理信息系统（GIS）作为开发平台。而地理信息系统是一种特定而又十分重要的空间信息系统，它不仅能够存储、分析和表达现实世界中各种对象的属性信息，而且能够处理其空间定位特性，并从空间和属性两个方面对现实对象进行查询、检索和分析，并将结果以各种直观的形式表达出来。

（三）实现数字化技术集成

对于现代桥梁运行管理而言，仅在桥梁信息管理系统中应用数据库技术是远远不够的，数据库技术只是把桥梁管养纸质信息转化成电子信息，将手动翻阅转化成自动查询，但这些已远远不能满足现代桥梁数字化管理的需求，它还将负责桥梁构件的性能等级评估及预警等工作，并正在集成为自动化智能化程度日益提高的桥梁运行管理的基础。

1. 桥梁安全管理监测技术

将结构健康监测系统与桥梁信息管理系统有机统一，可以解决基于健康监测的可靠度评估，健康监测的桥梁运行管理与维护决策优化，以及有关运行管理与维护需求的健康监测系统设计等关键问题，使其更好地发挥结构健康监测的作用，从而制订和实施有效的维护方案。

2. 桥梁风险预警与事后评估技术

风险管理是桥梁运行管理工作中一个重要的环节，特别对大型桥梁更是如此。大型桥梁在运行期间可能遭受的风险事态复杂，且其运行管理程序复杂、难度高。可以通过系统数字技术的集成，对桥梁运行期间各种可能发生的风险事态进行全面、深入的分析，并对桥梁正常运行人员伤亡、结构安全，以及养护的影响进行全面、合理的评估，研究制订运行管理策略、紧急事件应急预案及养护要点，最终提高桥梁运行管理水平，提高安全保证程度，降低寿命周期管养成本。

3. 桥梁通行车辆识别与荷载效应评估技术

对桥梁及其构件实际状态进行评估，车辆荷载统计特性是不可缺少的组成部分。当前，动态质量称重系统（WIM）是获得车辆荷载信息最为直接的手段，利用该系统可以获得车辆、车辆轮距、质量、速度等各种参数的分布规律，为对桥梁结构整体性能进行评价以及对局部钢结构疲劳寿命进行估计直接提供数据。

比如，在重要桥梁入口处设动态质量称重系统（WIM），通过桥梁信息管理系统数据集成，可以对历年的通行车辆进行统计分析，获得各种车辆、车型的分布信息及逐年变化规律；采取视频监控系统识别方法，获得车辆荷载的车道分布，车速及车型分布规律；利用随机车流模拟程序，获得桥梁在寿命周期内的荷载分布特性及极值特性。

4. 桥梁构件集成退化预测与分级养护技术

桥梁在其生命周期内的性能退化一般可以通过其技术状况和可靠度的退化来衡量。通过影响桥梁技术状况退化和可靠度退化的一些参数（如桥梁类型、施工质量、环境条件和交通量等），可以对桥梁技术状况指标与可靠度指标开始退化时间的关系，以及桥梁技术状况指标与可靠度指标退化速率间的关系进行预测。

多年实践证明，桥梁维护管理必须区分构件的不同类型和各种方案的不同效果，基于使用周期成本最优的原则选择最佳维护时机，对维护方法和策略进行优化，而不能简单地依靠经验，采用坏了就补的做法。桥梁的维护成本也并不简单地指其直接费用和成本，还包括因此引起的交通扰动等方面的间接成本。因此，将构件性能退化预测与分级养护技术结合起来，针对具体的构件病害及其病害等级，可以制订出各种不同的维护方案，并在提高桥梁养护效率和质量的同时尽量降低桥梁养护成本。

5. 桥梁构件病害识别及标准化等级评定技术

桥梁构件病害类型识别和等级评定是桥梁技术状况评估的首要任务，过于粗糙的划分不能科学地区分病害类型，而过于详细的划分则是增大工作量，因此如何科学合理地划分桥梁病害类型将是桥梁病害等级标准化技术中需要解决的关键问题。而桥梁构件病害标准化技术可利用桥梁信息管理系统中的数字信息技术，即可通过现场检测实验模拟、数值模拟等方法来研究病害等级的评价函数。

二、信息管理系统架构

目前，随着人工智能、模式识别、地理信息系统计算机辅助设计等相关新技术的发展，桥梁管理系统的组成与功能紧密围绕桥梁管理的需求进行开发，典型的桥梁管理系统包括属性数据库管理子系统统计查询子系统、评价决策子系统、费用分析子系统、维修计划子系统和地理信息子系统，每个子系统又可划分为更细小的功能模块。

（一）系统的架构

1. 属性数据库

属性数据库管理是桥梁管理系统的最基本组成，也是桥梁管理系统的核心模块，同样也是按照地理信息系统的要求构建了空间数据库，该数据库实现对桥梁各项数据的录入、编辑、简单查询等功能，包括数据编辑和数据字典两个子模块。其中，数据编辑子模块为了全面系统地描述、记录桥梁基本特征，设计了识别数据结构数据、经济指标数据、档案数据、维修历史数据、特殊检查数据、桥上事故数据、病害数据、维修建议数据等文件库，数据却是通过室内查阅桥梁档案资料与野外实地测量相结合的方法获得的，而数据字典子模块为数据录入提供了条件。

这个属性数据库主要储存各座桥梁的基本信息，并在数据录入中加入多媒体动态录像、桥梁图片，以及文字和声音资料处理技术，使用户足不出户就可以了解所管辖桥梁的状况。

2. 统计查询子系统

统计查询子系统的功能在于快速地统计、查找、输出所需桥梁的各种情况。其中包括基本视图、统计报表、统计图表、社会服务、高级查询五个子模块，提供桥梁各种形式的分类表格统计功能。其中基本视图子模块可以输出桥梁的各类卡片、基本数据视图表格；统计报表和统计图表子模块可以分别输出各类汇总统计报表和图表；社会服务子模块设计了桥梁限高、路线检索载质量、评价路线适应率等；高级查询子模块配合方便灵活的输出功能，用户可以方便地得到所需的非固定报表的信息内容。

3. 评价决策子系统

评价决策子系统包括评价决策子模块和历史评价决策子模块。其中评价决策子模块是定期检测的评价计算和评价输出；历史评价决策子模块记载着以往定期检查的评价计算结果，它包括安全性、适用性和耐久性评估三个方面。评价决策子系统可提供桥梁使用功能评定模型，根据桥梁的结构缺损状况荷载载重足够性和桥面交通适应性，考虑交通量等条件变化，利用基础库提供的数据，对桥梁进行路网交通适应性综合评价计算和桥梁模糊级判别。其主要目的是发现桥梁早期的退化过程，以便安排更详细的病害调查或退化的起因分析，确定桥梁对路网的适应程度，在合适时机采取适当的维修措施。

4. 费用分析模型子系统

费用分析模型子系统依据不同的维修加固处置方法，结合各部位缺陷状况、费率折算等因素，以及在实际工作中的需求，确定每座桥梁的维修费用组成及资金数额。一般包括处置对策求解、确定各种费率、确定方案及工程量、费用查询修改和费用分析报表等子模块。

5. 维修计划子系统

维修计划子系统包括维修排序子模块、检查计划子模块和使用维护报告子模块。其中，维修排序子模块可包括桥梁分别维修排序路线；检查计划子模块包括定期检查、特殊检查的时间安排，所检桥梁数据信息，以及桥梁定期检查复查表；使用维护报告子模块，可以根据已经录入的最新桥梁数据自动生成 Word 文档，为桥梁管理机构提供方便、快捷的数据功能。

6. 地理信息子系统

地理信息子系统作为桥梁管理系统中的应用子系统，具有强大的数据管理和空间分析能力.可在地图上直接查找任何一座桥梁的相关数据资料，如桥梁基础数据、各构件病害、桥梁图片、病害图片、录像、文字资料等。

（二）桥梁数据组织形式

1. 桥梁建设阶段的技术数据

桥梁建设阶段的技术数据主要有勘察报告，设计图纸、施工记录、施工监测数据，以及照片、影像等多媒体数据。这些数据按其结构化程度，分为结构化数据和非结构化数据两类。在具体实施过程中，首先应将非结构化数据中的结构化数据提取出来，以半结构化的方式组织，如勘察报告，其中钻孔地层信息依据钻孔二分拓扑数据结构组织为结构化数据，桥梁结构设计信息可根据其结构构成关系组织成树状非结构数据。

另一方面，勘察报告，设计图纸中其他一些说明文字、图片等难以进行结构化表达，可以采用 XML 文件的形式组织，实现半结构化。再通过相应的信息如存储位置、文件名、文件编号存入前面所述的数据表中，就可把文档与业务对象关联起来。自动采集的数据一般都是结构化的数据，可以直接利用。人工记录施工情况及监测数据可采用词库、模板、表格化、智能化等手段组织为结构化数据。在此基础上可建立起桥梁建设信息的数字化标准形式。

2. 桥梁运行期间的数据

桥梁运行期间的数据主要有各种养护记录，养护监测长期健康监测数据，如病害记录等，其结构化数字化标准的过程与建设阶段类似，通常包括养护记录信息的数字化标准、养护监测数据的数字化标准、长期健康监测数据的数字化标准和病害记录的数字化标准。

（三）桥梁管理系统数字化服务平台

桥梁管理系统数字化服务平台可分为三层架构，分别是数据服务层、业务逻辑层与用户服务层。

1. 数据服务层

数据服务层是整个系统的数据提供者，目标是建立一个面向用户的统一虚拟数据访问层，实现各类数据的统一整合。它主要包括空间几何信息数据库、属性数据库及栅格数据库。

2. 业务逻辑层

业务逻辑层是整个数字化服务平台核心业务功能的提供者，用以实现地物的建模可视化、虚拟展示与决策分析等功能。它独立于数据服务层，仅通过数据服务层提供统一的虚拟数据接口对数据进行访问，并对数据进行更加直观的解释与利用，进而对空间数据属性数据进行加工和分析，以满足不同层次、不同目的的需求。

3. 用户服务层

用户服务层面向最终用户，实现用户的最终需要，为用户提供相应的界面。具体研究内容有管养一体化数据集成原理与方法、数据检索、查询统计分析方法、建模、可视化与虚拟现实浏览等专业应用服务。

（四）存在的主要问题

桥梁管理系统的档案数据库，功能和原理都比较简单，基本上可以完成桥梁数据的存档，数据统计查询等档案管理工作，但它是桥梁管理系统中不可缺少且效率最高最常用的一部分，是实现数据科学管理的基础。档案数据库的另一个功能是在桥梁管理的基础上增加评价、优先排序、对策提示、需求预测和费用分析等步骤，但是这些功能尚处于研究探讨阶段，还没能够成熟，尚存在许多不足。

通常桥梁管理系统检测评估项目和分析模块的功能，主要还是以桥梁安全运行管理为主，主要是用于承载、冰雪与抗震等监测预警，对于桥梁的维护系统仍显得薄弱了许多。有些桥梁服役的时间比较长，并且没有得到相应的管理维护。

第六章　桥梁养护管理

第一节　桥梁养护管理基本内容

与"桥梁大国"的建设业绩相比，我国城市桥梁养护管理方面的成就与经验明显不足。桥梁运行管理机构与养护企业的工作方法、管理体系、技术水平也相对滞后，桥梁养护管理还处在检测手段机械化、记录病害平面化、资料管理台账化的静态储存与被动采集状态的阶段，同时还存在"重建轻养"或"忽视管理"的现象。

一、桥梁养护分类及特征

1. 桥梁养护分类

（1）根据《城市桥梁养护技术规范》（CJJ 99-2003）的规定，城市桥梁按在道路系统中的地位分为Ⅰ～Ⅴ类桥梁。其中：

Ⅰ类为特大桥梁及特殊结构的桥梁，特大桥是指多孔跨径总长大于或等于500m，单孔跨径总长大于或等于100m，并须特殊养护的桥梁；

Ⅱ类为城市快速路网上的桥梁，因桥上行驶车速在80~120km/h，所以对桥面平整度、伸缩装置及桥面完好有较高要求；

Ⅲ类为城市主干路上的桥梁；

Ⅳ类为城市次干路上的桥梁；

Ⅴ类为城市支路和街坊路上的桥梁，该类桥梁一般是以小型、简单的桥梁为主。

上述分类中，Ⅴ类城市桥梁的技术要求较低，因此需要区别对待，不宜与其余几类使用一个技术标准。

（2）根据浙江省建设标准《城市桥梁与隧道运行管理规范》（DB33/T 1098-2014）的规定，按城市桥梁运行管理的要求，桥梁宜分为一级、二级、三级三个等级。

一级运行管理：对Ⅰ～Ⅱ类桥梁及位于人流集中、交通流量大之处的Ⅲ-Ⅳ类桥梁进行管理。有关一级运行管理的城市桥梁宜分别设置独立的养护机构，制订5~10年中长期运行规划，配置相关的特种养护设备，并设专人负责日常巡检；每座桥梁宜安装桥梁结构健康系统出入口安装自动查超系统，实施24小时不间断监控，记录违规车辆的通行；桥体的沉降、线形等应每半年进行一次观测。

遇特殊情况，一级运行管理的巡检周期宜缩短，并需设专人值守。

二级运行管理：对除一级运行管理以外的Ⅲ、Ⅳ类桥梁进行养护管理。采取二级运行管理的桥梁可根据需要统一设置养护机构及管理用房，宜制订3年内的短期重点养护计划，每座桥梁应分别制订养护技术方案。在有条件的情况下，根据实际情况设置监控室，也可根据桥体的数量或长度设置相匹配的专业养护人员。二级运行管理主要是针对桥体结构变化、超限违规作业等，采用巡视检查的方式完成，同时每年需对桥体的沉降线形进行一次观测。遇特殊情况应安排人员进行值班。

三级运行管理：对Ⅴ类养护的桥梁进行管理。采取三级运行管理的桥梁，可根据桥梁的种类或不同区域统一设置养护机构，统一制订区域内所有Ⅴ类养护的桥梁在3年内的短期重点养护计划，并要求由专业的养护管理单位负责日常养护工作，每年需对桥梁交通流量进行统计，并进行一次沉降及线形观测。

（3）根据桥梁运行在城市中的地位及重要性，本着"保证重点，管好一般"的原则，按《城市桥梁养护技术规范》（CJJ 99-2003）的规定，城市桥梁的养护等级宜分为Ⅰ等、Ⅱ等、Ⅲ等。此项桥梁养护等级所对应的桥梁养护类别与桥梁运行管理的要求基本一致，所不同的是，需要重点养护的Ⅰ等、有计划养护的Ⅱ等及可一般养护的Ⅱ等之间存在的差别。

2. 桥梁养护特征

城市桥梁承担的交通流量大，设计标准高，故养护技术复杂，养护内容也多，为了保证桥梁处于正常、安全的运行状态，并能有条不紊地进行各种桥梁及附属设施的养护管理工作，从养护工程技术的角度来看，桥梁养护有下列几种显著特征。

（1）日常性、时效性

要始终保持桥面及引道清洁，桥头无跳车等。如果桥面出现坑槽裂缝，应及时修补灌缝；泄水孔、伸缩缝内淤积应及时清除；标志、标线、交通、照明、安全等设施出现故障和损坏，应及时恢复；等等。所有这些都是为保证桥梁行车安全、畅通、舒适，以提高城市社会经济效益。而任何养护管理工作中的懈怠和疏忽，不仅会对桥梁设施造成潜在危害，也会对行车人员构成严重威胁。

（2）季节性

不同的季节，桥梁都会有阶段性或集中养护维修需要。有时候需付出更多的努力来应对季节性养护。如洪水、水毁抢修，冬季除雪、防滑都是异常艰苦的工作。做好有针对性的季节养护往往能起到事半功倍的效果，如每年汛期前进行桥梁维修，可以有效抑制水毁等病害。

（3）突发性

对交通事故和水毁、雪灾等引发的事故或其他原因造成桥面、构件、附属设施的损坏，应采取紧急措施，尽快恢复交通。控制现场态势，疏通救援路径，排障、清理、抢修、恢复是养护工作人员的一项重要职责，为了满足突发性抢险的需要，必须制订应急方案，做到常备不懈。对大型桥梁，还必须制订各项专项应急预案，应对意外事件。

（4）多学科、多专业的集合体

桥梁养护技术呈现典型的多专业交叉的特征，涵盖了道路、桥梁、建筑、机电、光电、机械及计算机等多种专业的内容，形成了一个内容广泛、互有联系、缺一不可的综合养护体系。同样，对参与养护的队伍，也要求是现代化的、多工种的、多专业技能的队伍、养护人员也要求具有多专业的知识和技能，并配备专业的检测、维修设备，以及快速救援及处置设备。

（5）高风险性

桥梁养护作业在绝大多数情况下是不封闭交通的，高速的交通流和复杂的现场作业环境使作业具有高风险这一特征。因此作业时，一方面要强化自身安全意识和安全教育，保证作业安全；另一方面要严格规范过往车辆的通行，完善交通标志设施设置，尽最大努力将养护作业的安全风险降至最低。

二、桥梁养护管理的内容

每座桥梁在运行过程中，桥梁结构的功能和使用性能都会因行车荷载和环境等因素的不断作用而逐渐被减弱；如果遭遇突发事故和自然灾害，则还会发生破坏甚至毁坏。因此在运行期内需要对桥梁进行养护管理，使每座桥梁保持一定的服务水平，经常处于完好的技术状态，以延长其使用年限。桥梁养护管理工作一般可分为以下几个方面：

1. 技术状况检查

为了保证城市道路畅通无阻，必须加强对桥梁的检查，以便及时系统地掌握桥梁的技术状况，及时发现结构物存在的缺陷和环境变化，以及可能导致桥梁损坏的因素。从而有针对性地对桥梁实施养护或维修和加固。桥梁检查宜分为经常性检查定期检查和特殊检查，这三项不同的检查内容已在本书专门章节阐述。

2. 建立技术档案

桥梁技术档案应以信息化管理系统为基础，根据桥梁检查结果，做好桥梁技术状况的评定，并建立技术档案。特别是要做好重要桥梁和危旧桥梁技术档案的管理工作。同时还应按照"一桥一档"的要求建立纸质桥梁技术档案，尽量做到内容完整更新及时方便实用。桥梁技术档案信息化管理宜包括规划设计、项目建设、结构检测与监测、养护与维修四个方面。

3. 保护结构物措施

桥梁结构物如遭受缺损等，应立即进行维护、更换和修复；特殊时期，如在流冰和洪水期间应采取防护措施；重要大桥应考虑设有消防设施；特大桥梁还应设专门的桥梁养护机构。

4. 日常养护与小修工程

日常养护与小修是为保证桥梁及其附属设施的使用功能正常，而安排的经常性养护和修补其轻微损坏部分的作业，使之经常保持完好。对一些特大型、特殊桥梁，这样的养护作业尽管每天都在轮回进行，但仍存在不可预见的因素，即在每日的养护作业中还会常常发现新的问题和缺陷，如果不及时处理这些问题和缺陷，将对行车安全造成威胁。

5. 中修、大修工程

中修工程是在保证交通的情况下进行的规模性养护施工，是对桥梁各部分，包括设计规定的引桥、引道，以及各种设施的一般性自然磨损和局部损坏进行修复的作业。中修工程可以使得桥梁保持符合载重等级的要求，保证车辆安全通行。此类修复工程可根据资金状况进行预测与安排，一般情况宜定期按计划进行。

大修工程是对桥梁各部分，包括设计规定的引桥、引道，以及各种设施的较大损坏进行周期性的综合修复的作业，以全面恢复到原设计标准水平，或在原技术等级范围内进行局部改善和个别增建，并逐步提高其通行能力。此类修复工程应每隔数年（如 10~15 年）进行，一般按年度计划进行。

6. 遭遇灾害及恶劣天气的应急抢险

城市桥梁在运行中，会遭遇灾害天气的侵害，例如台风、暴雨、冰雪天气等，尽管这种情况发生的机会较少，但造成的危害很大，城市交通可能会陷入瘫痪。因此，对上述危害应做好充分的物资准备及备选方案，制订切实可行的抢修预案，建立快速反应机制，有条不紊地应对。此项工作也是城市桥梁养护管理不可缺少的重要内容之一。

三、桥梁养护与适用性

桥梁养护管理是桥梁运行管理的重要组成部分，意义就是建立健全桥梁运行管理制度，严格按照城市桥梁养护相关的规范要求，加大日常巡查力度，及时掌握每座桥梁的质量状况，特别是桥梁重要部件的动态技术情况，做到及时发现、及时处理。

1. 桥梁养护存在诸多问题

随着经济的发展，城市的交通压力日益增大，频繁的甚至超负荷的运行对城市桥梁安全构成了严重威胁。因受到时代的限制，以往的桥梁设计，设计荷载偏低，设计中的相关规范也不够完善，更为严重的是设计的结构不合理，导致在计算上出现许多错误。施工中使用的材料也有一定的局限性，使得桥梁的使用年限大大缩短。外加其他各种外部因素的影响，如交通碰撞事故、地震破坏、洪水冲刷、环境恶化等，就会出现很多病害和破坏的现象。而传统的桥梁养护管理方法及养护技术在这样复杂的系统问题面前显示了诸多不足。总之，城市桥梁的养护管理存在诸多问题，而这些问题也亟待解决。

（1）与交通部门相比，城市桥梁养护单位大都缺乏专职桥梁工程师，在岗人员的专业水平与相关技术规范的要求有一定的差距，有的桥梁甚至出现了管理真空问题，而城市桥梁巡检、维护、信息化等管理工作又显得相对薄弱。资料记载，许多城市的管养单位只是简单地把桥梁作为普通城市道路的一部分来管理养护，没有真正意识到城市桥梁安全事故隐患的严重性。而现有的管理方式也相对落后，缺乏科学的管理手段，重建轻养，有时候把主要精力都只放在损害严重的部位上，难以做到防患于未然。有的未按要求编制城市桥梁养护维修计划和安全应急预案，对辖区内城市桥梁的基本情况缺乏了解，桥梁管理权限与责任又不够明确；还有的桥梁管理部门长期采取人工管理档案资料，造成了资料不全、统计方法不一、准确性差等管理缺陷。

（2）桥梁检查是桥梁养护管理工作中最主要的内容，也是后续决策的依据。由于桥梁服役期内，构件材料劣化、外因作用起效等，桥梁总会出现各种病害，必须通过检查才能发现病害的严重程度，并准确评价其技术状况，同时提出养护维修措施。而有的市政管理部门同时又是桥梁养护责任单位，管理层次过多，管理决策部门远离危桥，未真正意识到桥梁病害的严重性，因而责任意识不强，决策周期长，导致基层的桥梁养护单位无所适从，也无积极性。

另外，桥梁工程师有责无权，责权不统一，工作积极性不高。城市桥梁养护管理还面临着经费、技术力量不足的问题，主要就是城市桥梁的养护，管理和维修没有专项经费，或每年维修资金落实有困难。对需要养护的桥梁也不能做出全面、客观的评价，只是依靠管理人员凭经验对实际情况做出判定来安排年度投资计划，难以保证维护资金的合理使用，还有个别城市桥梁维修队伍力量不足，仅能对简单的桥梁病害进行处理，机械维修设备和技术人员力量较为薄弱，致使桥梁养护管理工作严重滞后。

（3）早期修建的桥梁设计标准较低，所采用的材料强度低，容易造成老化腐蚀。部分桥梁施工质量差造成结构性能退化严重，比如钢筋保护层不足出现钢筋锈蚀、混凝土剥落，混凝土振捣不实，造成混凝土碳化腐蚀露筋锈蚀等。部分桥梁伸缩装置设置不当引起桥面开裂或雨水下渗等现象。另一个普遍存在的问题是关于伸缩缝的耐久性。由于超载使用，普通钢筋混凝土桥的上部结构开裂现象明显，一般在跨中受弯区和两端受剪区均出现疲劳荷载和混凝土徐变作用裂缝，降低了其结构性能。预制装配结构铰接缝开裂，横向联系削弱，造成结构整体工作能力下降，加速结构损伤。桥梁建设完成后，在施工过程中出现桥梁部分变形的情况，使得铺装面、挡墙和锥坡护坡出现裂缝、沉陷和空洞等现象。

（4）上述桥梁耐久性损伤其实是一个普遍而又严重的问题。由于受施工材料和环境等多方面因素的影响，混凝土桥梁普遍表现出耐久性病害，主要表现为混凝土腐蚀、疏松，钢筋锈蚀、混凝土胀裂、鼓包、剥落，混凝土碳化等。又由于不重视支座养护，支座损坏、橡胶支座老化变形破损、钢支座锈蚀失效、活动支座变为固定支座等情况也比较多见。

2. 杭州桥梁养护与适用性能

桥梁建设是与城市发展同步的，而桥是城市发展的见证者，城市也因桥的出现而愈加繁荣。桥梁分布范围广，形式多，桥龄差别大，结构情况复杂，在使用过程中受环境、车辆、侵蚀、超限等诸多因素的影响，遭到不同程度的损坏，形成了交通安全隐患。根据资料统计，杭州市曾对辖区内桥梁结构类型及适用性能进行调查，情况如下。

（1）桥梁结构类型及组成。杭州市内河道纵横相连贯穿全市，并与京杭运河和钱塘江相连，在铁路交通和城市建设的不断发展下，就形成桥梁分布范围广、形式多、桥龄差别大、结构情况复杂的特点。现有桥梁，如道路立交桥，公铁立交桥、城市高架桥梁、人行过街桥和跨河桥梁都是城市中常见的桥梁，其结构类型及组成主要包括：

①预应力或普通钢筋混凝土简支梁桥，常见于跨越市区溪河上的一些中小桥（跨径在30m以下），如紫金港河、贴沙河、胜利河等河流上的桥梁。

②圬工拱桥，该类桥主要为景区桥梁或市区人行桥，但也有少数几座通行机动车辆。

③预应力混凝土连续梁和连续刚构桥，常见于城市高架和立交桥，以及城市主干道跨大型江河如钱塘江运河上的一些桥梁等。

④大型拱桥主要位于运河和钱塘江上，如朝晖桥新塘路桥和复兴大桥，其结构形式及结构受力均复杂，桥梁日常管理和养护中的盲点相对较多。

⑤预应力混凝土斜拉桥主要有两座，分别为跨钱塘江的西兴大桥和跨越铁路的文晖大桥。

⑥人行天桥多为钢结构桥梁，结构造型一般较为独特，近些年新建较多。由于主要供人行，所承受的荷载较小，人行舒适性是桥梁的主要指标。

上述六种类型的桥梁中，①②两种桥梁数量最多，占杭州市城市桥梁总数量的90%，目前主要由区级市政管理养护部门负责。③至⑤三种桥梁一般均为大型桥梁，桥梁总长一般都在数百米以上，甚至千米以上，该类结构庞大，受力情况复杂，是桥梁养护的重点，也是城市交通的生命线，对其运行和桥梁安全状况应给予更多的关注，目前主要由市级的市政管理养护部门负责桥梁的管理工作。

（2）桥梁总体的适用性能。随着经济水平的提高，历年来，杭州市政府对市政设施投入了大量的资金进行维护和改造，特别是为配合运河申遗，对运河沿岸的桥梁进行了全面整修，从目前的情况来看，市管桥梁结构的总体适用性能良好。

一是对杭州市管的52座桥梁进行了调查，发现这些桥梁或多或少都表现出一些耐久性问题，主要表现形式为出现裂缝、混凝土剥落、露筋锈蚀等，其中钢筋锈蚀对混凝土的耐久性危害最大，当钢筋腐蚀后其有效截面积会不断减小，就使得结构的承载能力迅速下降，并不可恢复，严重的会出现钢筋断裂等情况。因此，桥梁结构的耐久性值得重点关注。

二是在交通量比较小的桥梁中，桥面铺装、主体结构情况良好，而对于交通量比较大的桥梁，特别是对于重车通过量比较大，甚至出现超载情况的桥梁，桥梁病害频繁发生，比如文晖大桥、钱塘江大桥等。病害一般表现为桥面铺装情况破损比较严重，出现网裂，横纵向贯通裂缝、坑槽及碾碎等。若此类病害得不到及时有效的处理，会对桥梁主体结构产生不良影响。

三是据调查资料统计，20世纪90年代以前建造的桥梁共12座，20世纪90年代到20世纪末建造的共16座，21世纪初建造的共24座。通过调查发现，建造年代较久远的桥梁病害情况比较严重，如京江桥、艮山西路运河桥等，最显著的特征是大部分混凝土剥落比较严重，露筋锈蚀，使其耐久性的问题比较突出，老化现象比较严重，加重了桥梁的安全隐患。对于这类桥梁，应该给予特别的注意，在对桥梁进行详细评估后应根据情况进行加固。对于服役期较长的桥梁，不仅要关注承载力问题，更要注重耐久性问题，有时候耐久性比桥梁的承载力更加重要。

四是在列入调查的桥梁中，有拱桥5座，连续梁桥23座，梁桥10座，箱涵4座、板梁桥6座，钢箱梁桥3座（均为人行天桥），斜拉桥2座（即文晖大桥和西兴大桥），预应力刚构桥1座（即登云大桥）。其中拱桥结构的病害较多，主要病害有：拱脚处出现横向裂缝，弦杆端部出现裂缝，横系梁、横拉杆、横隔板竖向开裂。

上述现状调查和对已有的资料分析表明，目前杭州市全部纳入养护的市级桥梁的承载力还是满足设计要求的，没有出现承载力下降的情况。一些存在病害的桥梁也得到了及时的修复与加固。

第二节 桥梁日常养护

桥梁病害是指桥梁结构受外界荷载的影响，使原来结构整体的承载能力有所下降的病害。这里的外界荷载可以是桥梁所承受的车辆荷载，也可以是自然灾害给桥梁带来的影响（如风荷载、地震和船舶的冲撞等）。这种病害最大的特点就是它的存在会使整个结构的承载能力受到很大的影响。

按照"预防为主，防治结合"的原则，以桥面养护为中心，以承重结构和部件为重点，是桥梁养护维修的重要技术政策。城市桥梁养护应坚持日常保养，及时修复损坏构件，保持桥梁状态良好、结构安全外观整洁，各类标志齐全、清晰、桥面铺装坚实平整，桥头连接平顺，附属设施完备，夜间照明符合相关规范要求。桥梁中修工程和大修工程，其内容要求可参阅其他文献资料。

一、桥面系及支座的日常养护

桥面系一般由桥面铺装层伸缩装置防排水设施、栏杆及防撞墙等组成。桥面系各部分的使用性能，直接影响桥梁的服务质量（包括车辆行驶的安全性、舒适性等）。根据多年的使用经验，桥面系是桥梁结构使用中养护维修最频繁的部位，也是桥梁结构早期病害和损伤的多发部位。为保障车辆通行安全，延长结构使用寿命，必须进行及时和正确的养护，对出现病害的部位也必须及时维修或加固。

（一）桥面铺装层

桥面铺装层的主要功能是保护属于主梁整体部分的行车道板，使其不受交通荷载冲击产生的磨耗和剪切作用，并防止桥面板因雨水等自然条件的作用而产生侵蚀，同时对车辆轮重的集中荷载起到一定的分配作用。由于桥面铺装层承受着繁重的交通轮载，受桥梁结构的影响，其受力性能比较复杂。因此，对其养护质量提出了较高要求。桥面铺装一般选取能够与主梁有效结合的材料，并对车辆轮重的集中荷载起到一定的分配作用，且具有防止渗透、抗滑、抵抗振动变形、抵抗温度作用等功能，同时也应选取便于施工及养护的铺装种类。

1. 桥面铺装层分类及养护维修

现有桥面铺装层按材料的组成，一般分为热拌沥青混凝土铺装层、冷拌沥青混凝土铺装层、改性沥青混凝土铺装层、水泥混凝土铺装层。本书仅介绍常用的热拌沥青混凝土铺装层和水泥混凝土铺装层。

（1）沥青混凝土铺装层。沥青混凝土铺装层必须进行经常性和预防性养护，当铺装层出现泛油、拥包裂纹、波浪、坑槽及车辙等病害，应及时进行保养小修；出现一般性麻磨损和局部损坏，宜进行中修；出现较大损坏，宜进行大修。修补采用的热拌沥青混凝土应拌和均匀，外观色泽一致，无明显油团、花白或烧焦。铺装时大气温度宜在10℃以上，如果是低温铺装，应有保证质量的相应技术措施，雨天时不得铺装。在铺装层损坏面积较小的情况下，可采取局部修补方法；损坏面积较大时，可将整块铺装层凿除，重做铺装层；桥面防水层如有损坏也应及时修复；因构件连续处沉陷不均引起桥面凸凹不平时，可采用在桥下以液压千斤顶顶升，调整构件连续处高程，使其顶面具有相同高度的方法维修。

其主要施工方法有局部修补、表面封层及铺装层翻修三种。

第一种，局部修补方法。所谓局部修补主要是修复裂缝、坑槽等面积比较小的损伤部位，以沥青混凝土或只以沥青填补。填补用的沥青混凝土应与原铺装材料类型相同。

此类坑洞修补前应切除损伤周围的不良部分，通常做法是按圆洞方补、浅洞深补的要求进行整形、清理。如果清理之后的切除部位比较潮湿，需采用燃烧器等加热设备加热，使其干燥后，方可均匀地喷涂沥青黏结层；此后可倒入沥青混凝土并进行摊铺、压实。当新修补的桥面温度达到手能触摸的程度，即可开放交通。整个修复过程要把握几个关键事项，即：桥面损伤的范围应沿四角形切齐，并要求垂直于路面切除，在切除或离散物清理时不得伤及桥面板；不仅在桥面板顶面上，而且在坑槽侧壁，在各个角隅都要均匀地喷涂沥青黏结层；沥青混凝土压实后的表面应与周围的铺装表面平顺地连接，接茬高度一般应小于5mm。

第二种，表面封层方法。沥青混凝土铺装层出现裂缝或因由于水和空气等介质的侵蚀而产生沥青剥离现象，失去黏结力，缩短铺装层的使用年限。如果是钢板桥则会生锈。采取表面封层可以密封表面的微小裂缝，防止水从表面渗入路面结构层，能延缓表层沥青材料的老化，重新建立路面抗滑阻力，防止集料从表面脱落、崩散。

这类表面封层养护方法是采取一层用连续方式敷设在整个路表面的养护层，封层材料可以是单独的沥青或其他封层剂，也可以是沥青与集料组成的混合料，目前常用的表面封层技术有雾状封层、还原剂封层、石屑封层、稀浆封层（微表封层）等。

第三种，铺装层翻修方法。根据铺装层损伤程度，可以采取翻修桥面板上铺装总厚度、仅翻修面层、翻修局部的铺装层这样三种方法。在重新铺装沥青混凝土前，应先凿除已损坏桥面，并对桥面进行检查，老桥面应平整粗糙、干燥、整洁，桥面横坡应符合要求。当老桥面清理完成后应酒布黏层沥青，洒布量为 0.3~0.5L/nt。沥青混凝土配合比的设计，以及铺筑碾压等施工程序应按现行技术规范规定进行。

（2）水泥混凝土铺装层。水泥混凝土铺装层易产生表面裂纹、表面磨耗、露骨、坑槽等病害，其中桥面因温度应力和荷载应力超过混凝土强度而出现的裂纹最为常见。此类裂纹一般是呈均匀分布的龟状细裂纹，通常是在水泥混凝土铺装过程中，表面收水不当，气温较高、养护不周等，造成混凝土桥面因失水过快引起表面收缩而产生裂纹。这种裂纹一般仅深入混凝土表面几毫米，不会随时间延长而发展。

另外，由于混凝土材料的不稳定性，如采用的材料产生了碱骨料反应等，也会引起桥面铺装层大面积开裂、裂纹呈不规则状，有些会引起翘曲等。

水泥混凝土桥面养护的主要施工方法有老桥面补强和局部修补两种。第一种，老桥面补强。铺装层补强方法是在老桥面重新加铺一层水泥混凝土或钢筋混凝土补强层。该方法既能修补已出现的裂缝、剥离等缺陷，又能加大原有梁板的有效厚度，增加板的抗弯能力，改善铰接梁的横向分布，从而提高梁的承载能力。铺装层补强是否能达到预期的效果，关键取决于新老混凝土能否牢固地形成一个整体。因此，在补强前老桥面应进行凿毛处理，一般先凿去桥面铺装及部分梁顶混凝土，使此表面粗糙，成齿形状，箍筋外露，并进行必要的清理。为提高新老混凝土的黏结性，宜在凿毛后的混凝土结合面上涂一层胶结剂，例如铝粉水泥浆、铝粉水泥砂浆、环氧树脂等，也可加设新老混凝土之间的联系钢筋。铺装层补强宜采用干硬性混凝土或钢纤维混凝土，以减少新浇筑混凝土的收缩，减少新老混凝土之间产生的收缩力而错动，提高补强效果。

第二种，局部修补。桥面铺装层出现孔洞、坑槽及部分形成磨光面宜采取局部修补方法进行修复。修补时应先将孔洞及坑槽凿成形状规则的直壁坑槽，然后用钢丝刷和吸尘器清理坑槽，填上混凝土，最后养生至规定的通车强度时即可通车。部分磨光面可采用刻槽机对磨光的部分进行刻槽处理，改善水泥混凝土铺装层的防滑性能。

（二）桥面伸缩缝

伸缩缝装置的主要功能是适应由于温度变化、混凝土徐变、干燥收缩及荷载等作用而引起的梁端位移，以保证车辆行驶的舒适性和安全性。但设置伸缩缝装置的桥梁端部是构造上的薄弱部位，所以除满足承受车轮荷载的反复作用和适应梁端位移外，还应具备良好的平整度及防水性能，保证正常伸缩，并处于良好的工作状态，车辆通过时不会产生过大的噪声和振动，确保桥面坚实、平整、清洁，防止桥头跳车，保证行车顺畅。

桥面伸缩缝分类及养护维修。常见伸缩缝的构造形式有钢板伸缩缝、梳形钢板伸缩缝、橡胶板式伸缩缝、型钢伸缩缝填充式伸缩缝及模数式伸缩缝。伸缩缝损坏形式可以归类为伸缩缝组件退化、伸缩缝锚固及填缝料破坏。根据伸缩缝装置的不同种类，日常养护中应采取相应的措施。当桥面加铺沥青混凝土结构时，伸缩装置必须重新进行处理，禁止用沥青混凝土覆盖伸缩装置。日常养护中应及时清除堵塞的杂物等，出现渗漏、变形，连接部位开裂、跳车，行车有异常噪声时应及时维修。

1. 伸缩缝分类

对钢板伸缩缝，应经常清除自由端缝内塞进的硬物、杂物，保持伸缩缝自由伸缩，保证伸缩缝内排水通畅；钢板焊接部位应保持清洁，钢板开焊，翘曲和脱落时，应及时补焊；日常检查中应及时发现角钢与钢筋混凝土梁锚固不牢的情况，防止在车辆荷载冲击作用下加速伸缩缝破坏。

对梳形钢板伸缩缝，应观察梳齿与承托连续处是否牢固，并经常清除缝内塞进的硬物和杂物，保证排水及自由伸缩。同时检查紧固螺栓，防止梳齿板转动外翘。

对橡胶板式伸缩缝，应保持表面清洁，行车平顺，防止硬物使橡胶块产生破坏，并经常清除伸缩缝内垃圾和杂物，保证伸缩缝自由伸缩。及时紧固松脱的固定螺栓，防止橡胶剥离；橡胶板丢失应及时修补，大面积破损时应全部更换，防止伸缩缝局部下陷或凸出而产生噪声；保证钢板焊接部位牢固，防止密封橡胶带老化、严重漏水。

填充式伸缩缝填充的弹塑体伸缩装置出现脱落、翘曲时，应及时清除，并重新浇筑弹塑体混合料。当弹塑体混合料与桥梁连接处界面开裂时，应及时进行修补；如果弹塑体伸缩装置局部沉陷过大，应修理平整。日常养护中应防止密封橡胶带老化，如有漏水，则应及时更换。伸缩装置若有损坏或功能失效需要修理、更换时，应先查明损坏原因，同时依据伸缩装置的类型和缺陷程度，采取行之有效的修补办法，并决定部分修补、部分更换甚至全部更换。

2. 伸缩装置养护维修

伸缩装置的维修方法主要包括锚固修补，密封层和密封条更换，钢板伸缩缝的焊接修补，伸缩缝整体更换及锈蚀处理等。

锚固修补。检查中发现松动的保护角铁或平板以及松动的底板，可以安装附加锚具（如化学锚具）重新锚固，或浇筑钢筋重新把底板、保护角铁或平板与混凝土中的钢筋连接牢固。如果是过分松动，则必须更换。

密封层和密封条更换。密封层和密封条的使用寿命很短，且不能修补，一旦退化就应该更换，并应采用优质的替代材料。当其填料老化脱落时，在扫清原缝隙内的泥土后，可重新注入新的填缝料。当周围铺装层损坏时，宜按本节桥面铺装层的养护维修方法进行修补，如果采用水泥混凝土修补，应考虑采用快硬水泥并留意新老混凝土接缝的平整性。同样，对铺筑部分应加以初期养生。

焊接修补。钢板伸缩缝的钢板与角钢焊接脱落时，应清除污垢后重新焊牢；当梳齿断裂或出现裂缝后，也应采取焊接方法进行修补。但是，如果钢板伸缩缝的钢板变形、螺栓脱落，不能正常运行，则应及时拆除并更换为新型的伸缩装置。

锈蚀处理。对于锈蚀，可以通过喷防锈溶剂处理不可触及的区域，然后使用润滑剂或油脂涂抹整个表面，或者采用其他适当的防锈措施。

最后是整体更换。经检查发现伸缩装置严重损坏广泛分离和渗漏，以及混凝土桥面板或桥台台背开裂、碎裂，宜采用新的伸缩缝进行整体更换。实施整体更换通常需要拆除和重建桥面板端部，以便提供足够的锚固。

3. 伸缩缝整体更换

伸缩缝整体更换的步骤，以模数式和填充式伸缩缝的更换步骤为例。

模数式伸缩缝的更换步骤。第一步，清除原有伸缩缝，将槽内清扫干净，按照设计留槽尺寸，预埋锚固筋。第二步，伸缩装置安装前，应按照气温调整安装时的定位值，用专用卡将其固定。第三步，安装时，注意伸缩缝中心线与桥梁中心线应重合，并使顶面高程与设计高程相吻合，桥面横坡定位后实施焊接。第四步，浇筑混凝土前，将梁间缝隙填塞，以防止浇筑时混凝土渗漏而将间隙堵死，并防止浇筑时混凝土灌进伸缩缝位移控制箱内。最后待伸缩缝两侧的混凝土强度满足设计要求，方可开放交通。

填充式伸缩缝的更换步骤。第一步，开槽，按标出要开挖沟槽的边线切割，一般开槽的宽度为50cm，深度不小于6cm，然后挖除槽内混凝土。第二步，清理及修整沟槽，通常用水冲洗砂和浮土，清除后必须用喷灯吹干沟槽内的水汽，使沟槽充分干燥。第三步，涂底油与界面处理。此项步骤是采用泡沫海绵塞住桥面接缝，将T形搭接钢板平稳地置于接缝当中。T形搭接钢板的厚度为5~8mm，宽度以离缝口两侧各50mm左右为宜。此时，在沟槽底面均匀地涂一层沥青结合剂，并用喷灯对梁端进行预热，预热后在梁端面（沟槽侧面）也涂一层沥青结合剂。第四步，铺筑沥青混凝土，要求用粗沥青混凝土作为底层摊铺、压实，压实后的表面应距沟槽顶10mm左右；再用细沥青混凝土摊铺上面层，压实后的表面应与路面平齐。

（三）桥梁支座

桥梁支座是连接上部结构和下部墩台的重要组成部分，主要作用是传递桥梁结构上的荷载，同时满足桥梁结构变形的需要。日常养护中，桥面系及桥梁支座都是主要养护维修部位。为保障车辆通行安全，延长结构使用寿命，必须对桥梁支座进行及时和正确的养护，对出现的病害也必须及时维修或加固。

桥梁支座也是桥跨结构的支撑部分，架设于墩台上，顶面支承桥梁上部结构的装置。其功能是将桥梁上部结构固定于桥台，承受作用在上部结构的各种力，并将它可靠地传输给墩台。当在荷载、温度、混凝土收缩和徐变作用下，支座又能适应上部结构的自由变形而不产生额外的附加内力。因此，桥梁支座必须具备足够的承载能力，设计要求的变形约束应尽量小，便于安装、养护和维修，并在必要时进行更换，支座的选用应根据支座所承受的力和变形的自由度确定。

1. 桥梁支座类型

桥梁支座的类型按支座变形的可能性分为固定支座、活动支座。一般简支梁的一端设置固定支座，另一端设置活动支座；连续梁则多由一个固定支座和若干个活动支座组成，且固定支座均设置在每联的中间支点上。另外，桥梁支座，按材质可分为钢支座、橡胶支座、聚四氟乙烯支座、混凝土支座及铅支座；按支座的结构形式又可分为弧形支座、铰轴支座、滚轴支座、摆轴支座、板式橡胶支座、盆式橡胶支座及球形支座等。混凝土桥梁大多采用板式或盆式橡胶支座，小跨径的简支梁多采用板式橡胶支座，钢桥梁则采用钢支座。

2. 定期养护

桥梁支座应定期养护，保持支座各部完整清洁，每半年至少清扫一次，清除支座周围的油污、垃圾，防止积水、积雪，发现损坏部分应及时进行维修。对于滚动支座的滚动面应定期涂一层润滑油（一般每年一次），涂油前，应把滚动面揩拭干净。对钢支座要进行除锈防腐，支座各部分，除铰轴和滚动面外，其余均应涂刷油漆保护。对固定支座，应检查锚栓的紧固程度，支承垫板应平整紧密，及时拧紧各部结合螺栓。

对各种橡胶支座，应经常清扫污水和垃圾，排除墩、台帽上的积水，防止橡胶支座接触油脂，对梁底及墩、台帽上的残存机油等应进行清洗，防止因橡胶老化、变质而失去作用。对盆式橡胶支座、应定期进行清扫，并应设置支座的防尘罩，防止灰尘落入，或雨、雪渗入支座内。支座外露部分应定明涂红丹防锈漆进行防护。

3. 维修与更换

对于桥梁支座的各种缺陷和病害，若是较轻微的病害，加强后期的维护和维修可以延长支座的使用寿命，若是严重的病害，则必须采取更换支座的措施。如支座出现以下病害，不能正常工作，应及时进行维修或更换。

（1）支座座板翘起、变形、断裂时应予更换，焊缝开裂时应予维修；支座更换时可采用顶升法施工。

（2）橡胶支座出现脱空或不均匀压缩变形时应予调整；发生过大剪切变形、中间钢板外露、橡胶开裂、老化时应及时更换。

（3）滚动面不平整，铰轴有裂纹或切口，个别铰轴大小不合适时，必须予以更换。

（4）如要抬高支座，可根据抬高的高度，采用捣筑砂浆垫层，加入钢板垫（厚度小于50mm），或铸钢钢板垫（厚度50~100mm），或预制钢筋混凝土块（厚度大于100mm）的方法。

（5）当支座需要矫正或更换时，通常需将梁体顶升。梁体顶升一般采用起重袋法、楔紧法及千斤顶顶升。起重袋法适用于整幅或半幅桥梁的顶升，起重能力宜取顶升重量的1.2倍，如果梁板与桥台或盖梁的间隙大于3cm，可以保证起重气袋与负荷的接触面积大于起重袋面积的2/3。楔紧法适用于小桥顶升。

（四）桥面附属设施

桥面附属设施包括防护设施、桥上照明、航空灯、航道灯，以及交通标志、标线等。

1. 防护设施、人行道应经常保持完好状态，如有缺损应及时修复；栏杆、护栏、防撞墙应经常保持完好状态，栏杆柱应竖立正直，栏杆或护栏及声屏障跨越伸缩装置，应在结构上采取设置活动套筒、钢管螺栓处设置滑槽等措施，以满足桥梁随温度变化伸缩位移活动的需求。

2. 石栏杆不宜跨越伸缩缝，应在伸缩缝处设置双立柱将石栏杆分开。栏杆因车辆撞击或其他原因损坏时，应及时采取防护围栏等临时措施，避免行人或车辆落入河中，临时防护措施应牢固、安全、醒目，并应尽快修复栏杆。钢栏杆应经常清刷除锈，一般每年一次。护栏、防撞墙应牢固可靠，若有损坏应及时修复。护栏上的外露钢构件应与钢栏杆一样防护。

3. 桥梁照明不同于一般的道路照明，它的照明必须满足道路照明规范以保证交通安全，同时还必须考虑到能源节约及设备维护等方面因素，亮度既要符合相关规定也要注意防止眩光。作为城市景观的一部分，桥梁照明还必须具备观赏性和装饰性。所以，桥上的灯柱应保持完好状态，如有歪斜等应及时扶正，灯具损坏应及时更换，保证夜间照明。桥上设置的航空灯航道灯及供电线路应保持完好，如有损坏应立即修复。

4. 桥上的交通标志应齐全、醒目、牢固，标志板应保持整洁、无裂纹和残缺，如有损坏应及时整修。交通标线应经常保持完好、清晰，定期进行标线重涂。

（五）桥面排水设施

桥面排水设施是为了迅速排除桥面上的雨水，防止渗入梁体引起腐蚀而影响桥梁结构的耐久性、稳固性而配置的，用以确保桥梁正常运行。

1. 桥面排水设施一般由桥面排水槽、盖等组成，与排水管、支撑构件、地面集水槽等附属设施组成排水系统。实行排水设施的养护，目的是保证路面纵横坡符合设计要求、泄水孔通畅，能够迅速排除桥面上的雨水。因此，在日常养护工作中应及时修补或更换损坏的排水槽等设施，避免因桥面积水而造成交通事故；经常疏通排水管，及时清理管内的淤泥和杂物，确保排水通畅；及时维修排水系统中的管道支撑构件及连接件，防止由于支撑构件及连接件损坏而影响排水。管道锈蚀、破损严重的应及时更换。

2. 城市立交桥面除从泄水管排水外，不得从其他地方往桥下排水；跨线桥高架桥、立交桥设置的引流排水管在折弯处应设置清淤口；泄水管、排水槽如有堵塞，应及时疏通、泄水管如出现渗漏应及时处理；平进式泄水管上口顶部应低于桥面铺装，下口露出梁体长度不小于10cm。

（六）桥头跳车的治理

桥头跳车是路堤与桥台本身不均匀沉降而导致该处路面纵断面线性发生突变。相对桥台而言，路面发生沉降，即在台背附近形成台阶或陡坡，车辆行驶会发生明显颠簸现象，影响行车速度和安全性舒适性，也影响了桥梁使用寿命。桥头跳车的原因是多方面的，但引起桥头跳车的物理原因应考虑结构突变、土质不良、台背回填土沉降等因素。

因此，按有关理论计算桥梁与路堤沉降的差值，并以此差值采取相应的结构处理措施，宜从理论上解决桥头跳车这个病害。具体措施如下：

1.若遇软土、沼泽等不良地质地段，应按特殊地质采用砂井、板桩、灌浆等方法处理，使地基达到足够的强度和密度。

2.选择渗水性好，强度高、易压实的回填材料。

3.按施工技术规程的要求，严格控制填筑质量。

4.设置枕梁和搭板。一般搭板一端支在桥台牛腿上，另一端与路堤相接，下方设一根以上的枕梁。搭板按简支梁进行内力计算配筋，枕梁可按弹性地基梁计算，其关键问题在于确定地基应力的分布规律。

当桥台台背出现明显下沉，导致搭板脱空、桥头跳车，挡墙开裂时，应及时修复。修复方法可采用破除重修、压力注浆法等。采用注浆法时，注浆应采用活塞式压浆泵，压浆的终压宜为 0.5~1.0MPa。注浆管可采用中空注浆锚杆，也可采用 ϕ32mm 焊接钢管或 ϕ40mm 无缝钢管制作，长度宜为 3~5m，管壁每隔 10~20cm 交错钻眼，眼孔直径宜为 6~8mm。注浆孔宜按梅花形排列，孔距视土层密实和裂缝情况确定，一般为 1~2m，不宜大于 2m，进入较稳定密实土层的径向孔深应为 0.5m，注浆压力的控制应根据土基的密实情况及注浆孔的临空面等因素确定，初始压力为 0.3~0.5MPa，检查压浆压力为 0.6~1.0MPa，但不宜超过 1.2MPa，如第一次注浆效果欠佳，进行第二次注浆时，注浆压力可取 1.2~2.0MPa，但不宜低于 1.2MPa。压浆顺序应为从下而上，从无水、少水的地段向有水或多水的地段，从下坡方向往上坡方向，从两端向中间。注浆后必须对注浆效果进行检查，如未达到要求，应进行补孔注浆。

二、桥梁混凝土结构的养护

本书提及的混凝土桥梁是指混凝土梁桥、混凝土拱桥和钢管混凝土拱桥，其重要构件均可采用钢筋混凝土和预应力混凝土进行预制或现浇。由于自身优点，此类桥梁被广泛应用于公路、铁路和城市，约占桥梁总数的 90% 以上。此类桥梁的缺点是由于钢筋混凝土和预应力混凝土的某些特征，加上人为和自然环境的因素，会不可避免地发生材料退化，而产生各种病害，如混凝土开裂、钢筋锈蚀碱集料反应、化学侵蚀及表面磨损等。这些病害分别为物理作用、化学作用或者两者共同作用的结果。本书重点介绍混凝土开裂、钢筋锈蚀的病害，其他病害请参考相关资料。

（一）混凝土及砖石结构主要病害

1.混凝土开裂损坏

桥梁混凝土开裂损坏等病害有时甚至会影响结构的正常使用和耐久性。桥梁裂缝产生的原因比较多且复杂，有时多种因素互相影响，每一条裂缝均有其产生的一种或几种主要因素。如由荷载、收缩及温度作用引起的横向裂缝；由荷载作用或结构错位移动引起的剪切裂缝、斜裂缝；由地震作用引起的 X 形交叉裂缝。

裂缝对钢筋混凝土简支梁桥的影响主要是在潮湿的环境中，有害介质的侵蚀会加速混凝土的碳化。当碳化至钢筋位置时，钢筋开始锈蚀，而钢筋锈蚀加剧了微裂缝的扩展，长期作用下，降低了梁体的强度，刚度及耐久性。裂缝对预应力混凝土桥梁的危害则更大，因为裂缝会导致预应力钢筋暴露于大气之中，并在一定的温度、湿度及有害介质的作用下，钢筋表面发生电化学反应，或因氯离子的参与而发生氯脆现象、危害性极大。

桥梁在静、动荷载及次应力下产生的裂缝称荷载裂缝，主要包括直接应力裂缝、次应力裂缝两种。直接应力裂缝是指外荷载引起的直接应力产生的裂缝；次应力裂缝是指外荷载引起的次生应力产生的裂缝。通常裂缝方向与主拉应力方向大致是正交的。

桥体混凝土具有热胀冷缩的性质，当外部环境或内部温度发生变化时，混凝土将发生变形，若变形遭到约束，则结构内将产生应力，而如果这样的应力超过混凝土抗拉强度即可产生温度裂缝。由此可知，在有的大跨径桥梁中，温度应力可以达到甚至超出活载应力。温度裂缝区别于其他裂缝的最主要特征是随温度变化而扩张或合拢。引起温度变化的主要因素包括：年温差、日照、骤然降温、水化热、蒸汽养护或冬季施工措施不当等。

在实际工程中，混凝土因收缩所引起的裂缝是最常见的。在混凝土收缩种类中，塑性收缩和缩水收缩是发生混凝土体积变形的主要原因，另外还有自生收缩和碳化收缩。研究表明，影响混凝土收缩裂缝的主要因素包括：水泥品种强度等级及用量、水灰比、外掺剂、养护方法、外界环境、振捣方式及时间。

基础竖向不均匀沉降或水平方向位移，使结构中产生附加应力，且该应力超出了混凝土结构的抗拉能力，导致结构开裂。基础不均匀沉降的主要原因包括：地质勘查精度不够、试验资料不准，地基地质差异太大，结构荷载差异太大，结构基础类型差异太大，地基冻胀，桥梁基础处于滑坡体或活动断层等不良地质处。

在混凝土结构浇筑，构件制作起模运输堆放拼装及吊装过程中，若施工工艺不合理，施工质量低劣，容易产生纵向、横向等各种裂缝，特别是在细长薄壁结构中更容易出现。

以上原因引起的裂缝是桥梁的重大病害之一，一旦裂缝的宽度超出规范允许的范围就会明显影响桥梁的使用寿命和耐久性能，对在钢筋混凝土桥梁中普遍存在的非受力裂缝应引起高度重视，并应根据裂缝宽度的大小，及时采取化学灌浆或表面封闭的措施予以修补。一般来说，只有在裂缝宽度不发生变化的理想情况下，对宽度小于 0.3mm 的裂缝才有可能实施长久密封。而对于不允许出现裂缝的桥梁或裂缝发展严重的，应查明原因，进行加固处理。

2. 砖石砌体开裂损坏

桥梁砖石砌体除耐久性遭到破坏、产生裂缝外，由于砌体建筑质量不佳或外界因素（如下雨下雪、河流水流冲刷等）影响，砌体会局部损坏，以致风化破坏。桥梁砖石砌体遭到各种情况损坏后，对于保证桥梁结构的安全和使用寿命，将会产生不同的影响，为此，必须及时维修。

一般讲，桥梁砖石砌体是一种耐久性的建筑物，但在不利的工作条件下，其材料会以不同速度发生损坏。其破坏一般是从表面开始，表现在抹灰层、砌缝脱落砌体表面起皮等。

而表面材料损坏就会逐渐向内发展粉化和剥落不断加重，使强度降低。桥梁砖石砌体由于构件受力不均，如基础不均匀沉降、受热不均匀等，还会产生各种程度的裂缝。主要包括沉降裂缝、温度裂缝和砌体强度不足引起的裂缝。其中，沉降裂缝最为常见，通常是由地基基础沉降和砌体灰缝沉降引起，而由基础沉降产生的砌体裂缝有斜面裂缝、垂直裂缝和水平裂缝三种。温度裂缝一般是砖石砌体不均匀受热，温度较高时引起的。而由于砌体强度不足，受荷载作用引起裂缝，裂缝的形式有水平裂缝、竖直裂缝和斜向裂缝。

处理此类裂缝，只对表面集料暴露的部分进行修补，具体修补可先将暴露突出的表面凿除，再用细集料混凝土填塞捣实即可。对表面空洞、剥落等缺损，可将松散部分清除，再用高强混凝土、水泥砂浆进行修补。而桥梁砖石砌体表层损坏的维修，一般是指在桥梁砖石砌体强度和稳定性尚能满足安全使用要求的情况下，按照使用要求、外观要求和耐久性进行修补。

第一种是勾缝修补。砖石砌体最易造成砌缝砂浆的松散脱落，这就需要重新进行勾缝修补。修补时，通常凿去易破损的灰缝，深 30~50mm，用压力水清洗干净，然后用 M10 水泥砂浆重新勾缝。而桥台或护坡接触处一般常会出现裂缝，如用砂浆勾缝后不久又会裂开，故可用浸透沥青的麻筋填嵌，以防雨水侵入。

第二种是表面局部修补。砌体表面局部损伤，脱落不太严重，可将破损部位凿毛、清洗干净，然后用 M10 水泥砂浆分层填补至需要厚度。如果损坏程度较深，范围较大，可在新旧结构结合处设置牵钉，必要时挂钢筋网，并采用立模浇筑混凝土。

第三种是镶面石修补。镶面石破损时可个别更换或采用预制块代替。如镶面石仅松动而没有破碎可先将其周围的灰缝凿去，然后取下镶面石冲洗干净，再用 M10 水泥砂浆填实，并在周围垫半干性砂浆。如果镶面石的面积很大，可在原砌体上安装带倒刺的套扣，并与锚钉相连承托新的镶面石。

3. 钢筋锈蚀损坏

实践证明，在钢筋混凝土结构中，钢筋的锈蚀是影响桥梁服役结构耐久性的主要因素。通常情况下，混凝土的 pH 值大于 12.5，呈碱性。钢筋在碱性环境中容易发生钝化作用，其表面会产生一层钝化膜，阻止混凝土中钢筋的锈蚀。

（1）钢筋锈蚀是当二氧化碳、水汽和氧离子等有害介质从混凝土表面通过孔隙进入混凝土内部时，与混凝土材料中的碱性物质中和，导致混凝土的 pH<9。在这种环境下，钢筋表面的钝化膜被逐渐破坏，钢筋就会被锈蚀，并且随着锈蚀加剧，混凝土保护层开裂，钢筋与混凝土之间的黏结力遭遇破坏，使梁体结构产生病害。因此，混凝土中钢筋锈蚀机理主要是混凝土碳化和氧离子的侵入。

（2）防止氧离子的侵入。在混凝土拌制前对原材料中氧离子含量进行控制，是防止混入型氯离子侵入的主要措施。原材料中，河砂很少含有氯离子，一般可以直接使用。而海砂含有不等量的氯离子，只有在河砂十分匮乏的情况下，并采取预防措施后才可使用。

日本开发利用海砂，对海砂的含盐量进行了分级，并规定海砂的含盐量低于 0.04% 者可以直接使用，超过 0.04% 时必须采取掺加钢筋阻锈剂等技术措施。我国有关规范规定，若采用海砂，海砂的氯离子含量应低于 0.06%。我省宁波市建委发文规定，使用海砂需加钢筋阻锈剂，以避免造成"海砂危害事件"。

另外，有关混凝土外加剂规范还没有对氯离子含量做明确规定，可能在掺加外加剂时引入氯离子，应予以重视。

氯离子渗入混凝土结构并达到一定浓度时，混凝土会失去对钢筋的保护作用。对此所采取的防护措施主要包括：按环境中氯离子浓度，确定防护地区和防护等级；在混凝土结构设计时，应提高混凝土保护层厚度与混凝土制作质量；采用混凝土表面涂层，防止氯离子等腐蚀介质渗入，以延缓钢筋锈蚀损坏。

（二）混凝土梁桥的病害处置

梁式桥结构是指在垂直荷载作用下，支座只产生垂直反力而无推力的梁式体系桥梁。城市桥梁以梁式桥为主，除小部分大跨径桥梁外，大多采用钢筋混凝土和预应力混凝土梁式桥两种形式。通常桥梁上部结构或称桥跨结构指的是桥梁支座以上跨越桥孔部分的总称，包括主要承重构件及一般承重构件。这部分的构造由于大多敞露在外，受车辆及大气影响十分明显，因此，桥梁的桥跨结构和缆索体系应作为重点养护的对象。

1. 梁桥的桥跨结构形式

现有梁桥的桥跨结构具有多种不同的构造类型，如按承重结构的截面形式划分，梁桥的上部结构形式，可分为板桥、肋板式梁桥和箱形梁桥；按承重结构的静力体系划分，梁桥的上部结构形式，可分为简支梁桥、连续梁桥和悬臂梁桥。

（1）板桥的承重结构一般是矩形截面的钢筋混凝土或预应力混凝土梁桥，其主要特点是形状简单，施工方便，而且建筑较小。从力学角度分析，位于受拉区域的混凝土不但不能发挥作用，反而增大了结构的自重，当跨度稍大时就显得笨重而不经济。所以，简支板桥的跨径只在 20m 以下。

（2）肋板式梁桥的梁肋与顶部的钢筋混凝土桥面板结合在一起作为承重结构，由于肋与肋之间处于受拉区域的混凝土得到很大程度的被挖空，就显著减轻了结构自重。特别是对于仅承受正弯矩作用的简支梁来说，既充分利用了扩展的混凝土桥面板的抗压能力，又有效地发挥了集中布置在梁肋下部的受力钢筋的抗拉作用，从而使结构构造与受力性能达到理想的配合。目前，中等跨度的梁桥，通常是肋板式梁桥。

（3）箱形梁桥的横截面呈一个或几个封闭箱梁，这种结构除了梁肋和上部翼缘板外，在底部尚有扩展的底板，因此它提供了能承受负弯矩的足够的混凝土受压区。箱形梁桥的另一重要特点是在一定的截面面积下能获得较大的抗弯惯矩，而且抗扭刚度也特别大，在偏心的活载作用下各梁肋的受力比较均匀。因此，箱形截面能适用于较大跨径的悬臂梁桥和连续梁桥，也可用来修建全截面均参与受力的预应力混凝土简支梁桥。

2. 梁桥的裂缝形态及处置

梁桥的裂缝形态又可分为结构裂缝与非结构裂缝两种类型。结构裂缝包括弯曲裂缝与剪力裂缝，是由静荷载及动荷载所造成的。其中，弯曲裂缝易发生于构件最大拉应力区，呈垂直状，往压力区发展。一般在构件跨中底部，如梁底或桥面板底，或连续梁在桥墩处的梁体上部，最易发生这种弯曲裂缝。而剪力裂缝则易发生于主梁支点附近的梁腹底部。非结构裂缝虽不影响构件的安全，但如果裂缝深入构件内部，也可能损及构件。这类非结构裂缝主要包括：温度裂缝、干缩裂缝、大体积裂缝、施工缝裂缝、钢筋锈蚀裂缝。

（1）钢筋混凝土梁桥易产生以下五种形态的裂缝：第一种是网状裂缝，多发生在各种跨度的梁侧，裂缝较细小，宽度约为0.03~0.05mm，如果用手触及有凸起的感觉，裂缝形态无固定规律变化。第二种是简支梁下缘受拉区出现的裂缝，多发生在梁跨中部，梁跨跨度越大，裂缝越多，多为受力裂缝。一般是自翼缘向上发展至翼缘与梁肋相接处停止，裂缝的间距为0.1~0.2m，宽度约为0.03~0.mm。对跨度小于10m的梁，其裂缝少而细小。

第三种是简支梁腹板上的竖向裂缝，当跨径大于12m时，其裂缝多处于薄腹部分，且在梁的半高线附近裂缝宽度较大；当跨径小于10m时，其裂缝较细小，且多数裂缝是由梁肋向上延伸，越上越细。

第四种是简支梁腹板上的斜向裂缝，是钢筋混凝土梁中出现最多的一种裂缝，且多在跨中两侧，离跨中越远倾斜角越大，反之较小。一般第一道裂缝多出现在距支座0.5~1.0m处。

第五种是简支梁侧水平裂缝，为近似水平方向的层裂缝。

（2）预应力混凝土梁桥易产生以下八种形态的裂缝：

第一种是先张法简支梁端锚固处的裂缝。该种裂缝均起始于张拉端面，宽度约为0.1mm，长度一般只延伸至扩大部分的变截面处。如果在两组张拉钢筋之间，梁端混凝土处于受力区，则梁端易发生水平裂缝；又因锚头处应力集中和锚头产生的楔形作用，锚头附近也容易产生细小水平裂缝。

第二种是后张法简支梁端锚固处的裂缝。通常发生在梁端或预应力筋锚固处，裂缝一般比较短小，与钢丝束方向垂直，在锚固处时与梁纵轴多呈30°~45°；该处裂缝在桥梁运营初期会有所发展，后期逐渐趋于稳定。

第三种是简支梁腹板的收缩裂缝。大多发生在脱模后2~3小时内，裂缝通常从上梁肋至下梁肋，整个腹板可能裂通，宽度一般为0.2~0.4mm，施加预应力后大多会闭合。该处裂缝多为混凝土收缩和温度所致。

第四种是悬臂梁剪力裂缝。剪力裂缝出现在腹板上，在支点与反弯点之间的区域，看起来近似45°角倾斜。裂缝的产生为预应力不足、永久荷载超载、二次应力及温度作用等，也可能是设计原因。

第五种是悬臂箱梁锚固后接缝中的裂缝。即在悬臂箱梁连续力筋锚固齿板后面的底板内会产生裂缝，并有可能向着腹板扩展，与梁轴呈30°~45°角。此类裂缝为预应力筋作用面很小，产生局部应力，或者由于顶底板中力筋锚具之间的水平方向错开的距离太小所致。

第六种是底板裂缝，箱梁底板上发生这种不规则裂缝。这是由于梁横向受力性能与横向不变形截面有很大的不同，即腹部与底板受力不均所致。

第二种是简支梁下缘受拉区出现的裂缝，多发生在梁跨中部，梁跨跨度越大，裂缝越多，多为受力裂缝。一般是自翼缘向上发展至翼缘与梁肋相接处停止，裂缝的间距为0.1~0.2m，宽度约为0.03~0.mm。对跨度小于10m的梁，其裂缝少而细小。

第三种是简支梁腹板上的竖向裂缝，当跨径大于12m时，其裂缝多处于薄腹部分，且在梁的半高线附近裂缝宽度较大；当跨径小于10m时，其裂缝较细小，且多数裂缝是由梁肋向上延伸，越上越细。

第四种是简支梁腹板上的斜向裂缝，是钢筋混凝土梁中出现最多的一种裂缝，且多在跨中两侧，离跨中越远倾斜角越大，反之较小。一般第一道裂缝多出现在距支座0.5-1.0m处。

第五种是简支梁侧水平裂缝，为近似水平方向的层裂缝。

（3）预应力混凝土梁桥易产生以下八种形态的裂缝：

第一种是先张法简支梁端锚固处的裂缝。该种裂缝均起始于张拉端面，宽度约为0.1mm，长度一般只延伸至扩大部分的变截面处。如果在两组张拉钢筋之间，梁端混凝土处于受力区，则梁端易发生水平裂缝；又因锚头处应力集中和锚头产生的楔形作用，锚头附近也容易产生细小水平裂缝。

第二种是后张法简支梁端锚固处的裂缝。通常发生在梁端或预应力筋锚固处，裂缝一般比较短小，与钢丝束方向垂直，在锚固处时与梁纵轴多呈30°~45°；该处裂缝在桥梁运营初期会有所发展，后期逐渐趋于稳定。

第三种是简支梁腹板的收缩裂缝。大多发生在脱模后2~3小时内，裂缝通常从上梁肋至下梁肋，整个腹板可能裂通，宽度一般为0.2~0.4mm，施加预应力后大多会闭合。该处裂缝多为混凝土收缩和温度所致。

第四种是悬臂梁剪力裂缝。剪力裂缝出现在腹板上，在支点与反弯点之间的区域，看起来近似45°角倾斜。裂缝的产生为预应力不足、永久荷载超载、二次应力及温度作用等，也可能是设计原因。

第五种是悬臂箱梁锚固后接缝中的裂缝。即在悬臂箱梁连续力筋锚固齿板后面的底板内会产生裂缝，并有可能向着腹板扩展，与梁轴呈30°~45°角。此类裂缝为预应力筋作用面很小，产生局部应力，或者由于顶底板中力筋锚具之间的水平方向错开的距离太小所致。

第六种是底板裂缝，箱梁底板上发生这种不规则裂缝。底板裂缝是由于梁横向受力性能与横向不变形截面有很大的不同，即腹部与底板受力不均所致。

第七种是箱梁弯曲裂缝。箱梁弯曲裂缝一般出现在分段式箱梁的接缝内或接缝附近，梁底裂缝可达0.1~0.2mm，原因是混凝土抗拉能力不足。这类裂缝很小，结构不会受到损伤，但在外荷载反复作用（汽车动力荷载及温度梯度）下，可能扩大。

第八种是连续梁弯曲裂缝。在连续梁正弯矩区的梁底部和负弯矩区的顶部可能会出现这种裂缝，主要原因是混凝土抗拉能力不足。

除混凝土结构破坏外，梁式桥的病害主要表现为钢筋混凝土或预应力混凝土梁体裂缝和钢筋锈蚀。这些病害的重要特征，主要是桥梁受车辆荷载、风、地震、船撞、火灾、水灾、战争等导致混凝土结构破坏或损伤，拉应变超过极限而出现开裂、破碎。

（3）对于上述原因引起的混凝土桥梁开裂，维修方法一般有以下几种：

表面处理法。该方法包括表面涂抹和表面贴补法。表面涂抹适用于浆材难以灌入的细而浅的裂缝、深度未达到钢筋表面的发丝裂缝、不漏水的裂缝、不伸缩的裂缝，以及不再活动的裂缝。表面贴补法适用于大面积漏水（蜂窝、麻面或不易确定具体漏水位置、变形缝）的防渗堵漏。

填充法。该法指用修补材料直接填充裂缝，一般用来修补较宽的裂缝（≥0.3mm）。该方法作业简单，费用低。对宽度小于0.3mm、深度较浅的裂缝以及小规模裂缝，可做简单处理，先开V形槽，然后做填充处理。

灌浆法。此法应用范围广，从细微裂缝到大裂缝均适用，且处理效果好。

结构补强法。该法相关内容将在后续章节介绍。

3. 梁桥的表面缺陷及处置

（1）混凝土结构出现表面缺陷的主要原因是施工不当（如振捣不密实、漏振、严重漏浆）或结构不合理（如配筋过密、集料粒径过大、坍落度偏小等）造成蜂窝、麻面、漏筋、空洞及构件变形；车辆或水流冲刷造成的磨损；外界作用造成的表层成块脱落等。

（2）混凝土表面缺陷的维修，一般是先把混凝土表面的蜂窝、空洞缺陷部分尽可能凿除，并进行凿毛、清洁处理，使混凝土表面保持湿润。之后，在界面上涂抹一层水泥砂浆或其他界面剂，可将混凝土直接灌注喷射或压浆，面积较大时应立模板修补，并加强后期养生。

面积较小的缺陷，特别是损坏深度较浅时可采用简易修补法。即在经处理后的修补处，用铁抹将水泥拌料抹到修补部位，并按普通混凝土养生，过一段时间后再在修补的区域周围涂上两层环氧树脂液或铝粉水泥浆液，封闭细微裂缝。

对于重要混凝土结构物或大面积的混凝土表面缺陷和破损的修补，首先凿毛面应有一定深度，但凹凸不宜过大，否则会影响其与老混凝土之间的黏结。修补要求挂网时，应先制作钢筋网并将其安装固定；而在喷浆前1小时，也需要对受喷面进行洒水湿润，使之无水珠存在，以保证喷浆与原混凝土的良好结合。

（三）混凝土拱桥的病害处置

常见拱式桥包括双曲拱桥混凝土桁架拱桥、钢管混凝土拱桥、圬工拱桥。它们的主要构造有拱肋、拱座、桥面系、系梁、吊杆与系杆等。除部分可能受弯或受拉的构件外，其混凝土拱桥部分以受压为主，特别适宜于用砖石、混凝土等抗压能力强的材料建造。同时，拱结构也是一种跨越能力很强的桥型。

1. 双曲拱桥

双曲拱桥的拱圈由拱肋、拱波、拱板和横向联系杆等部分组成，作为组合截面的受力构件。其中拱肋是拱圈的重要组部分，它不仅参与拱圈受力，而且在施工过程中，又在砌筑拱波和浇筑拱板时起着支架作用，因此拱肋应具有足够的强度、刚度及纵横向稳定性。该桥型自重较大，主要病害为拱圈变形、开裂，拱圈与拱波分离，侧墙与拱肋分离，腹拱开裂或立柱出现严重裂缝等。

（1）拱圈截面不足或设计强度偏低，造成拱圈变形较大，一般会在拱脚附近出现横向裂缝。这些裂缝通常是由负弯矩引起的，上宽下窄，垂直于拱轴线，最宽的一条裂缝在拱脚处并向1/4跨方向逐渐减小。当拱背无钢筋时，裂缝宽度往往会很大，但缝数较少。而拱顶附近出现的横向裂缝，通常是由正弯矩引起的，裂缝下宽上窄，向1/4跨方向逐渐减小直至消失。

（2）当拱圈宽度较大（一般8~10m）会出现纵向裂缝，这种裂缝通常在桥面中线附近顺跨径方向延伸，严重时可将桥面贯通。当拱圈宽度很大（≥20m）时，还可能出现第二条纵向裂缝。其主要原因：一是拱圈截面形式不够合理，截面不能适应热胀冷缩的变化。因此，拱圈宽度达到一定长度后，宜考虑设置伸缩缝。二是拱圈的横向联系比较薄弱、荷载横向分布不均匀。通常拱桥设计不考虑荷载横向分布的影响，横系梁断面尺寸和配筋也相对偏小，使得全桥结构的横向联系不足，整体性差，造成波峰开裂，而以拱顶截面最为严重。

（3）拱圈环向裂缝一般是在拱脚和拱顶最大，从拱脚和拱顶向1/4跨逐渐减小以至消失。拱脚附近的环向裂缝，主要是由于肋、波之间的抗剪能力很弱，而拱脚剪力较大引起的。拱顶附近的环向裂缝，则是由于拱肋受拉产生了径向拉力，而肋波间抗拉能力很小所产生的。

（4）腹拱开裂主要有腹拱横向开裂和环向开裂两类，又以横向开裂最为普遍。从结构上来说，横向开裂是由于腹拱多为混凝土板拱，多孔构成连拱，如没有按主拱变形的需要设铰，或设置的简易铰未起到铰的作用，则可能在使用过程中，荷载作用、温度变化、主拱变形、混凝土收缩等，使腹拱内产生较大的内力而引起开裂。腹拱的环向开裂是受混凝土收缩、温度变化等多种因素影响，其中最主要的是主拱横向不均匀变形，使腹拱支撑发生不均匀下沉和位移变形而引起腹拱的环向开裂。

双曲拱桥是拱式桥中最为典型的拱桥结构，它既有其他形式拱桥的结构特点，又有自身的特点。因此，双曲拱桥病害的防治措施，其实也包括了其他形式拱桥的防治措施。当拱肋（拱圈）结构承载力不足而出现严重裂缝时，可采用从拱圈上方或下方增设新拱圈，或在原拱圈两侧增设新拱肋等方法达到增大拱圈的目的。而当拱板顶或拱肋与拱板连接处出现纵向裂缝，应加强或增设横向联系，增大拱肋或拱板截面，或者增加拱肋数量，减轻拱上建筑自重，如更换腹拱和实腹段的填料，改横墙式腹孔墩为立柱式腹孔墩，改拱式腹孔为梁板式腹孔等，如果是墩、台横向不均匀沉降引起的开裂，则应先加固地基。

2. 桁架拱桥

桁架拱桥又称拱形桁架桥，是一种有水平推力的桁架结构，具有自重轻、整体性好、刚度大及经济指标优异等特点。一般情况，钢筋混凝土和预应力混凝土桁架拱桥具有双曲拱桥部分病害外，还存在杆件开裂破损、节点开裂破损钢筋锈蚀等病害。此外，预应力混凝土桁架拱桥还可能存在与预应力结构相关的病害。

（1）通常桁架拱桥的上弦杆与墩台是由拱片端部伸出的牛腿连接，牛腿上设置吊梁，连接墩台与拱片。因恒载及活载产生的水平推力作用，吊梁与拱片的弦杆产生相对位移，由此会使吊梁的搁置面积减少，吊梁对牛腿产生了拉力，在行车冲击力作用下，牛腿混凝土易开裂破碎。而裂缝的产生、扩展又进一步引起上弦杆、端弦杆内钢筋锈蚀。

（2）桥台及路基回填土完成后，地基开始固结。因为初期沉降主要是表层土固结所造成，当结构基础不够稳定时，桥台初期沉降表现出很大的不均匀性，所以桥台初期位移不仅有垂直沉降和水平位移，而且还有转动。

（3）下弦杆与桥台结合处，即拱脚容易产生裂缝，裂缝呈垂直状，上宽下窄。一般在已建的大多数桥梁中，拱脚处下弦杆与端杆不同程度地存在裂缝。

（4）因桁架拱片实腹段厚度较小，弯矩较大，使实腹段比较容易产生裂缝。而裂缝又招致雨水、潮湿空气的侵入，导致钢筋锈蚀。钢筋锈蚀体积膨胀使裂缝扩大，进一步促使钢筋锈蚀，甚至产生顺筋锈胀现象。

（5）桁架拱桥许多小节点为固结结构，竖杆不但受压还承受着次力矩作用。若桁架杆件和节点过于薄弱，竖杆的抗弯能力不足，竖杆两端容易产生横向裂缝。出现上述病害应及时处置，但一般不推荐对损伤、病害混凝土构件进行简单的修补复原处理，以免修复病害部位时又损伤构件，危及结构安全。通常对于混凝土开裂，当缝宽≥0.01mm时，可进行压浆处理；缝宽≤0.01mm时，宜进行表面封闭处理；对于杆件和节点的破损，可采用外包碳纤维布加固，也可用外贴钢板或加钢筋箍法加固。

3. 圬工拱桥

圬工拱桥的常见病害往往发生在主拱圈、前墙、侧墙及桥台等部位，具体病害类型包括砌缝损坏、开裂、渗水、桥面沉陷、基础不均匀沉降或位移以及生物侵蚀等。主拱圈的横向裂缝会发生在拱顶区段，特点是沿砌缝开裂，贯通拱圈底面全宽，位置在封拱石一侧或两侧。该部位开裂导致砂浆脱落，如果裂缝发展到拱厚的一定深度，开裂面的抗弯惯性矩将大幅降低，相当于形成铰，改变了原结构体系，使结构内力发生变化，稳定性降低。一旦出现多条这样的横向裂缝，形成三铰以上时必将导致结构失稳破坏。

而拱圈产生纵向裂缝，结构的整体性也会遭到破坏。首先，由于裂缝两侧的拱圈不均匀受力、变形，内力将增大，拱圈的横向受力性能减弱，此时裂缝如继续发展，将降低拱桥的承载能力。而拱头石开裂这类情形，显然主拱不能参与承受活载了，就相当于拱圈的截面积减少，内力增大；若开裂严重发生拱圈分离，则类似形成了一条拱肋，在偏载或横向力作用下，外侧将因失稳而塌落并牵连拱上建筑损坏，乃至结构失去使用功能。圬工拱桥的拱圈发生上述裂缝，通常采用压注水泥浆或化学浆液处置。同时，如果没有设防水层或防水层已经损坏，应挖开拱上填料重做；产生纵向裂缝的，除在缝内注环氧树脂浆外，可设横向钢筋拉杆加固；有的拱圈截面偏小，裂缝较多，可铺设一层钢筋网并锚喷混凝土加固；拱脚产生位移并出现裂缝时，可采取拉杆螺旋锚固等方法加固。

第三节 桥梁加固与旧桥拆除

桥梁加固是通过改善桥梁受力性能，提高桥梁局部或整体承载能力的技术措施。桥梁加固应以保持原结构受力体系为原则，如确需改变原结构受力体系，需进行严格的结构分析与验算。当加固仍不能满足要求时，可进行桥梁的部分或全部拆除重建。

一、桥梁加固的原则

桥梁加固是一项十分重要而又极具专业性的工作，要求将专业基础理论与桥梁病害情况有机结合在一起，需要考虑许多方面的因素。从某种意义上说，无论是加固方案的拟订与设计计算，还是具体实施，难度往往比新建桥梁还大。

（一）加固的基本原则

一般桥梁加固是针对 II~V 桥梁，或者是需要临时通过超重车的桥梁，有时也可与桥梁拓宽、抬高等技术改造工程同时进行，以满足并适应城市交通发展的需要。加固措施所涉及的内容很广，包含桥梁检测鉴定、设计计算、加固方案比较选择以及经济效益的优化等方面。所以，桥梁加固工作从开始至实施阶段还应遵循以下原则。

1. 结合现场条件，制订加固技术方案

桥梁加固前，应对原结构受力体系的承载能力、使用性能进行全面的鉴定，对桥梁结构的各种病害、缺陷等实际状况进行客观准确的把握和评价，并分析桥梁结构病害的原因。设计时的分析计算模式、材料性能指标应尽量与实际一致，制订加固实施方案应充分考虑对既有交通的影响，使其具有较强的可操作性，而所采用的施工工艺、设备机具应与现场条件相结合。

制订加固方案时，应先考虑温度变化、地基沉降、腐蚀及振动等因素对桥梁结构耐久性及使用性能的不利影响，并适当考虑交通流量增大超重超载车辆及施工荷载等因素对结构受力的影响，以及对其可能造成的损坏提出对策措施，避免这些不利因素再次影响桥梁加固的效果，消除各种隐患。同时，根据桥梁结构的实际状况、历史变迁、荷载变异、功能要求、加固效果交通状况、施工条件及资金投入等方面的因素，经比较、论证、优中选优，最终确定加固技术方案。

2. 采取有效措施，防止对结构造成新的损害

桥梁加固过程中，如果发现原有结构或构件存在新的缺陷等问题，应立即停止施工，并会同设计、监理单位采取有效措施，防止对原有结构造成新的损害。对于可能存在倾覆、失稳、滑移、倒塌的结构，应采取有效的临时加固措施，防止在加固期间产生新的病害或损伤。此外，应尽量不损伤既有结构，保留其具有利用价值的部分、避免不必要的损伤、拆除或更换。

3. 满足安全性、可靠性、耐久性要求

与此同时，桥梁加固还应考虑新旧结构的强度、刚度与使用寿命的均衡与匹配，尽可能地保证新增加的截面和构件与原有结构能够可靠地协同受力，有序加固，共同承担外荷载，满足结构安全，可靠、耐久的要求。一般说来，在这项加固过程中，结构受力形式、荷载大小及作用位置等都在不断变化，因此，桥梁加固工作必须依据加固技术与工艺设计的要求，尽量减少作用在原有结构上的施工荷载，避免在某个阶段产生过载现象，导致对原有结构造成新的损害。

（二）选择加固的几种情况

考虑桥梁加固的内容及范围，应根据桥梁评估结论并通过充分的比较，才能决定是否需要采取加固措施。通常加固措施可分为一般性维修加固和结构性加固。

一般性维修加固如加厚桥面铺装层、油漆涂装、裂缝封闭与灌浆处理、支座更换等，这些也是桥梁养护的日常内容，目的是保证桥梁结构的使用性能和耐久性能不受大的影响。结构性加固如地基基础及上部结构的加固等，一般用来弥补桥梁结构先天缺陷，恢复受损构件的承载力或使其满足新的使用条件下的功能要求。

当加固费用比新建费用节省一半时，应优先考虑加固。一般确定桥梁加固可以包括整座桥梁，亦可以是指定的区段或特定的构件，同时要求加固技术可靠、耐久，养护方便。若发现以下几种情况宜考虑采取加固措施：

1. 桥梁承载能力不足

按照现行通行车辆荷载进行验算，并采用实际计算应力与容许应力比较分析的方法，即若实际荷载作用下构件所产生的计算应力大于材料实测容许应力时，则需要加固；反之，则仅采用维修养护措施即可。

2. 桥梁局部损坏

桥梁因车辆超载局部产生破损，若破损严重，已不能满足承载要求时，应尽早对个别受损构件进行加固；若破损不严重，对正常车辆通行影响不大，对受损构件进行维修即可。

3. 车辆通行能力不足

现代城市交通量日益增长而造成桥面宽度不够，影响车辆通行能力，宜考虑采取拓宽的加固形式，满足通行能力的要求。

4.结构使用性的影响

桥梁局部或整体刚度不足,已影响正常使用时,可采取提高桥梁刚度的加固措施,改善桥梁结构的使用性能。

5.战争或自然灾害的影响

因战争或遭受特大自然灾害,受损桥梁需进行抢修,以及为保证重车临时通过桥梁时的安全,需对桥梁采取临时加固措施。

6.保持路段内载重一致

为了使整条路线上或一个路段内桥梁的承载能力保持一致,对个别载重能力较低的桥梁,应按当前载重要求进行加固。桥梁加固是一项探索性实践性、技术性很强的工作,需要在实践中不断积累经验,总结分析后期桥梁运行效果,采取更科学、更适用的方法,实施桥梁加固。

二、桥梁加固的常用方法

桥梁加固可采用多种方法,一般应根据旧桥的实际状况、承载能力下降的程度以及日后交通量而定。但不论采取哪种加固方案,都应考虑投资省、工效快、交通干扰小技术可行、安全可靠和有较好耐久性等方面要求。若采用扩大或增加桥梁构件断面的方法加固,应考虑增加断面的部分与原有部件的结合效果。如果通过这种维修加固的桥梁仍达不到车辆交通的要求,则必须考虑桥梁部分或全部改造重建。

(一)上部结构加固方法

桥梁上部结构常用的加固方法,通常包含增大构件截面加固法、粘贴加固法、体外预应力加固法、改变结构体系加固法、增加辅助构件加固法等,而如果是拱桥,可根据其受力特点采取顶推法等专门的加固方法。

1.增大构件截面加固法

增大构件截面加固法又称为"外包混凝土"加固法,即通过增大混凝土构件的截面、增加配筋,提高配筋率等加固方法来提高桥梁的承载能力。该方法可加固梁式桥,也可加固拱式桥,并按构件的截面可分为单侧、双侧、三侧或四周外包加固;又根据加固目的和要求的不同,还可以分为以增大断面为主,或增加配筋为主的加固。一般说来,增大构件截面是中小跨度桥梁常用的加固补强方法之一,其优点是可以提高结构承载能力、增大结构刚度,缺点是恒载增加较多、新旧材料的受力性能可能会存在差异。增大截面的途径包括增加受力主筋、增加混凝土断面、加厚桥面铺装层和喷射混凝土加固等几种方法。

(1)增大梁肋断面加固。有相当一部分既有桥梁属于多梁式结构,如装配式T梁桥、钢筋混凝土肋拱桥等。对于这些桥梁的加固,通常是将梁肋的下缘加宽,扩大截面,并在新增混凝土截面中增设受力主筋与箍筋,以提高混凝土梁(肋)的有效高度和抗弯承载力。

(2)加厚桥面铺装层加固。将原有桥面铺装层拆除,重新铺设一层钢筋混凝土补强层,用以增大主梁有效高度和抗压截面，改善桥梁荷载横向分布性能，从而提高桥梁整体承载能力。由于这种方法会使桥梁自重和恒载弯矩增加较多，可能造成既有结构下缘受拉钢筋的应力超出规范的限值，所以这种方法只适用于跨径较小的 T 梁桥或板梁桥。

（3）喷混凝土加固。当既有梁体截面过小，下缘应力超过规范允许值而使其出现裂纹，且桥下净空又允许时，宜借助高速喷射机械，将新混凝土连续地喷射到已锚固好钢筋网的受喷面上，凝结硬化而形成钢筋混凝土。通过增大梁体受力断面与增加受力钢筋数量的技术手段，加强桥梁结构的整体性，实现提高桥梁承载能力的目的。

2. 粘贴加固法

当桥梁结构构件的抗弯、抗剪能力不足，受拉部位开裂时，可以采用环氧树脂胶黏剂将钢板、钢筋及纤维布等材料，粘贴到钢筋混凝土结构构件的受拉丝或薄弱部位，使之与原结构形成整体，用以代替需增设的补强钢筋。此法可实现增强结构的抗弯抗剪能力，改善结构的受力状态，以防止结构裂缝进一步扩展。

（1）贴钢板加固。根据混凝土构件受力部位的应力状态，选择粘贴钢板加固的形式。一种是沿主钢筋方向或分布钢筋方向单个方向的加固，采用带状钢板加固的形式；另一种是沿主钢筋方向和分布钢筋方向同时加固，采用板状钢板加固的形式。粘贴钢板的用量可通过换算成钢筋用量的方法获得，如果计算求得的钢板厚度很小，一般最小厚度宜取 4.5mm。粘贴钢板加固的优点是施工简便、周期短；粘贴时所占空间小，不减桥下净空；加固的部位、范围与强度可视需要灵活设置，可在不影响或少影响交通的情况下作业。其缺点是黏结剂的质量及耐久性是影响加固效果的关键因素，应充分重视；另外钢板容易锈蚀，应做好防锈处理。

（2）粘贴钢筋加固。粘贴钢筋加固常用于中小桥的加固。由于与粘贴钢板可以互换，一般加固工程应用较少。其优点主要是与结构物粘连性能较好，加工成型容易，加固效果明显；缺点是与粘贴钢板相比，加固可靠性稍差，耐久性有所不足，故宜依据其自身的特点合理采用。

（3）粘贴碳纤维布加固。粘贴碳纤维布加固是一种新型的结构加固技术，它是利用树脂类黏结剂将碳纤维增强复合材料（CFRP）粘贴在混凝土构件表面粘贴时应沿构件主拉应力方向（或与裂缝正交方向），两端应分别设置锚固端，可以约束裂缝的扩展。当结构荷载增加时，碳纤维布因与混凝土协调变形而共同受力，从而提高混凝土构件的承载能力与刚度，对构件起到加固作用。碳纤维的拉伸强度一般在 2400~3400MPa 之间，与普通钢板相比，具有拉伸强度高、自重小、化学结构稳定的特点。碳纤维布补强加固施工方便，无需任何夹具、模板，能适应各种钢筋混凝土结构外形，但也存在难以改善原有结构的应力状况、减弱钢筋塑性对构件延性产生的影响、黏结剂耐久性不足等问题。

3. 体外预应力加固法

桥梁使用应力过大，混凝土梁体容易产生开裂，并可能产生过大的下挠变形，而采用体外预应力加固法对其进行加固，是按照预应力的原理，在预应力拉杆或钢束的张拉作用下，对混凝土梁的受拉区施加一定的初始压应力，尽量减少混凝土的应力对该受拉区的影响，避免梁体再受力开裂，以改善桥梁使用性能及耐久性。体外预应力拉杆加固，又可根据加固对象的不同，分为水平拉杆加固、下撑式拉杆加固和箱梁体外预应力加固三种形式。

一是正截面受弯的构件采用水平拉杆进行加固，这种加固方法能提高构件的抗弯能力，如可在预应力混凝土T形梁或工字梁断面的受拉侧安装水平拉杆，通过紧俏螺栓实施横向张拉，使拉杆内产生较大纵向拉力，此刻梁体下缘受拉区受到拉杆预应力的作用，梁的挠度将逐渐减小，原有的裂缝也随之缩小。

二是使用下撑式拉杆对斜截面受剪、正截面受弯的构件进行加固。这种加固方法能同时对受弯构件的抗剪、抗弯强度起到补强作用。

三是箱梁体外预应力加固。这是针对箱梁抗弯、抗剪强度不足、主拉应力过大而采用的一种加固技术，可有效解决预应力连续箱梁跨中区段梁体开裂等问题。在制订此种加固技术的设计方案时，应考虑把体外预应力束设在箱室内对称布置并在中墩处尽量靠近顶板，以增强中墩附近截面的抗剪能力。同时，跨中区域还应考虑设置型钢转向块，通过转向块将体外预应力束的效应传至腹板，并利用转向块在纵桥向位置调整体外预应力，对箱梁中跨区域施加较大的压应力，以满足加固效果。

而在实施张拉加固时，应估计预应力的损失，因为它将影响预应力拉杆加固的效果。估计预应力的损失时应考虑加固件本身和承受加固件的结构变形。这两方面的结构变形主要包含承受加固件的收缩、加固件的徐变及节点、传力构造的变形以及温度应变等。为了减少这些预应力损失以保证加固效果，宜在加固时预留构造设施，以便调整加固工作应力。

4.改变结构体系加固法

改变结构体系加固法是通过改变桥梁结构的受力体系，以减少梁的内力或应力，提高承载能力的一种加固方法，其加固效果较好，特别适用于解决超重车辆的临时通行。通常桥梁改变结构体系都会在桥下操作，所以采用这种加固方法，还必须考虑尽量减少对桥下船舶通行和排洪能力的影响。

以下简单介绍三种常用的加固方法：

（1）简支梁的连续加固。根据简支梁与连续梁的特征，增加纵向钢筋，将简支梁与简支梁连接转换成连续梁，或将多跨简支梁转换成多跨连续梁，或将多跨简支梁改造成桥面连续体系，从而减小原桥梁跨中截面的弯矩和挠度值，改善多跨梁桥的受力特性。

（2）增设加劲梁或叠合梁加固。该加固法的力学计算，应根据被加固的结构体系转换形成的新受力状态，得出计算图式，并通过补强计算。而实际运用中，桥梁结构的受力体系比较复杂，各结构部分之间存在多种多样的联系，而决定每个部分联系性质的主要因素是结构的刚度比值。所以，为了获得简明的计算图式，可依据相对刚度大小，把桥梁的结构受力体系分解为基本部分和附属部分，分开计算其内力，如分成主梁与次梁、主跨与附跨，并考虑略去结构的次要变形。

（3）增设八字撑架加固。原有主梁下增设八字形斜撑做支承。斜撑为型钢或钢筋混凝土预制构件,其下端支承在桥墩上或承台顶面,上端支承于梁底,中部有时可加设托梁。如果通过设计计算,增设八字形斜撑仍不能满足桥梁加固所要求的承载能力,还可采取对原有主梁增设主筋或增厚桥面板等措施。

增设八字形斜撑时,对主梁支撑点的位置选择应适当,合理。若原结构为简支梁,那新增设支撑点的位置,应考虑恒载与活载组合作用不得超过主梁上缘配筋容许的负弯矩,单跨梁则按三跨弹性支承连续梁进行验算;若原结构为连续梁,该支撑点的位置应通过计算确定,且控制主梁在增设支撑点的负弯矩与原有主梁由恒载产生的正弯矩相近,使每个截面工作时的应力小于容许应力值。而此时的恒载宜按原有结构受力体系计算,活载应按原有结构与八字形斜撑组成的受力体系进行计算。

5.增设承重构件加固法

当桥梁承载能力不能满足要求,但梁体结构基本完好,桥梁墩台,地基又具备足够的承载能力时,可考虑采用增设纵梁或横梁的加固方法,以提高原有桥梁的荷载等级。该方法对于活载内力占总内力比例较大的中小跨度梁桥、拱桥,具有比较明显的加固效果与经济优势。

(1)增设纵梁加固。增设纵梁加固的方式可根据原结构承载能力、加固需求及施工条件等综合考虑。一般情况下,对普通钢筋混凝土梁桥,可以利用原结构设置悬挂模型板,现场浇筑新增加的纵梁,也可以安装预制纵梁。预应力钢筋混凝土梁桥因无法在桥上进行张拉,所以新增加的纵梁也应先预制,后安装。

增设纵梁;加固的同时,可以采取桥面拓宽和不拓宽这两种设计形式。采取桥面拓宽的相关内容可参考其他文献。若不拓宽桥面而增设纵梁,所新增的纵梁宜设置在原内梁的两侧,又由于原内梁比较密集,个别梁体技术状况又不好,可考虑更换其中的几个梁。而为了使新旧梁体形成整体共同受力,应将这些新旧纵梁都通过横隔梁内的钢筋焊接起来,或预埋钢板焊接。如果横向受力需要,还可将横隔梁加宽、加高并相互贯通。

(2)增设横梁加固。增设横梁的方法常用于因横向整体性差而降低了承载能力的梁桥,或受力整体性较差的双曲拱桥、桁架拱桥。增设横梁可以使各纵梁之间增强横向联系,改善荷载横向分布。其加固特点是需要在纵梁上新增横梁的部位钻孔,并设置贯通桥梁宽度的连接钢筋,而连接钢筋的两端应采用螺帽锚固在纵梁上,以及采取必要的防护措施。之后,悬挂模板浇筑混凝土,便形成了新旧纵、横梁相互间的受力整体。

(二)下部结构加固方法

桥梁的承载能力是否满足正常运行的需求,不仅与上部结构的技术状况相关,也与桥梁重要组成部分的下部结构相关。而桥梁下部结构主要包括墩台和基础,这两部分结构将直接承受上部结构的恒载与活载作用,并将荷载传递到基础。因此,桥梁下部结构的技术状况同样也直接影响桥梁的承载能力与桥梁的正常运行,且部分桥梁有些病害还是由于下部结构的原因引起的。

桥梁下部结构的加固技术，一般采用对墩台的补强、限制，减小墩台的位移，或增加基础的承载能力如采取加桩，增大基础面积等措施。如果墩、台和基础结构技术状况特别差，或加固的施工工艺复杂、把握性不大，工程经费又较高，则不宜考虑加固利用。

1. 扩大基础加固法

扩大基础加固即为桥梁扩大基础底面积的加固方法。该方法适用于桥梁基础承载能力不足，或基础埋深不够，而且砌筑的墩、台为刚性实体基础。通常情况下，地基的承载力满足要求，而发生的缺陷或病害仅是基础不均匀沉降变形过大引起的，宜采用扩大基础底面积加固的方法。所需扩大基础底面积的大小，应根据地基变形计算确定。

2. 增补桩基加固法

桥梁桩基深度不够或水流冲刷过大等造成墩台倾斜、沉降或船舶漂流物撞击而导致桩端头损伤，在此情形下，采用增补桩基加固是一种比较有效的加固方法。加固时一般是在原基础周围补加钻孔桩（或打入钢筋混凝土预制桩钢管桩），扩大原承台、基础，并牢固结合，以此提高基础承载力，增强稳定性。

3. 桥墩箍套加固法

桥墩因承载能力不足、水流冲刷，以及地震、火灾、船舶和漂流物撞击等造成的损坏，宜采取外围浇筑钢筋混凝土箍套加固补强，箍套的厚度一般不宜小于10cm，并通过内部植入钢筋、布设化学锚栓与原结构形成整体。

4. 桥台帽梁拓宽加固法

有时需要对桥梁进行拓宽，而随着桥梁上部结构的拓宽，下部结构中的桥墩、桥台也要加宽加大。当原有桥梁结构布置桥台或盖梁，常常采取接长盖梁的做法，如果盖梁的接长范围较大，则应在盖梁前后及侧面布设体外预应力筋，盖梁接长部分的内部需加密钢筋网，并设置螺旋钢筋网，钢板等预埋件。

三、旧桥拆除作业

目前桥梁工程界在桥梁拆除设计理论、施工方法和技术方面已积累了一定的经验，特别是近年来，随着对静态切割技术（绳锯切割、碟式切制、墙体切割等）、破碎技术（高压水枪、静态爆破、液压破碎锤和液压破碎镐等）、顶升技术（电动和气动液压千斤顶、连续千斤顶、大吨位千斤顶等）和吊装技术（缆索吊装、桥面吊架、大吨位汽车吊和履带吊等）的研究、开发和利用，一些新型的可用于桥梁拆除的施工工艺不断涌现，一支支具有较高业务素养的拆除队伍也在逐渐成长。合理利用已有的新兴工艺和技术，组织专业施工队伍进行桥梁拆除施工，提升科学拆除各类桥梁的能力势在必行。

一般来说，旧桥只有在结构和功能上同时不满足使用要求时才考虑拆除。桥梁拆除首先要保证的应是结构受力上的安全。梁桥、板桥、拱桥吊桥、组合体系桥（斜拉桥、悬索桥）等不同类型的桥梁受力不一，拆除方法也因此各异，即使是同种桥型，其拆除方案也可能不同。这主要由于旧桥梁本身结构和功能还在发挥作用，其赋予的关联和影响因素诸多，需要具体问题具体分析。如何克服旧桥拆除过程中的复杂影响因素，确保拆除过程安全，是选择桥梁拆除方案必须考虑的。

1. 旧桥拆除方案设计

（1）旧桥梁的拆除作业是一项技术较复杂、危险性高的施工作业，从事拆除作业的施工单位或人员应具有拆除施工经验。拆除方法的选用应根据城市桥梁所处的地理位置、桥梁结构类型、拆除方案的可操作性、作业安全性、环境影响以及经济性等情况进行筛选，并应进行拆除方案设计，编制详细的施工组织设计方案。

（2）因桥梁结构复杂多样，受力形式不同，拆除方法和步骤很难一概而论，通常首先是先拆非受力构件，再拆主要受力构件，化整为零，其次应按建桥时的逆序施工，并以对称平衡进行卸载。为此，还应把握好下列三项基本原则：

①制订合理的拆除方案，选择合理的拆除工艺。

②注重施工过程控制，优先选择静力切割拆除等方式。

③制订完备的安全应急预案和应急机制。

（3）一般陆上的城市桥梁作业场地条件较好，采用人工法拆除较合适；水中的城市桥梁，由于人工拆除较困难，费用也较高，作业条件较复杂，应经过详细的方案筛选后确定拆除方法。一般情况下，拆除顺序应按建桥时的逆序施工，而多孔拱桥则应根据实际情况考虑连拱作用的不利影响。

总之，桥梁的拆除应依据施工组织设计的拆除程序，按照逆向施工要求逐步减少恒载。而拱梁的拆除需基于恒载分布对压力线的影响，拆除工作切不可盲目进行，避免拆桥中拱圈突然倒塌造成人员伤亡事故。桥梁拆除这项作业的危险性和风险性较高，因此应实行现场管制，禁止非作业人员及车辆进入拆除作业区域，采用爆破法拆除桥梁的，应按爆破作业的有关规定执行，爆破拆除时应确定合适的警戒区域，并实行管制，禁止非相关人员和车辆进入警戒区范围内。爆破警戒区应按爆破作业的有关规定确定，并制订合理的警戒方案。

2. 旧桥拆除步骤和环节

（1）对于桥梁拆除过程中的所有步骤和环节，包括制订科学合理的拆桥方案和全面的安全管控体系，以及拆除过程的具体实施，人作为拆除实施的主体，起着重要作用。因此，应选择具有经验的专业施工队伍和专业技术人员承担桥梁拆除的任务。这一点对保障桥梁拆除安全至关重要。

（2）部分桥梁拆除资料显示，很多桥梁存在先天缺陷和施工质量问题，如按原设计图制订的桥梁拆除方案实施，发现结果与实际情况出入较大，比如截面尺寸、预应力钢筋位置、普通钢筋数量混凝土质量与原设计不一致。另外，桥梁使用数十年后，材质劣化，无法通过计算确定结构的承载能力。这种情况下，桥梁本身的受力和潜在的安全隐患很难把握。旧桥经过多年的运营和维修加固，其强度、刚度、稳定性都有不同程度的下降，同时拆除过程中桥梁结构体系也在不断变化，使得结构受力更加复杂。如果没有丰富的桥梁拆除施工经验，不能对其拆除施工进行可控分析计算，特别是此种情况下如再采用不成熟的拆除设计方案，拆除难度和风险会更大。因此施工的每步推进，都必须进行现场调查核实，加强拆除过程的技术控制和施工组织管理。

（3）目前国内尚无桥梁拆除设计、施工规范（施工指南）等，而且相关方面的报道和工程实例也较少。由于桥梁拆除的方式本身机动灵活，而桥梁拆除设计缺乏理论指导和经验保证，现有各类拆除设计均是套用现有新建桥梁的设计规范，以及建筑起重等方面的规范和规程，设计出来的桥梁拆除方案的可实施性、经济性能指标都不太理想。此种情况下，设计方和施工方应不断优化拆桥方案，使桥梁拆除设计方案安全高效、实用、文明、环保。因此，应结合已有桥梁拆除工程实践，对现有的桥梁拆除设计理论进行合理的安全性经济性和适应性论证，必须进行桥梁拆除设计理论方面的研究，制订桥梁拆除相关的设计规范。

3. 旧桥拆除存在的主要问题

国内桥梁拆除行业主要存在以下问题：长期以来重新建、工期、经济指标，不重桥梁的管养和拆除；由于旧桥受力复杂，桥梁拆除理论研究难度大且相对滞后；就目前而言，尚无桥梁拆除相关的设计和施工规范、规程，设计和施工脱节，设计多偏重于理论不便于操作，施工则偏于粗放。桥梁拆除专业施工队伍少，市场较为混乱；管理理念落后，安全意识薄弱。

针对桥梁拆除行业存在的这些问题，投资建设和施工单位尤其要高度重视安全问题。加大桥梁拆除理论和技术的研究投入，加快施工经验的总结和提升，确保相关设计施工规范规程早日出台。加强桥梁拆除管理，强化拆除资质的管理，规范市场，规避不合理低价中标，以及不重视环保和拆除过程控制等现象。首选安全可靠的拆除方式，推行方案专家审查制度、报批制度和全员责任制度，合理利用已有的建筑新技术，要确保拆桥设计合理，选择有经验的专业设计和施工单位。

与新建桥梁相比，桥梁拆除完全是"反其道而行之"。新建桥梁是集零为整的过程，每一步是单一的，安全问题容易克服。拆除桥梁是化整为零的逆过程，每一步是复杂的安全风险大。行业内曾有这样的说法："新建桥梁自第一个构件就位到建设交工前，仅需要考虑1%的安全问题；而拆除桥梁从第一个构件拆除到结束前，始终需要考虑99%的安全问题。"这足以说明，桥梁拆除的安全问题是决定拆除成功与否的关键。如果在施工组织管理和技术层面把握不好，就容易酿成惨痛的安全事故，造成人员伤亡、机械损毁。而就目前国内桥梁拆除实际情况来看，我国在这些方面的研究并不深入，发展不平衡且相对滞后。

如昆明小庄立交桥位于昆曲高速公路下行东二环3号匝道下段，在2008年12月9日拆除期间突然发生坍塌，造成2人死亡，4人受伤；浙江温州方隆桥是一座建于20世纪70年代的双曲拱桥，在2009年2月11日拆除期间发生坍塌，造成1人死亡，2人受伤；2009年5月17日，湖南株洲市红旗路待拆除高架桥发生坍塌。在短短不到半年的时间里，相继发生的拆桥悲剧让桥梁拆除安全重要性问题浮出水面，加快对桥梁拆除施工方法、技术的研究和总结，着手进行桥梁拆除施工规范、规程的编制，已经成为当前亟待解决的问题。

4.旧桥拆除方法

旧桥拆除主要包括直接支撑凿除法、顶推法拆除法、静力切割拆除法、爆破拆除法、整体坍落法和吊移法等方法。

（1）若施工条件许可，在有安全防护的前提下，应首选直接支撑凿除方式，特别对于净空高度较低的桥梁，该拆除方式直接、快捷、经济。通常桥的箱梁结构基本上可采取直接在贝雷支架及土牛支撑上凿除的方式。对环境要求不高的，也可选工期短、费用较低的爆破拆除方式。

（2）在不影响交通的前提下，考虑经济性较好的顶推法拆除施工。如地形合适，交通许可，可考虑工期更短、经济性更好的液压系统平衡法施工。新加坡 Adam-Road/PIE 为双向六车道立交桥，在保证 PIE 高速公路正常运营的情况下，采用该方法在 8 小时内成功地将 45m 箱梁移至桥台进行二次解除和破碎。

（3）对于交通组织难度高的城市桥梁以及大跨径分离式梁桥，可选择对交通干扰小对原结构损伤小，但成本相对较高的静力切割拆除方法（液压切制法）。该方法在原北京西直门立交桥，原锡澄运河大桥（主跨 65m 的变截面连续箱梁桥，主跨分段切割、浮吊吊装、边跨分段切制、汽车吊吊装）、锡北运河大桥（主跨 45m 的变截面连续箱梁桥，采用浮船渡运法运输箱梁节段）、合宁高速上南淝河大桥老桥（主跨 75m 的变截面连续箱梁桥，主跨分段切割、桥面吊架吊装、驳船运输、边跨分块切割、汽车吊吊装）、京杭运河无锡城区航段红星桥老桥（主跨 94.4m 的固端梁桥，主跨分段切割、桥面吊架吊装、大型运输船托运）、陇西互通主线三号桥老桥（主跨 44m 的斜腿刚构桥，分段分块切割 10m 箱梁、汽车吊吊装）和陇西立交匝道三号桥（主跨 31.6m 的等截面曲线箱梁桥，跨高速公路的箱梁分段、汽车吊吊装，第 11.12 跨千斤顶整跨下放）等桥梁拆除中都广泛应用。

（4）针对大跨径拱桥，包括混凝土拱桥、钢管混凝土拱桥和钢拱桥，一般可采用整体坍落法和吊移法进行拆除。整体坍落法主要有爆破法和机凿法；吊移法分桥下支架法，桥上起吊法及缆索吊装法。例如：青岛市胜利桥为大型钢筋混凝土双曲拱桥，采用控制爆破的方式进行拆除；主跨 180m 的高悬链线钢箱双肋无铰拱桥——攀枝花 3002 大桥采用缆索吊装系统进行了拆除；原淮阴市钢筋混凝土双曲拱桥红卫桥采用风镐整体切断，浮吊吊运对拱波和拱板进行拆除，采用浮船顶托，整体切断运走主拱肋进行拆除；某单跨 38m 的双曲拱桥，选用桥上搭设贝雷桁架悬吊进行了拆除；太原漪汾桥老桥为中承式钢筋混凝土 7 联拱桥，采用 7 跨同步顶升技术对桥面系及吊杆进行了拆除。

不同桥梁的拆除各有其特点、难点及重点，拆除方式因桥而异，科学总结已有桥梁拆除工程实例对我国未来桥梁拆除事业的发展具有重要意义。合理利用静态爆破、顶推、液压系统平移、静力切割、整跨下放、同步顶升、桥面起吊、缆索吊装等新工艺，可为我国桥梁拆除工程提供安全、有效的保证。

第四节　腐蚀环境下桥梁的防护

桥梁的环境腐蚀主要是大气腐蚀，且涉及所有的大气腐蚀类型，其中腐蚀性最强的是工业大气和海洋大气。无论是哪种建筑形式的桥梁，它所采用的结构材料主要有钢铁和混凝土。钢桥梁面临最大的问题应是防腐，而钢筋混凝土桥梁本身是由耐腐蚀的材料组建的，但其中的混凝土有反应性，尤其是在酸性条件下，如长期暴露在这样的环境中，桥梁的钢结构和钢筋混凝土结构都会受到环境的腐蚀，影响桥梁的安全性和使用寿命。

一、桥梁腐蚀破坏的因素

（一）钢桥梁的腐蚀因素

钢桥梁一般有钢板梁桥、钢箱梁桥、大跨径的斜拉桥和悬索桥等结构形式。其中，斜拉桥和悬索桥一般还有钢箱梁或钢桁架梁、钢结构的桥塔，以及还具有钢拉索、钢缆索、钢吊杆体系。实际运行中，这些钢桥梁的耐久性在很大程度上决定钢构件的防腐效果。钢构件的腐蚀已经被证实是一种电化学腐蚀、前提是具有水和氧这两个必要条件。当钢桥梁环境达到一定的临界湿度以后，暴露于大气中的钢构件表面就会形成一层非常薄的电解质液膜，大气腐蚀就是从这层薄的电解质液膜所处的钢构件表面开始的，经平衡阳极与阴极的反应，使得阳极反应开始让金属溶解，阴极反应通常被认为是氧的还原反应。

特别在干湿交替条件下，腐蚀性污染物在电解质液膜内的浓度可以达到相对高的值，会使阳极与阴极的反应更加激烈。所以大气腐蚀的关键因素，应包括润湿时间、环境温度及大气污染物。

1. 润湿时间

润湿时间主要决定于临界相对湿度。在通常情况下，钢构件表面吸湿的腐蚀产物和腐蚀产物里水分的毛细凝结分别被认为是出现临界湿度的原因，这里毛细凝结的机理也可解释在表面微裂缝和金属灰尘颗粒界面处形成的电解质液膜。然而雨水对大气腐蚀破坏的影响作用却具有两面性，一方面雨水会为腐蚀反应提供电解质溶液，另一方面雨水也能"洗掉"或稀释钢构件表面上有害的腐蚀性物质而起到有益作用。

2. 环境温度

钢桥梁的环境温度对钢构件腐蚀速率的影响是复杂的，但总趋势是温度升高会加快电化学反应和对这个反应的进一步扩散。因而，在恒湿条件下，环境温度升高会使腐蚀速度加快，同时温度升高也导致钢构件表面的湿度下降，使电解质液膜更快地挥发，钢构件表面的腐蚀速度就会降低。

在凝固温度下，由于电解质液膜会发生凝固，这时候如果电解质没有受到氯化物的污染，电化学腐蚀活性将降到很低的程度。如果是在钢箱梁内部等相对封闭的空间里，温度降低就会引起相对湿度增大，对钢构件内部的腐蚀速率则有重要影响，这时就需要通过除湿以避免加速大气腐蚀破坏。

3. 大气污染物

大气污染物主要有硫化物、氯化物碳化物及尘埃。常见的二氧化硫也是大气主要污染物之一，它可吸附在钢构件表面，在水中溶解性高，并且在表面有水膜的条件下容易形成硫酸，对桥梁结构造成严重腐蚀。如果大气中还含有氯化物则会显著提高大气腐蚀的速率，导致钢构件加速腐蚀破坏。而大气中的尘埃对大气腐蚀速率的影响更大，特别是在腐蚀初期，其促进大气腐蚀的机制包括：通过潮解降低临界湿度；提供促进金属溶解的阴离子；通过比腐蚀金属更为惰性的沉积物形成微电偶效应。

（二）桥梁钢筋混凝土的腐蚀因素

现代桥梁建设离不开钢筋混凝土材料，而混凝土的使用寿命也越来越受到关注。据相关资料统计，混凝土结构的实际寿命远没有达到设计寿命，每年都有大量建筑物要进行维修、改造翻新。如北京市西直门立交桥于2000年拆除时，桥面板下方大面积混凝土脱落、钢筋腐蚀，有些大梁和大部分的桥柱出现顺筋开裂的现象，裂缝长度多为1~2m，宽度为1~5mm，有专家认为这是氯离子侵蚀造成的。

在通常情况下，桥梁钢筋混凝土结构的表面对钢筋有物理和机械保护作用。同时，表面混凝土为钢筋提供的是一个高碱环境（pH>12.5），能使钢筋表面形成一层致密的钝化膜，从而长期不锈蚀。当混凝土碱性降低时钝化膜逐渐被破坏，钢筋开始锈蚀，当pH低于12时锈蚀速度明显加快。钢筋混凝土桥梁结构中碱性降低和钢筋锈蚀存在自身的因素，包括钢筋位置、钢筋直径、水泥品种、混凝土密实度、保护层厚度及完好性等影响。但引起钢筋混凝土桥梁结构破坏的环境因素，主要是由于混凝土中性化、氯离子侵蚀、硫酸盐侵蚀，以及氧、水的作用等。

1. 环境条件的影响

现役城市桥梁所处的外部大气环境大致可分为干、潮、湿三类。其中，潮是指在某一临界湿度下形成的非常薄的水膜，湿与雨水、露水、积水、飞溅水喷溅水等有关。由于桥梁一般建于江河、湖泊等水体上，因此其所处的大气环境主要是潮、湿两类，这两类环境都对钢筋锈蚀有明显影响。特别是混凝土自身保护能力不合要求或混凝土保护层有裂缝等缺陷时，外界环境因素的影响会更突出。许多实际调查结果表明，混凝土结构在干燥无腐蚀介质的情况下，其使用寿命要比在潮湿及腐蚀介质的环境中长2~3倍。

2. 混凝土中性化的影响

混凝土中性化是指混凝土中的碱性物质与酸性物质进行反应，造成混凝土pH值降低，通常也称为混凝土碳化。与混凝土碳化相关的主要因素是大气中二氧化碳的浓度、空气湿度、温度等，混凝土碳化的结果是混凝土碱性降低，钢筋逐渐失去钝化层的保护。

3. 硫酸盐的侵蚀

我国工业生产中排放大量的二氧化硫气体,从而形成了酸雨,酸雨覆盖国土的面积已达 30%,而长江以南大部分区域已是酸雨区域,这就使得针对城市桥梁混凝土结构的防酸雨措施显得更为重要。酸雨中的硫酸盐对桥梁混凝土结构的侵蚀可能产生两种结果:一是硫酸盐能中和掉混凝土中的碳酸钙,使混凝土碳化、酸化,生成难溶的钙矾石和二水石膏,然后吸收大量的水而体积膨胀,造成混凝土的破坏,并使混凝土内部的钢筋丧失碱性保护而发生腐蚀;二是硫酸盐可直接促进钢筋的电化学腐蚀。

4. 氯离子的腐蚀

氯离子半径小,穿透能力强,能够加速钢筋腐蚀。氯离子进入混凝土并到达钢筋表面,破坏钢筋表面的钝化膜,使钢筋发生局部腐蚀。又因为氯离子破坏钢筋表面的钝化膜,露出了钢材的基体,基体在这暴露区与周围钝化膜形成电化学腐蚀电池,使阳极反应过程发生,这时氯离子还强化了腐蚀电池的导电性,加速电化学腐蚀。混凝土中氯离子含量对钢筋腐蚀的影响也极大,因此,氯盐的掺量应少于水泥重量的 1%(按无水状态计算),而且掺氯盐的混凝土结构必须振捣密实,不宜采取蒸汽养护。

5. 氧和水的作用

氧参与了钢筋电化学腐蚀过程的阴极反应,水不仅可加速混凝土的碳化作用,也为钢筋的腐蚀提供了有利条件。

二、钢桥梁的腐蚀防护

常用的钢结构防腐蚀措施主要分为两类:一类是物理隔绝措施,即采用惰性材料包覆在钢结构表面,隔绝水及氧气等腐蚀介质,达到防腐蚀的目的;另一类是根据电化学腐蚀原理,人为提高钢结构的电位,使其处于电位较高的一极,从而达到保护的目的。依据上述原理常用的钢结构防腐蚀方法有涂料涂装、电弧喷涂复合涂层热浸镀等。

(一)重防腐蚀涂料的防护

重防腐蚀涂料是相对常规涂料而言的,它能在相对苛刻腐蚀环境里应用,并具有较长的防腐蚀寿命。一般在工业大气和海洋环境里,重防腐蚀涂料可使用 10 年,甚至 15 年以上,即使在酸、碱、盐和溶剂介质里,在一定温度条件下,也能使用 5 年以上。

1. 重防腐蚀涂料

重防腐蚀涂料通常由富锌底漆、环氧中间漆和耐候性面漆涂装体系组成。其中,富锌底漆有无机富锌底漆、有机富锌底漆和水性富锌底漆之分。涂装的涂层厚度一般为 50~100um;最常用的中间漆宜包括环氧云铁、环氧玻璃鳞片、氯化橡胶云铁等,中间漆的涂层厚度一般为 60~100um;最常用的面漆宜包括脂肪族聚氨酯、丙烯酸和氯化橡胶等,其涂层厚度一般为 60~100um。

2. 重防腐蚀简单原理

重防腐蚀涂料的涂层对环境中的腐蚀介质,如大气中的氧、水蒸气,腐蚀性的工业气体，酸雨、酸碱盐及其他强电解质溶液，具有一定的阻隔作用，可阻止腐蚀性介质与金属直接接触，从而阻止了金属的腐蚀。另外，有机涂料的成膜物质主要是具有高阻抗的高分子材料，对金属表面由于腐蚀性介质所形成的微电池，可阻止电化学反应时离子的移动，增加了反应的极化作用，使电化学反应受阻。如果把被保护的基体金属和外在的腐蚀性介质作为电化学过程的两个体系，有机涂层则是在两个体系中插入了一个电阻层，阻止这两个体系的接触而使电化学反应不能进行。

3. 涂装体系失效形式

重防腐蚀涂装体系以机械屏蔽式隔离防护作用为主，随着涂层的老化和粉化，这种隔离作用就会减弱或失去作用，最后的结果是起阴极保护作用的锌粉膜无法与钢构件基体相结合锌粉膜保护将逐渐失效。另一种涂装体系失效形式，是考虑涂层本身有无数针孔，又长期处在盐雾潮湿环境下，氧离子、水分子等会透过针孔混腐蚀基体金属，并使产生腐蚀产物的金属体积急剧膨胀，导致涂层剥落、失效。

（二）电弧喷涂复合涂层的防护

热喷涂技术是利用不同的热源来加热被喷涂的材料至熔融状态，并借助雾化气流加速形成了所谓"微粒雾流"，高速喷射到经过表面处理的工件上，形成与基体紧密结合的堆积状喷涂层。桥梁的热喷涂防腐涂层主要采用电弧喷涂技术。采用电弧喷涂复合涂层的防腐蚀体系，由电弧喷涂底层、有机封闭涂层和面漆组成，可为钢构件提供50年的防腐蚀保护。其中，电弧喷涂的底层一般有喷锌、喷铝、喷锌铝合金以及先喷锌后喷铝等涂层之分，可供不同腐蚀环境选择使用。喷涂厚度可根据腐蚀环境和耐蚀年限的不同，通常选取100~300μm。有机封闭涂层通常采用环氧云铁类中间漆。因会渗透到电弧喷涂涂层的孔隙内，第一道封闭漆不能形成厚度，需考虑第二道封闭漆的厚度，其厚度宜设为30~80μm。面漆涂层最常使用有脂肪族聚氨酯、丙烯酸和氯化橡胶等，其涂层厚度宜设为60~100μm。

（三）热浸镀层的防护

热浸镀也称热浸锌或热浸镀锌，是将除锈后的钢构件浸入熔化的锌液中，铁与熔融锌反应生成一层合金化的锌层，附着在钢构件表面，从而达到防腐的目的。这是一种有效的金属防腐蚀方式，可用于桥梁附件等尺寸较小的构件，如扶手、护栏、灯座伸缩缝部件等。镀层厚度宜为60~80μm。

第五节　桥梁机电设施的维护

为使桥梁机电设施处于良好的技术状态，充分发挥其使用功能，机电设施使用负责人及其他专管人员应加强对机电设施的检查和维修，正确掌握其使用性能，并根据实际情况制订维修计划，必要时安排大中修或改建计划。同时依靠科技进步，采用先进的检测技术，评价使用状况，及时提出科学的运行维护对策。

一、机电设施故障的处置

桥梁机电设施是指为城市桥梁运行服务的相关机电设施，包括供配电系统照明系统、排水系统、中央计算机系统、监控系统（设备监控系统、交通监控系统、防灾报警监控系统、闭路电视监控系统、通信监控系统）。当上述机电设施发生故障或病害后，相关人员应按机电设施故障处置程序，及时完成机电设施故障处置工作。

1. 一般故障处置

这类故障（病害）宜列入周月度、季度或年度维修计划实施。临时性处置宜包括下列方式：负责机电设施使用的人员及其他专管人员可按一般故障（病害）的严重程度提出处理意见，也可自行处理；或上报维修、委托厂商维修。

2. 重大故障处置

凡影响车辆通行、危及通行安全的设备设施故障，均作为重大故障处置，要求立即组织抢修。通常在岗人员发现设备设施故障，应进行必要的检查和处理，一时无法排除故障时应逐级报告，并应尽快落实维修人员和设备，按重大故障处置程序及人员分工的安排，要求维修人员于1小时内到达现场处理，24小时内组织修复；根据不同故障情况，也可采取临时应急措施，降低其危害安全的程度，之后仍按设计要求恢复正常状态。

3. 紧急故障处置

危及相关设施、人员、车辆通行安全的设备设施故障，均作为紧急故障处置，要求维修人员等相关人员在1小时内到达现场处理，24小时内组织抢修，直至修复、运行；同样也可根据不同故障情况，采取临时应急措施，降低其危害安全的程度，之后按设计要求恢复正常状态。

4. 节假日或夜间故障处置

负责机电设施使用的人员及其他专管人员发现故障（病害）后，应按紧急预案的要求，通过通信联络网通知相关人员，并采取相应措施，组织修复。

二、机电设施使用维护

城市桥梁机电设施的运行维护是保证桥梁机电设施处于受控状态，以消除各种故障隐患，维持正常运行为目的的日常管理及维修。

（一）供配电设施使用维护

城市桥梁运行管理范围内的供配电设施应具有正常的日常供配电和应急供配电的功能，并达到安全可靠、合理利用电能的水平。供配电设施的使用维护应建立岗位责任制，明确工作内容、注意事项和工作程序，按供配电设施相关运行规程进行巡视检查与维护。

1. 配电设施

配电站房应保持整洁、完好，内部灯光、排风设施应保持正常，自然通风良好；周围环境不得有腐蚀性气体，不得堆放易燃易爆物品，不得有积水现象。站房内的高压验电笔、接地线、绝缘物品及灭火器等安全用具应配置齐全；注油电气设备、照明设备、控制设备及辅助设备应保持完好、可靠；电能供给与分配应做到电压稳定、分配合理运行可靠。对变、配电站进行维护，还应按规定周期落实变压器等电气设备的测试、检验工作，特别是设备检修后，经验收合格才能投入运行。另外，如果电气设备、系统线路发生变更，应及时修正档案资料，保证设备及系统线路与实际相符。当遇阴雨、潮湿、雷雨高温、强冷气候应进行特殊检查，并做好记录。

电力电缆线路的维护人员应全面了解供电系统的电缆型号、敷设方式、环境条件、路径走向、分布状况及电缆中间接头的位置，并且在正常运行情况下，控制电缆线路的温度，使其不得超过最高允许温度，电缆外观不得存有绞拧、压扁、绝缘层断裂和表面严重划痕等缺陷，保证其具有足够的绝缘强度。如果10kV电缆线路停电超过一个星期，应测其绝缘电阻；停电超过一个月，必须做直流耐压试验，以上测试合格后才能重新投入运行。对于低压配电线路，不得随意增大用电设备的容量，确需增大容量的应查阅相关技术资料，在符合线路技术参数的条件下才能进行。一般10kV电缆线路每运行两年，新敷设的带有中间接头的电力电缆线路投入运行三个月均应进行必要的预防性试验。而遇异常气候或外力侵害等特殊情况，则应根据需要进行特殊检查。

照明设施是城市桥梁不可缺少的基础性设施，是桥梁机电系统中较为重要的组成部分，其功能要求必须保证夜晚不间断供电，亮灯率应不低于97%。同时要求灯具必须安全可靠、完整无损、灯具与附件的安装必须正确、牢固。所有灯具的外壳均应接地可靠，接地方式应与供电系统的接地方式一致。同样照明控制柜（箱）的固定及接地也应可靠，外壳应保持清洁完好、无锈蚀，户外落地控制柜还应做好防雨水渗漏、防地气、防小动物通风等措施。控制柜的二次回路应保持接线准确、连接可靠、标志齐全清晰，而有关光控开关、定时开关等控制装置及电气线路保护装置应保持运行正确可靠。

2. 监控设施

各监控设施通过计算机控制中心组成智能化管理平台，并接入系统平台的网络视频设备进行实时监控，检测各个设备的工作状态。预先也可对设备参数进行设置，对设备异常情况发出告警信息。

Ⅰ类、Ⅱ类城市桥梁应设置计算机监控中心，该监控中心宜包括监控计算机子系统、闭路电视（CCTV）监控子系统、多屏拼接显示子系统及附属设施，实现城市桥梁交通数据信息的存储和视频图像监控，以及对城市桥梁交通信息的拼接显示。计算机机房的环境应整齐、洁净，通风散热良好，防静电措施有效可靠。当值班人员遇到运行程序或计算机死机的情况，应按照操作指南的规定，重新启动或关闭计算机，并在每次交接班时认真检查通信机、服务器等设备的工作是否正常,及时做好计算机运行数据的备份和保存,做好每日运行记录。

交通监控闭路电视(CCTV)系统主要由桥梁上安装的摄像设备、计算机监控中心的控制设备和传输设备组成,用于收集桥梁交通信息,并通过光纤及其他方式传输,在监控中心的监视器上显示车辆通行的图像。监控中心的值班人员可以根据这些车辆通行情况的图像信息,及时采取措施,以确保城市桥梁的交通畅通。承担日常维护的专业维护人员应按规定周期检查视频图像接入,以及受其控制的功能状况;检查摄像机防护罩及外场控制箱的防尘、防雨、防振、防干扰的功能;检查摄像机云台的转动控制、雨刷除霜和自动加温的功能,定期维护摄像机的立柱、爬梯和维修工作台,确保工作正常。

监控系统软件的维护人员应保证日常监控系统软件的可靠、正常、高效运行,并根据不同的需求,规定软件的使用范围和使用权限,不得随意安装、拷贝或出借计算机网络中的软件。一般未经授权,不得擅自进行软件维护和系统参数调整,不得在任一计算机终端上从事与本职无关的操作。应考虑将计算机系统与公网从物理上断开,不允许在监控系统网络的任一计算机终端上访问 Internet 网。系统专网内的各个子网之间宜部署防火墙,安装经国家认可的病毒防治产品,并实施相应的通信协议,IP 包和端口的过滤。严禁系统数据的非法生成变更、泄露、丢失与破坏。

维护人员应定期对计算机网络进行安全检查,更新攻击特征数据库,定期分析入侵监控记录,并根据系统已经存在或潜在的安全漏洞,及时调整策略。对一些风险较高的数据库安全漏洞应采用打补丁、升级等方式修补。同时需对数据库的运行情况进行分析,发现异常情况应进行追踪。

3. 通信系统

可根据城市桥梁的特点选择通信系统中的通信设备,并兼顾通信系统的统一性、系统性、先进性。维护人员应熟练掌握桥区内光缆、电缆的静态和动态情况,定期检查电缆屏蔽层的防雷接地,确保接地可靠性。每年对电缆的绝缘电阻、电缆线路直流环阻、电缆屏蔽接地,以及漏泄同轴电缆的环路直流电阻、内外导体间的绝缘电阻、电压驻波比 VSWR 等电气特性至少进行一次测试。

Ⅰ类、Ⅱ类城市桥梁通信系统采用的数字传输设备主要有准同步数字系列(PDH)和同步数字系列(SDH)等几种类型。在数字传输设备正常运行时,维护人员不得随意变动软件设置,不得随意改变电路插板的数量、规格和安装位置,不得随意插拔机盘和接插件,或拨动按钮开关。每年对数字传输设备的电气特性及 PDH 设备的通路特性至少进行一次测试。程控交换机是为了实现桥区内部以及与外部之间的通信联络。因此,维护工作应保证电话通信的正确接收与通话畅通,随时观察交换机面板指示灯显示情况,并应利用各种输出信息和服务观察,话务测量等方法,掌握交换机的工作状态,使系统经常处于最佳运用状态。

桥梁广播通信系统可用于实现紧急情况(如火灾、车祸等)下的语音广播,亦可用于维护管理及其他服务。开始维护工作时，一般不得随意变动系统设备的型号、规格、数量及安装位置，所采用的交流电源线应与其他配线分开敷设和编扎，广播设备的开关机操作，应符合操作规程的有关要求。每季度需对系统的频率特性功能测试一次，每年测试接地电阻一次。

4. 特种设施

本书所谓桥梁养护行车为Ⅰ类城市桥梁特有，是供Ⅰ类城市桥梁养护的专用行车，并在运行时严禁专用行车超负重。为此，维护人员应全面了解专用行车的构造、工作原理及维护的基本要求，特别是在使用专用行车对桥梁进行养护后，应严格按规定对专用行车进行检查和维护，且不得随意变更专用行车的构造和电器线路。同时做好两年一次的安检工作，必要时检测载荷性能。

5. 除湿设备

桥梁机电设施宜长期处于密闭、干燥、低尘的工作环境。除湿设备的空气过滤网应经常保持畅通状态，出现滤网堵塞指示报警，应及时更换过滤网。在正常情况下，需要对除湿设备进行维护时，不得采用切断总电源的操作方式强行停机，并要求机组的外壳和通风管道金属部分必须可靠接地。

6. 航空障碍灯

航空障碍灯的联闪控制信号线与220V交流电源线路应分别穿保护管敷设，安装在屋顶的航空障碍灯应设在避雷针的保护范围内，其控制器外壳、灯具的固定支座及电线管均应可靠接地。每日夜间应目测检查高光强、中光强、漫闪障碍灯发光情况，发现不亮的及时修复。每年需对障碍灯控制板进行除尘保养并检查线路、接地情况，对障碍灯支柱进行加固、除锈、涂油漆。

7. 防雷及接地设施

凡可能因绝缘损坏造成带电危险的设备金属外壳，直接危害人身安全和设备安全的电气装置、电缆线路及各种电器、机电设备都应可靠接地。而由同一台变压器供电的低压配电系统中，各种电气设备的接地方式应符合该系统的设计要求，严禁部分电气设备采用保护接零，部分电气采用保护接地、混用两种接地方式。

当接地线与电气设备连接时，应采用螺栓压接每只电气设备，并都应单独与接地干线相连接，严禁在一条接地线上串接几个需要接地保护的设备。如采用接地或接零装置，必须保证电气设备与接地体之间或电源变压器中性点之间的导电连续性、可靠性和热稳定性。当更换避雷器时，应尽量采用相同规格和型号的产品，其连接接口应与被保护设备接口一致，安装避雷设施应牢固，接线应正确，连接的导线应绝缘良好、无损伤。变、配电站的接地网，变压器接地装置的接地电阻值，每年按规定周期和要求宜检查测试一次；各分路低压电柜及电气设备的接地或接零每年至少检查两次，接地电阻值每年宜测试一次。

（二）桥面照明设施使用维护

城市桥梁的照明是为了给驾驶车辆的驾驶人员及行人创造良好的视觉环境，美化城市环境，保障交通安全，提高交通运输效率。而桥梁照明节能不是靠降低照明水平来实现的，而要在确保不同类型的桥梁符合照明标准的前提下来考虑节能，主要是以在设计阶段合理选定照明标准作为节能措施。

1. 桥面灯光设计要素

根据《城市道路照明设计标准》（CJJ 45-2015）的规定，城市中小型桥梁的照明应和与其连接的道路照明一致。当桥面的宽度小于与其连接的路面宽度时，桥梁的栏杆、缘石应有足够的垂直照度；特殊型及大型桥梁和具有艺术、历史价值的中小型桥梁的照明通常进行专门设计，必须满足这些桥梁的各项功能要求，并且考虑与桥梁风格相协调。城市小型立交的照明标准可采用道路照明标准中的常规照明，大型立交宜优先采用高杆照明。常规照明是指灯具安装的高度一般在15m以下的灯杆上，并按间距有规律地连续设置在桥梁路面两侧进行照明的方式。高杆照明是指一组灯具安装在高度大于或等于20m的灯杆上进行照明的方式。

桥梁上的照明应限制眩光，眩光是由于视野中的亮度分布或者亮度范围不适宜，或存在极端的对比，以致引起不舒适的感觉，降低观察目标的能力的视觉现象。为此，桥梁照明应按照设计标准的要求合理选择灯具的布置形式、灯具的间距、高度等，同时要求合理选择照度标准和功率密度值，确定合适的光源，以实现合理的照度，避免或减少桥面灯光设计的盲目性，从而使照明灯具达到节能的目的。

2. 桥面灯光节能措施

（1）桥梁运行中的灯光照度会受电网电压影响。当电网电压在负荷高峰时，也就是傍晚交通量高峰，此时电网电压低，光源光通量偏低，桥面照度低，而在负荷低谷时电压偏高，特别是接近午夜时道路交通量为低谷，此时的电网负荷也是低谷，而电网电压却偏高，光源发出的光通量也高也就是桥面照度高。这种常见的情况既影响交通安全，又严重浪费能源。如果用智能光源稳压降压调光装置进行控制，那么在电压波动较大，又不需要太高的桥面照度时，该装置能降低电压，可达到节能的目的。

（2）合理选择照明器材是实现节能的有效手段，其中光源及镇流器的性能指标应符合国家现行有关能效标准规定的节能评价要求，灯具除满足相关产品标准以及光强分布和眩光限制要求之外，一般桥面使用的照明灯具效率不得低于70%，泛光灯效率不得低于65%。

通常采用的气体放电灯，其功率因数相当低，一般为0.4~0.6，从而使得回路电流大，在线路上所产生的损耗相对也大。因此，可通过实施电容补偿或配用电子镇流器来提高功率因数。从经济合理的角度考虑，补偿后的功率因数应大于0.85。据测算，此时供电电流约为补偿前的工作电流的一半，表明该照明系统通过无功补偿为供电电源系统腾出了一半的容量空间，另一方面，由于供电线路上减少了电流，必将大幅减少线路上的电压损耗和功率损耗，同时也降低了线缆的温升，可谓一举多得。

（3）选择合理的亮灯、关灯控制方式。采用可靠性好的控制设备也是一项重要的节能措施。多年以来，桥梁灯光的管理和控制手段主要采取时控方式，故障巡检依靠人工巡查的方式，这种传统管理方式在故障处理按需控制、节能等方面已越来越不能适应城市发展需要。要做到需要开灯时能即刻开启，需要关灯时马上就能关闭，实现了这样的控制方式，就能准确控制全年的灯具燃点时间，达到桥梁照明节能目的。现有无线控制系统的组成，已经具有无线遥控、遥测和数据信息处理等功能。它可通过无线电在桥梁控制中心用数据的形式对各灯具控制箱进行监视、测量和控制，实现智能化灯光管理，可对实行一级运行管理的城市桥梁进行准确的遥控开关灯，避免因早开或晚关造成的能源浪费。

（4）桥梁灯具及相关设施的管理应制订维护计划，宜定期进行灯具清洁、光源更换等。一般来说，以半年或一年为周期进行灯具清洁维护，灯具的维护系数可保持在 0.65 以上，即可以通过清洁灯具来提高光源光通量的利用率，这样就有可能在满足照明数量和质量的前提下，通过选用功率较小的光源达到节能的目的。

第七章 桥梁安全防护

第一节 桥梁安全保护区域

根据国家行业标准《城市桥梁设计规范》（CJJ 11-2011）的规定，城市桥梁按其多孔跨径总长或单孔跨径的长度，分为特大桥、大桥、中桥、小桥等四类。另外从重要性角度考虑，可将高架道路归为大桥类，将涵洞等归为小桥类。而桥梁安全保护区域则可根据施工作业行为的类别与桥梁分类进行设置。

随着城市建设的发展，施工作业形式多样化，工程建设对周围环境的影响越来越复杂，如基坑开挖的大量卸荷引起基坑周围土体发生水平和竖向的位移；沉桩的挤土效应也会导致一定范围内的地面发生水平和竖向的位移。大量土体的移动可能导致邻近建筑物发生倾斜或开裂、道路损坏、管线断裂等事故。因此，为保护重要的建筑物和生命线工程的安全，特别是城市桥梁的安全，通常需要设置一定范围的保护区域，以阻断工程建设活动对建筑物可能造成的不利影响。

1. 部分城市对桥梁安全保护区域的设置

为保障城市桥梁完好，充分发挥其使用功能，国务院和地方政府分别颁发了有关城市道路桥梁管理条例，各条例内容大致相同，除了处罚条款有所不同之外，最主要的区别就是对城市桥梁安全保护区域的规定。国务院1996年颁发的《城市道路管理条例》对城市道路和桥梁的管理做了一些原则性的规定，但未对城市桥梁安全保护区域做出具体规定。各地方政府根据本地的建设和经济发展的情况，划定了各自的城市桥梁安全保护区域。有关地方政府的规定内容可供各地借鉴，具体设置情况如下：

（1）杭州市人民政府发布杭政办函2010-141号文件《杭州市城市桥涵安全保护区域管理规定》。为加强城市桥涵安全保护区域管理，规范城市桥涵安全保护区域内的施工作业及相关活动，保障城市桥涵安全，该文件规定城市桥涵包括桥梁（含高架道路）、人行天桥、地道、涵洞、隧道及其附属设施。市管城市桥涵包括大型桥梁（含高架道路）、带电梯的人行天桥、带电梯的地道、隧道及其附属设施。区管城市桥涵包括中小型桥梁，不带电梯的人行天桥、不带电梯的地道、涵洞及其附属设施。城市桥梁安全保护区域范围为桥梁投影面积加上两侧外延距离的区域，即城市特大桥、大桥、中桥和小桥的两侧外延距离分别为120m、80m、60m、30m；涵洞的安全保护区域范围为涵洞投影面积加上两侧外延30m的区域；城市隧道、地道等安全保护区域范围为设施投影面积加上周边各延伸60m的区域。

在城市桥涵安全保护区域内从事下列施工作业的，应事先征得该设施的市政设施行政主管部门同意并办理相关手续。一是河道疏浚、采砂等影响河势或河床稳定的施工作业；二是挖掘、打桩、地下管线铺设、爆破、采石、取土、降水、地基加固等可能影响桥涵基础结构的施工作业；三是平均荷重超过150kN/m²的大面积堆物等增加桥涵载荷量的其他活动；四是其他可能损害城市桥涵的施工作业。

凡在城市桥涵安全保护区域内从事以上四类施工作业的，建设单位应在施工前30日向市政设施行政主管部门提出申请，并提交城市桥涵安全保护设计方案及施工作业相关资料（包括作业区域作业内容，开竣工日期技术保护措施、施工设计图纸等内容）。对可能影响桥涵安全运行的施工作业，建设单位应邀请专家对城市桥涵安全保护设计方案进行论证。

（2）北京市人民政府发布的《北京市城市道路桥梁管理暂行办法》规定：禁止在桥梁、涵洞前后左右及上下游各50m范围内挖砂取土、堆放物料、装置有碍桥涵正常使用的设施。

（3）《上海市城市道路桥梁管理条例》总则第一条规定："为了加强本市城市道路、桥梁管理，保障城市道路、桥梁完好，充分发挥其使用功能，根据国家有关法律、法规的规定，结合本市实际情况，制定本条例。"第二条阐述此条例适用于该市城市道路、桥梁以及桥梁安全保护区域。第四十一条要求："在城市桥梁安全保护区域内从事河道疏浚、河道挖掘、建筑打桩、地下管道顶进、爆破等作业的，应当制定安全保护措施，经市政工程管理部门同意后，方可施工。"

（4）《长沙市城市桥梁隧道安全管理条例》自2014年5月1日起施行。该条例所称城市桥梁，是指市区内城市道路中跨越水域或者陆域，供车辆、行人通行的跨江河桥、立交桥、高架桥人行天桥等建（构）筑物。第十三条要求在城市桥梁安全保护区范围内禁止下列行为：①从事采砂、取土、挖掘、爆破等危及城市桥梁、隧道安全的作业或者活动；②生产、储存、销售爆炸性、腐蚀性等危险物质；③在城市桥梁安全保护区范围内捕鱼、泊船；④其他危及城市桥梁安全的行为。

条例所称城市桥梁安全保护区是指桥梁下的空间和桥梁主体垂直投影两侧各一定范围内的区域；跨江河桥梁两侧各200m范围内的水域，50m范围内的陆域；立交桥高架桥和人行天桥两侧各5m范围内的陆域。

（5）广州市人民政府发布的《广州市市政设施管理办法》规定：桥梁、隧道安全保护区域，是指桥梁、隧道上下游或周围各50m范围内的水域及规划红线内的陆域。

（6）宁波市十四届人大常委会第二十三次会议于2015年6月30日审议了市人民政府提请的《宁波市市政设施管理条例（修订草案）》（以下简称《条例（修订草案）》），《条例（修订草案）》规定城市桥涵安全保护区由市政设施行政主管部门会同城乡规划、交通海事、水利等行政主管部门，根据城市桥涵设施的规模、结构、地质环境等情况划定，并向社会公告。城市桥涵安全保护区是指桥涵主体引桥及其垂直投影面两侧各一定范围内的陆域和水域。

第四十一条：在城市桥涵安全保护区内从事河道疏浚、挖掘、打桩、地下管道顶进、爆破等作业的单位和个人，应当依法向建设行政主管部门领取施工许可，并提供原设计单位提供的技术安全审查意见。建设行政主管部门在授予施工许可前，应当征求市政设施行政主管部门的意见。在城市桥涵安全保护区范围内从事河道疏浚、挖掘、打桩、地下管道顶进、爆破等作业的单位和个人取得施工许可后，应当与城市桥涵产权单位签订保护协议，采取安全保护措施后，方可施工。

（7）桂林市人民政府发布的《桂林市城市道路桥梁管理办法》将城市桥梁安全保护区定义为：①主航道上的桥梁安全保护区是指大桥主体垂直投影上游100m、下游50m范围内的陆地和水域，引桥垂直投影两侧各30m范围内的陆地。②其他桥梁安全保护区系指桥梁主体垂直投影两侧各30m范围内的陆地和水域，引桥垂直投影两侧各20m范围内的陆地。

（8）国务院令第593号《公路安全保护条例》（以下简称《条例》）第二章是对公路线路保护的规定，根据保障公路运行安全和节约用地的原则，交通运输、国土资源等部门应划定公路建筑控制区的范围。属于高速公路的控制区范围，从公路用地外缘起向外的距离不少于30m，公路弯道内侧，互通立交以及平面交叉道口的建筑控制区范围根据安全视距等要求确定。公路建筑控制区与铁路线路安全保护区、航道保护范围、河道管理范围或者水工程保护范围重叠的，应经相关部门协商后划定。

《条例》要求在公路建筑控制区内，除公路保护需要外，禁止修建建筑物和地面构筑物，划定前已经合法修建的不得扩建；在公路建筑控制区外修建的建筑物、地面构筑物及其他设施不得遮挡公路标志，不得妨碍安全视距。禁止在规定的范围内从事采矿、采石、取土、爆破作业等危及公路公路桥梁、公路隧道、公路渡口安全的活动。因抢险、防汛需要修筑堤坝、压缩或者拓宽河床的，应当经相关部门或者流域管理机构批准，并采取安全防护措施方可进行。

《条例》禁止擅自在中型以上公路桥梁跨越的河道上下游各1000m范围内抽取地下水、架设浮桥以及修建其他危及公路桥梁安全的设施。禁止在公路桥梁跨越的河道上下游的下列范围内采砂：特大型公路桥梁跨越的河道上游500m，下游3000m；大型公路桥梁跨越的河道上游500m，下游2000m；中小型公路桥梁跨越的河道上游500m，下游1000m。

公路桥梁跨越的河道上下游各500m范围内依法进行疏浚作业的，应当符合公路桥梁安全要求，经公路管理机构确认安全方可作业。禁止利用公路桥梁进行牵拉，吊装等危及公路桥梁安全的施工作业。禁止利用公路桥梁（含桥下空间）、公路隧道、涵洞堆放物品，搭建设施，铺设高压电线，以及输送易燃、易爆或者其他有毒有害气体、液体的管道。

2.桥梁安全保护区域的管理

建设和管理过程中，桥梁安全保护区域的划分是非常敏感的，如果安全保护区域范围划分不够大。施工作业可能会危及桥梁的安全，如果划分过大，则会增加相关工程的施工费用。因此，对城市桥梁安全保护区域的划分应特别慎重，通常市级行政主管部门应当根据城市桥梁的技术特点结构安全条件等情况，确定城市桥梁限制性施工作业的控制范围，即桥梁安全保护区域的实际范围，并应向社会公示。

限制性施工作业时可能会损坏周边桥梁设施，建设单位应当在施工前与城市道路桥梁管理部门签订桥梁保护协议书。造成桥梁设施损坏的，由建设单位负责修复或者赔偿相应损失。桥梁管理部门应运用桥梁结构安全监测系统等信息管理设施，监控桥梁的安全运行状况和技术状态，增强城市桥梁设施服务效能。

（1）凡在桥梁安全保护区域内从事限制性施工作业的，建设单位应在施工前30日提出申请，并提交城市桥梁安全保护设计方案（包括作业区域、作业内容、开竣工日期技术保护措施、施工设计图纸等内容）。桥梁管理部门受理申请后15日内应视距等要求确定。公路建筑控制区与铁路线路安全保护区、航道保护范围、河道管理范围或者水工程保护范围重叠的，应经相关部门协商后划定。

《条例》要求在公路建筑控制区内，除公路保护需要外，禁止修建建筑物和地面构筑物，划定前已经合法修建的不得扩建；在公路建筑控制区外修建的建筑物、地面构筑物及其他设施不得遮挡公路标志，不得妨碍安全视距。禁止在规定的范围内从事采矿、采石、取土、爆破作业等危及公路公路桥梁、公路隧道、公路渡口安全的活动。因抢险、防汛需要修筑堤坝、压缩或者拓宽河床的，应当经相关部门或者流域管理机构批准，并采取安全防护措施方可进行。

《条例》禁止擅自在中型以上公路桥梁跨越的河道上下游各1000m范围内抽取地下水、架设浮桥以及修建其他危及公路桥梁安全的设施。禁止在公路桥梁跨越的河道上下游的下列范围内采砂：特大型公路桥梁跨越的河道上游500m、下游3000m；大型公路桥梁跨越的河道上游500m、下游2000m；中小型公路桥梁跨越的河道上游500m、下游1000m。

公路桥梁跨越的河道上下游各500m范围内依法进行疏浚作业的，应当符合公路桥梁安全要求，经公路管理机构确认安全方可作业。禁止利用公路桥梁进行牵拉、吊装等危及公路桥梁安全的施工作业。禁止利用公路桥梁（含桥下空间）、公路隧道、涵洞堆放物品，搭建设施、铺设高压电线以及输送易燃、易爆或者其他有毒有害气体、液体的管道。

3. 桥梁安全保护区域的管理

建设和管理过程中，桥梁安全保护区域的划分是非常敏感的，如果安全保护区域范围划分不够大。施工作业可能会危及桥梁的安全，如果划分过大，则会增加相关工程的施工费用。因此，对城市桥梁安全保护区域的划分应特别慎重，通常市级行政主管部门应当根据城市桥梁的技术特点结构安全条件等情况，确定城市桥梁限制性施工作业的控制范围，即桥梁安全保护区域的实际范围，并应向社会公示。

限制性施工作业时可能会损坏周边桥梁设施，建设单位应当在施工前与城市道路桥梁管理部门签订桥梁保护协议书。造成桥梁设施损坏的，由建设单位负责修复或者赔偿相应损失。桥梁管理部门应运用桥梁结构安全监测系统等信息管理设施，监控桥梁的安全运行状况和技术状态,增强城市桥梁设施服务效能。

(1)凡在桥梁安全保护区域内从事限制性施工作业的,建设单位应在施工前30日提出申请,并提交城市桥梁安全保护设计方案(包括作业区域、作业内容、开竣工日期技术保护措施、施工设计图纸等内容)。桥梁管理部门受理申请后15日内应提出意见。同意施工的,应当与建设单位签订桥梁安全保护协议。桥梁安全保护协议应当包括建设单位及施工单位名称,施工作业的工程名称和施工周期,相关城市桥梁安全保护设计方案,施工作业的安全措施,城市桥梁沉降、位移等检测措施,检测资料的收集、报送,施工作业等。

(2)桥梁安全保护协议签订后,建设单位应当严格按照桥梁安全保护设计方案和桥梁安全保护协议组织施工。对可能影响桥梁安全运行的,建设单位应当委托具有相应资质的专业检测单位对桥梁进行检测,并向管理部门报送书面检测报告,同时负责采取加固措施。施工作业期间,建设单位应当委托具有相应资质的专业检测单位对相关城市桥梁进行动态监护,并定期报告城市桥梁动态记录。

(3)管理部门应当建立城市桥梁地理信息系统和数据库,正确反映桥梁的属性数据和空间数据,为在桥梁安全保护区范围内实施工程作业的建设单位或者施工单位提供服务,并建立城市桥梁日常检查、巡视制度,发现擅自在城市桥梁安全保护区域内从事限制性施工作业的,应当立即通知建设单位采取整改措施。在城市桥梁施工控制范围内从事河道疏浚、挖掘、打桩、地下管道顶进、爆破等作业的单位和个人,在取得施工许可证前应当先经市政工程设施行政主管部门同意,并与城市桥梁的产权人签订保护协议,采取保护措施后,方可施工。市政工程设施行政主管部门应当经常检查城市桥梁施工控制范围内的施工作业情况,避免桥梁发生损伤。

第二节 超重车辆过桥与限载

按照《城市桥梁养护技术规范》(CJ99-2003)的规定,超出桥梁限载能力的车辆为超重车辆;车辆重量满足设计要求,但是轮压过大超出设计荷载时的轮压要求的,也属于超重车辆。当超重车辆通过桥梁时,应尽量选用多轴多轮的运输车辆,同时选取桥梁技术状况较好、加固工程费用较省的路线通过。

一、超限与超重车辆

1. 超限运输车辆

为加强对超限运输车辆行驶公路的管理,维护公路完好,保障公路安全畅通,根据《中华人民共和国公路法》及有关法规,交通部于2000年1月14日经第12次部长办公会议通过,发布《超限运输车辆行驶公路管理规定》,又于2016年8月18日通过了新修订的《超限运输车辆行驶公路管理规定》,并于2016年9月21日起施行。该规定提出的"超限车辆"

概念，主要是针对在中华人民共和国境内公路上进行超限运输的单位和个人。

根据《公路安全保护条例》机动车通行的规定，桥梁通行车辆的外廓尺寸、轴荷和总质量应当符合国家有关车辆外廓尺寸、轴荷、质量限值等机动车安全技术标准。交通部新修订的《超限运输车辆行驶公路管理规定》第三条规定，所称"超限运输车辆"是指有下列情形之一的货物运输车辆：

（1）车货总高度从地面算起超过4m；

（2）车货总宽度超过2.55m；

（3）车货总长度超过18.1m；

（4）二轴货车，其车货总质量超过18000kg；

（5）三轴货车，其车货总质量超过25000kg；三轴汽车列车，其车货总质量超过27000kg；

（6）四轴货车，其车货总质量超过31000kg；四轴汽车列车，其车货总质量超过36000kg；

（7）五轴汽车列车，其车货总质量超过43000kg；

（8）六轴及六轴以上汽车列车，其车货总质量超过49000kg，其中牵引车驱动轴为单轴的，其车货总质量超过46000kg；

该款规定的限定标准的认定，还应当遵守下列要求：

（1）二轴组按照两个轴计算，三轴组按照三个轴计算；

（2）除驱动轴外，二轴组、三轴组以及半挂车和全挂车的车轴每侧轮胎按照双轮胎计算，若每轴每侧轮胎为单轮胎，限定标准减少3000kg，但安装符合国家有关标准的加宽轮胎的除外；

（3）车辆最大允许总质量不应超过各车轴最大允许轴荷之和；

（4）拖拉机、农用车、低速货车，以行驶证核定的总质量为限定标准；

（5）符合《汽车、挂车及汽车列车外廓尺寸、轴荷及质量限值》（GB 1589-2016）规定的冷藏车、汽车列车、安装空气悬架的车辆，以及专用作业车，不认定为超限运输车辆。

按照原交通部、公安部、国家发改委《关于进一步加强车辆超限超载集中整治工作的通知》（交公路法〔2004〕455号）的有关要求，严格执行车辆超限超载认定标准，运载不可解体物品超过限定标准且确需上路行驶的货运车辆，启运前应按规定办理审批手续。

2. 超重运输车辆

根据建设部《城市桥梁养护技术规范》（CJJ99-2003）的规定，车辆荷载超出桥梁限载能力且需要过桥，应作为超重车辆。这与超限车辆有一定区别，而最大的区别就是超重车辆不一定超限，这对桥梁限载的意义显得十分重要。

具体讲，超重车辆的种类、车辆的纵向间距以及车辆的轴重和总重，对桥梁结构的荷载效应（轴向力、剪力、弯矩、扭矩等）有很大影响。因此超重车辆通过桥梁时，首要的问题就是了解过桥车辆的这些特性，即掌握超重车辆的外形尺寸、轮数、轴数、轮距和荷载的分配情况等。当桥上净空有限制时，还应知道超重车辆装载后的空间几何尺寸，以及超重车辆的厂牌、种类和挂车的组成情况，还有速度、制动、调节等有关技术性能。

总之，车货总体的外廓尺寸或者总质量超过桥梁的限载、限高、限宽、限长标准，与履带车、铁轮车等特种车辆确需在桥梁行驶的，从事运输的单位和个人应当向管理机构申请桥梁超重运输许可。同时按照公安机关交通管理部门指定的时间、路线、速度行驶，悬挂明显标志。管理机构审批超重运输申请，应当根据实际情况勘测通行路线。需要采取加固措施的，可以与申请人签订有关协议，委托原设计单位对桥梁进行安全性评估，制订应急预案等书面文件，出具加固设计方案。管理机构根据原设计单位制订的加固、改造方案，对通行的桥梁、涵洞等设施进行加固、改造；必要时应当对超重运输车辆进行监管，对通行过程进行监控。

鉴于特大桥或特殊结构桥梁等重要桥梁一旦破坏会造成严重的经济损失及社会影响，必须设置车辆荷载称重监控装置及功能完善、技术匹配、系统稳定的运行监管信息系统，以保证大桥或特殊结构的安全。称重系统可结合收费站、限高架装置、视频监控等综合设置，并与管理监控系统联控，禁止超重车上桥。

二、桥梁限载

1. 城市桥梁限载管理

（1）《城市道路管理条例》第二条规定，城市道路是指城市供车辆、行人通行的，具备一定技术条件的道路桥梁及其附属设施。第六条规定：国务院建设行政主管部门主管全国城市道路管理工作。省、自治区人民政府城市建设行政主管部门主管本行政区域内的城市道路管理工作。县级以上城市人民政府市政工程行政主管部门主管本行政区域内的市道路管理工作。

《城市道路管理条例》规定在城市道路范围内禁止下列行为：履带车、铁轮车或者超重、超高、超长车辆擅自在城市道路上行驶；机动车在桥梁或者非指定的城市道路上试刹车；擅自在城市道路上建设建筑物、构筑物；在桥梁上架设压力在 $4kg/cm^2$（0.4MPa）以上的煤气管道 10kV 以上的高压电力线和其他易燃易爆管线；擅自在桥梁或者路灯设施上设置广告牌或者其他挂浮物；其他损害、侵占城市道路的行为。其中，履带车铁轮车或者超重、超高、超长车辆需要在城市道路上行驶的，事先须征得市政工程行政主管部门同意，并按照公安交通管理部门指定的时间路线行驶。

（2）为加强城市桥梁的管理，保证桥梁的安全运行和正常的使用，依据国务院《城市道路管理条例》的有关规定，超重车辆通过城市桥梁时，应当按照桥梁吨位牌标志的规定行驶。超过桥梁吨位牌标志规定的车辆（即超重车辆）通过桥梁时，车属单位或个人须携带行车执照、行走路线及车辆的技术数据，事先到管理部门办理超重车辆过桥手续。办理超重车辆过桥手续可实行按月或者按日核发过桥通行证。按月核发的时间为每月 20 日至月底办理下月过桥手续；按日核发的可在过桥前办理手续。一次性超重过桥的车辆，需按照上述要求，事先办理指定日期的过桥手续。超重车辆过桥须持过桥通行证，并按指定的行驶路线通过城市桥梁。

另外，管理部门应定期公告市区内各种桥梁的荷载标准及其变化情况，并应在各桥的桥头设置统一标准的桥名牌和限载吨位牌。限载吨位牌的设置应经验算，超过桥梁吨位牌标志规定并低于桥梁验算荷载的运输车辆需要通过桥梁时，可实行监护通行，反之必须采取桥梁加固措施。

（3）一般来说，超过桥梁荷载的超重车辆原则上不能通过桥梁，必须通过时，车属单位或个人应当提前一个月向管理部门提出书面申请，经批准后方可通行。需采取桥梁加固措施时，管理部门负责设计加固方案，并予以实施。设计和加固费用由过桥车属单位或个人承担。未经批准的超重车辆过桥的，管理部门应当责令其停止违法行为、补交超重车辆过桥损失补偿费，并可处以罚款。

桥梁在设计基准期内的限载值其实是一个变量，但为了合理确定过桥车辆的限载，具体做法应该是调查桥梁的实际交通荷载情况，计算交通荷载效应的最大值分布，利用可靠度原理评估桥梁安全水平，并以此确定过桥车辆限载值。同时还必须考虑桥梁所处环境的作用，其材料性能、使用条件等因素的变异性对结构性能的影响，并采取必要的保护措施，确保主体结构能够达到规定的设计使用年限。

目前在桥梁限载方面存在的不足，主要是城市桥梁设计规范中仅包含设计荷载，并没有规定各类型桥梁的限载标准，如同样汽-20的新建桥梁，有标限载20t的，也有标限载30t的，又如城市主干路桥梁设计荷载为城-A级，该限载多少吨呢？谁也说不清，有的标30t，有的标40t，很不规范。早几年在通过调查和分析的基础上，经过荷载模型复核计算，上海于2007年制定了《上海城市桥梁限载标准》，该标准为规范设置限载牌提供了计算依据，并根据桥梁设计规范规定桥梁汽-20、汽-15、汽-10级的验算荷载分别为挂车-100t、挂车-80t、挂车-50t。

超重车通过时，管理机构技术人员应随同检测，观测是否有位移、变形、裂缝发展等，并予以记录。同时应选择不同桥型进行挠度、应变、反力等方面的观测，以积累资料。

2. 公路桥梁限载管理

（1）《中华人民共和国道路交通安全法》机动车通行规定第四十八条第一款规定：机动车载物应当符合核定的载质量，严禁超载；载物的长、宽、高不得违反装载要求，不得遗洒、飘散载运物。第二款：机动车运载超限的不可解体的物品，影响交通安全的，应当按照公安机关交通管理部门指定的时间、路线、速度行驶，悬挂明显标志。在公路上运载超限的不可解体的物品，应当依照公路法的规定执行。公安机关交通管理部门及其交通警察对道路交通安全违法行为，应当及时纠正。

（2）《公路安全保护条例》自2011年7月1日起施行。各级人民政府应当加强对公路保护工作的领导，依法履行公路保护职责。公路管理机构依照本条例的规定具体负责公路保护的监督管理工作。

《公路安全保护条例》中公路通行部分包括：车辆的外廓尺寸、轴荷和总质量应当符合国家有关车辆外廓尺寸、轴荷、质量限值等机动车安全技术标准，不符合标准的不得生产、销售；公安机关交通管理部门办理车辆登记，应当当场查验，对不符合机动车国家安全技术标准的车辆不予登记；运输不可解体物品需要改装车辆的，应当由具有相应资质的车辆生产企业按照规定的车型和技术参数进行改装；超过公路、公路桥梁、公路隧道限载、限高、限宽、限长标准的车辆，不得在公路、公路桥梁或者公路隧道行驶；车辆载运不可解体物品，车货总体的外廓尺寸或者总质量超过公路、公路桥梁、公路隧道的限载、限高、限宽限长标准，确需在公路、公路桥梁、公路隧道行驶的，从事运输的单位和个人应当向公路管理机构申请公路超限运输许可。

申请公路超限运输许可的规定：一是跨省、自治区、直辖市进行超限运输的，向公路沿线各省、自治区、直辖市公路管理机构提出申请，由起运地省、自治区、直辖市公路管理机构统一受理，并协调公路沿线各省、自治区、直辖市公路管理机构对超限运输申请进行审批，必要时可以由国务院交通运输主管部门统一协调处理；二是在省、自治区范围内跨设区的市进行超限运输，或者在直辖市范围内跨区、县进行超限运输的，向省、自治区、直辖市公路管理机构提出申请，由省、自治区、直辖市公路管理机构受理并审批；三是在设区的市范围内跨区、县进行超限运输的，向设区的市公路管理机构提出申请，由设区的市公路管理机构受理并审批；四是在区、县范围内进行超限运输的，向区、县公路管理机构提出申请，由区、县公路管理机构受理并审批。

公路管理机构审批超限运输申请时，应当根据实际情况勘测通行路线，需要采取加固改造措施的，可以与申请人签订有关协议，制订相应的加固、改造方案。公路管理机构应当根据其制订的加固、改造方案，对通行的公路桥梁、涵洞等设施进行加固、改造；必要时应当对超限运输车辆进行监管。公路管理机构批准超限运输申请的，应当为超限运输车辆配发国务院交通运输主管部门规定式样的超限运输车辆通行证。经批准进行超限运输的车辆，应当随车携带超限运输车辆通行证，按照指定的时间、路线和速度行驶，并悬挂明显标志。禁止租借、转让超限运输车辆通行证。禁止使用伪造、变造的超限运输车辆通行证。

经批准进行超限运输的车辆、未按照指定时间、路线和速度行驶的，由公路管理机构或者公安机关交通管理部门责令改正；拒不改正的，公路管理机构或者公安机关交通管理部门可以扣留车辆。未随车携带超限运输车辆通行证的，由公路管理机构扣留车辆，责令车辆驾驶人提供超限运输车辆通行证或者相应的证明。

对1年内违法超限运输超过3次的货运车辆，由道路运输管理机构吊销其车辆营运证；对1年内违法超限运输超过3次的货运车辆驾驶人，由道路运输管理机构责令其停止从事营业性运输；道路运输企业1年内违法超限运输的货运车辆超过本单位货运车辆总数10%的，由道路运输管理机构责令道路运输企业停业整顿；情节严重的，吊销其道路运输经营许可证，并向社会公告。

三、超重车辆过桥

桥梁作为交通运输的咽喉，对保证大件货物运输路线的通达起着至关重要的作用。目前，超重车辆违章上路日渐增多，特别是一些大型运输车、渣土车等超重超限车辆，受经济利益驱动，无视相关法律法规的规定，利用夜间执法空隙在城市道路桥梁上违规通行。由于车辆的总重、轴重、轴距、轮压、轮距等技术参数对桥梁的影响很大，大件运输车辆的这些参数又与设计规范中的荷载参数有很大不同，如大件车辆轴载大、车体长，对桥梁产生的荷载效应也较大，因而对桥梁结构的承载力有更高的要求。

1. 超重车辆过桥的影响

由于桥梁设计荷载等级的限制，不少桥梁特别是早期修建的桥梁，荷载等级均不能满足超重设备运输的需要。另外，现有桥梁由于设计、施工和养护等各个方面的原因，存在不同程度的缺损，同时一些老旧桥梁则由于设计标准偏低、年代较久、长期超负荷运营等造成承载能力严重不足。超重车辆的通行会使这些桥梁出现一定程度的损坏，甚至发生重大安全事故。在这些承载能力不足的旧桥中，简支梁桥所占比例最大。

超重车辆过桥的管理和规划、建设、养护维修一样，同为桥梁运行监管的重要环节，直接影响着城市交通安全、行车顺畅。一方面，受桥梁设计荷载的等级所限，另一方面，现有桥梁也确实存在一些其他隐患和问题，如早期修建的桥梁日益老化，构件产生裂缝、挠度超过容许值并产生永久变形，承载能力明显下降。所以，对于这些桥梁而言，超重车辆过桥有可能造成桥梁损坏，甚至引发重大事故。

因此，城市桥梁运行监管应坚持以人为本的原则，切实把治理车辆超重工作放在突出位置，健全监管体系。同时按照交通部颁布的《超限运输车辆行驶公路管理规定》和《城市道路管理条例》的要求，加强与交警部门的联合治理，实施集中整治，建立长效机制，突出重点，周密安排，严查严管，确保实效。

当管理机构在监督检查中发现车辆超过桥梁的限载限高、限宽、限长标准的，应当进行处理。车辆应当按照超限检测指示标志或者管理机构监督检查人员的指挥接受超限检测，不得采取短途驳载等方式逃避超限检测。禁止通过引路绕行等方式为不符合国家有关载运标准的车辆逃避超限检测提供便利。任何单位和个人不得指使强令车辆驾驶人超限运输货物，不得阻碍监督检查。

2. 超重车辆过桥前准备

超重车辆通过桥梁前，除应掌握有关技术数据外，还应对桥梁结构进行必要的检查，对桥梁结构的各个部位进行详细的目视检查并记录下任何可能影响桥梁结构功能的因素，特别要注意上、下部结构中砼的损坏、钢筋的锈蚀、砼的开裂，以及支座的沉陷和破损等。

首先，这些检查必须与桥梁的结构分析相结合，以评定其所要求承受的荷载能力，将这些能够反映结构现状的数据用于结构分析。例如，在钢筋砼横隔梁中出现发展的裂缝时，桥梁的横向刚度将会受到不利的影响。因而在分析中必须考虑并进行必要的调整。再如，对于多跨的连续梁结构，必须考虑任何支座产生沉陷对结构承载能力的影响。桥梁的检查及承载力分析必须在超重车辆过桥之前的一段时间里进行，以便有足够的时间进行必要的维修和加固工作，确保重车安全过桥。

其次，在超重车辆过桥时应观察桥梁是否有位移形变裂缝扩展等并予以记录。同时，还应选择不同桥型，进行挠度、应力、应变值、桥梁的沉降等的测试工作。通过观察检查，对一些有疑问的桥梁，可以提前发现桥梁结构恶化或损坏的先兆，从而可及时采取措施。另外，通过测试可以了解重车过桥时桥梁的实际工作状态，以便积累数据和资料，为今后旧桥加固或超重车辆过桥的限载措施提供依据。

3. 超重车辆过桥验算、加固

综上所述，城市桥梁运行中对超重车辆的管理重视不够，尚有所缺失。首先，城市道路方面的法律、法规、标准、规范体系不健全，在一定程度上制约了对超重车辆的查处。其次，因限载标准缺少统一的规范，也给查处带来一定困难。有一些地方在超重车辆过桥方面的管理几乎是空白，即使有，查处力度也不是很大。笔者建议，城市桥梁管理部门应加强超重车辆过桥的管理，以尽量减少过桥车辆的载重和偏载，减轻桥梁的受力，并控制车辆的行驶位置、速度，使其在最有利的交通条件下行驶，从而使车辆过桥的交通条件从最不利状态转为最有利状态减轻桥梁的负担。

第三节　危险货物载运防护

载运易燃、易爆、剧毒、放射性等危险货物的车辆，应当符合国家有关安全管理的规定，并避免通过特大型桥梁；确需通过特大型桥梁的，负责审批易燃易爆、剧毒、放射性等危险货物运输许可的机关应当提前将行驶时间、路线通知特大型桥梁的管理单位，并对在特大型桥梁行驶的车辆进行现场监管。

一、危险货物载运许可

（一）相关法规政策的规定

根据《中华人民共和国道路交通安全法》机动车通行规定，机动车载运爆炸物品、易燃易爆化学物品、剧毒物品、放射性物品等危险物品，应当经公安机关批准后，按指定的时间、路线速度行驶，悬挂警示标志并采取必要的安全措施。根据《危险化学品安全管理条例》《道路危险货物运输管理规定》的规定，载运危险物品的运输单位必须有专用车辆、设备和专业从业人员，并符合载运危险物品的安全生产管理制度。

浙江省工程建设标准《城市桥隧管理运行规范》要求，载运易燃、易爆、剧毒、放射性物品等危险物品的车辆不应在Ⅰ、Ⅱ类城市桥梁上通行。确需通过的，运输单位应在获得危险物品运输许可后，将行驶时间、路线提前通知桥梁运行管理机构，经同意后，在桥梁运行管理机构现场监管下通行。

（二）具备道路危险货物运输许可证

危险货物道路运输企业或者单位应按照道路桥梁运输管理机构的规定从事危险货物运输活动，不得转让、出租道路危险货物运输许可证件，不得运输法律、行政法规禁止运输的货物。对法律、行政法规规定的限运、凭证运输货物，道路危险货物运输企业或者单位应当按照有关规定办理相关运输手续。对法律、行政法规规定托运人必须办理有关手续后方可运输的危险货物，道路危险货物运输企业应当进行查验，有关手续齐全有效后方可承运。

（三）具备爆炸品、放射性和化学危险物品准运证

运输爆炸品、放射性和化学危险物品还应持有相应的准运证件。运输爆炸品和化学危险物品的，应有运往地县、市公安部门签发的爆炸物品准运证或化学危险物品准运证；运输放射性货物的，应持有省、自治区、直辖市指定的卫生防疫部门核发的包装件表面污染及辐射水平检查证明书。运输放射性化学试剂制品，放射性矿石、矿砂等货物，其运输包装等级和放射性强度每次都相同时，允许一次测定剂量，再次运输时，可以提交原辐射水平检查证。

（四）办理危险货物托运

托运人应向具有从事危险货物运输经营许可证的运输单位办理托运，并应当对托运的危险货物种类数量和承运人等相关信息予以记录，记录的保存期限不得少于1年。危险货物的性质与消防方法相抵触的货物则必须分别托运。危险货物应当严格按照国家有关规定妥善包装并在外包装设置标志，向承运人说明危险货物的品名、数量、危害、应急措施等情况。需要添加抑制剂或者稳定剂的，托运人应当按照规定添加，并告知承运人相关注意事项。

危险货物托运人托运危险化学品的，还应当提交与托运的危险化学品完全一致的安全技术说明书和安全标签。不得使用罐式专用车辆或者运输有毒、感染性、腐蚀性危险货物的专用车辆运输普通货物。其他专用车辆可以用于食品、生活用品、药品、医疗器具以外的普通货物运输，但应当由运输企业对专用车辆进行消除危害处理，确保不对普通货物造成污染、损害。不得将危险货物与普通货物混装运输。

未列入交通部《公路危险货物品名表》的危险货物，托运时应提交生产或经营单位的主管部门审核的《危险货物鉴定表》，经省、自治区、直辖市交通运输主管部门批准后办理运输，并由批准单位报交通部备案。盛装过危险货物的空容器，未经消除危险处理的，仍按原装货物条件办理托运，其包装容器内的残留物不得泄漏，容器外表不得粘有导致危害的残留物。对要求使用罐（槽）车运输的危险货物，必要时托运人应提供有关资料或样

品，并在运单上注明对装载的质量要求。对高度敏感或能自发引起剧烈反应的爆炸性物品，未采取有效抑制措施的禁止运输。对已采取有效的抑制或防护措施的危险货物，应在运单上注明。需控温运输的危险货物，托运人应在运单上注明控制温度和危险温度，并与承运人商定控温方法。

二、危险货物载运分类

危险货物具有爆炸、易燃、毒害、感染、腐蚀、放射性等危险特性，在运输、储存、生产、经营、使用和处置中，容易造成人身伤亡、财产损毁或环境污染，因而需要特别防护。按照国家标准《危险货物分类和品名编号》(GB 6944-2012)《危险货物品名表》(GB12268-2012)的规定，危险货物所具有的危险性或最主要的危险性应分为 9 个类别，有些类别可再分成项别，危险程度依据国家标准《危险货物运输包装通用技术条件》(GB 12463-2009)分为Ⅰ、Ⅱ、Ⅲ等级。

（一）爆炸品

该类货物系指在外界作用下（如受热、撞击等），能发生剧烈的化学反应，瞬时产生大量的气体和热量，使周围压力急骤上升，发生爆炸，对周围环境造成破坏的物品，也包括无整体爆炸危险，但具有燃烧、抛射及较小爆炸危险，或仅产生热、光、音响或烟雾等一种或几种作用的烟火物品。该类货物按危险性可分为 5 项：

第 1 项为具有整体爆炸危险的物质和物品。

第 2 项为具有抛射危险，但无整体爆炸危险的物质和物品。

第 3 项为具有燃烧危险和较小爆炸或较小抛射危险，以及两者兼有，但无整体爆炸危险的物质和物品，本项指的是可产生大量辐射热的物质和物品，相继燃烧产生局部爆炸或迸射效应以及两种效应兼而有之的物质和物品。

第 4 项为不呈现重大危险的物质和物品。本项包括运输中万一点燃或引发时仅出现小危险的物质和物品，其影响主要限于包件本身，并预计射出的碎片不大，射程也不远，外部火烧不会引起包件内全部内装物的瞬间爆炸。

第 5 项为非常不敏感的爆炸物质。本项货物有整体爆炸危险性，但非常不敏感，以致在正常运输中引发或由燃烧转为爆炸的可能性很小。

（二）气体

该类货物系指压缩、液化或加压溶解的气体。同时按下述两种情况区分：一是临界温度低于 50℃时，或在 50℃时其蒸气压力大于 291kPa 的气体为压缩或液化气体。二是温度在 21.19℃时，气体的绝对压力大于 275kPa，或在 51.4℃时气体的绝对压力大于 715kPa，或在 37.8℃时，蒸气压大于 274kPa，三种情形的气体为液化气体或加压溶解的气体。

另根据气体在运输中的危害程度，气体可分为易燃气体、非易燃无毒气体及毒性气体三种。

（1）易燃气体，指与空气混合的爆炸下限小于10%，或爆炸上限和下限之差值大于20%的气体。常见的易燃气体有氢、甲烷、丙烷、乙烷、乙炔、乙烯、甲醇、乙醇、氨气、一氧化碳、硫化氢等。

（2）非易燃无毒气体，是在运输时温度为21.1℃，压力不低于275kPa的气体，或经冷冻的液体。其中包括窒息性气体——通常在空气中能释放或置换氧的气体，氧化性气体——通过提供氧气比空气更能引起或促进其他材料燃烧的气体，第三类为不属于其他项别的气体。

（3）毒性气体，包括已知的对人类具有毒性或腐蚀性，足以对健康造成危害的气体；或因半数致死浓度LC50值不大于5000ml/m³而推定对人类具有毒性或腐蚀性的气体。（注：具有两个项别以上危险性的气体和气体混合物，其危险性先后顺序为第3项优先于其他项，第1项优先于第2项。）

（三）易燃液体

该类货物系指易燃的液体、液体混合物或含有固体物质的液体，但不包括由于其危险特性列入其他类别的液体。其闭杯试验闪点等于或低于61℃，但不同运输方式可确定本运输方式适用的闪点，而不低于45℃。货物按闪点的危险性分为3项：

第1项为低闪点液体，指该液体闭杯试验闪点低于-18℃的液体；

第2项为中闪点液体，指该液体闭杯试验闪点在-18℃至23℃的液体；

第3项为高闪点液体，指该液体闭杯试验闪点在23℃至61℃的液体。

（四）易燃固体、自燃物品和遇湿易燃物品

货物按危险性可分为易燃固体、易于自燃的物质、遇水放出易燃气体的物质。易燃固体包括容易燃烧或摩擦可能引燃或助燃的固体、可能发生强烈放热反应的自反应物质、不充分稀释可能发生爆炸的固态退敏爆炸品；易于自燃的物质包括发火物质、自热物质；遇水放出易燃气体的物质指与水相互作用易变成自燃物质或能放出危险数量的易燃气体的物质。

三、载运车辆防护措施

车辆载运危险货物过桥应当保障安全，依法运输，诚实守信。本书阐述的危险货物过桥载运就是指从事道路危险货物的运输应符合道路危险货物运输的有关规定，并要求使用厢式、罐式和集装箱等专用车辆运输危险货物。危险货物以列入国家标准《危险货物品名表》（GB 12268-2012）为准，未列入《危险货物品名表》的，以有关法律，行政法规的规定或者国务院有关部门公布的结果为准。

（一）满足载运专用车辆

危险货物载运专用车辆应符合一级技术等级要求。危险货物载运车辆是指满足特定技术条件和要求，从事道路桥梁危险货物运输的载货汽车（以下简称专用车辆），分为运输

剧毒化学品、爆炸品专用车辆以及罐式专用车辆。这几类专用车辆的技术性能符合国家标准《道路运输车辆综合性能要求和检验方法》（GB18565-2016）的要求；技术等级达到行业标准《道路运输车辆技术等级划分和评定要求》（JTT 198-2016）规定的一级技术等级。专用车辆外廓尺寸、轴荷和质量符合国家标准《汽车、挂车及汽车列车外廓尺寸，轴荷及质量限值》（GB 1589-2016）的要求。专用车辆燃料消耗量符合行业标准《营运货车燃料消耗量限值及测量方法》（JT719-2008）的要求。

  危险货物载运配备安全防护设备，悬挂标志。专用车辆应当按照国家标准《道路运输危险货物车辆标志》（GB 13392-2005）的要求悬挂标志。车辆左前方必须悬挂黄底黑字"危险品"字样的信号旗；专用车辆应当配备符合有关国家标准以及与所载运的危险货物相适应的应急处理器材和安全防护设备。严禁专用车辆违反国家有关规定超载、超限运输。

（二）专用车辆防护措施

  专用车辆的车厢、底板必须平坦完好，周围栏板必须牢固，铁质底板装运易燃、易爆货物时应采取衬垫防护措施，如铺垫木板、胶合板、橡胶板等，但不得使用谷草、草片等松软易燃材料；机动车辆排气管必须配备有效的隔热和熄灭火星的装置，电路系统应有切断总电源和隔离火花的装置；根据所装危险货物的性质，配备相应的消防器材和捆扎、防水、防散失等用具。

  罐式专用车辆载货后的总质量应当和专用车辆核定载质量相匹配；挂车载货后的总质量应当与牵引车的准牵引总质量相匹配。装运危险货物的罐（槽）应适合所装货物的性能，具有足够的强度，并应根据不同货物的需要配备泄压阀、防波板、遮阳物、压力表、液位计、导除静电装置等相应的安全装置；罐（槽）外部的附件应有可靠的防护设施。必须保证所装货物不发生"跑、冒、滴、漏"，并应在阀门口装置积漏器。

  装运集装箱、大型气瓶、可移动罐（槽）等的车辆，必须设置有效的紧固装置。各种装卸机械、工属具要有足够的安全系数，装卸易燃易爆危险货物的机械和工具，必须有消除产生火花的措施。装运放射性同位素的专用运输车辆、设备、搬动工具、防护用品应定期进行放射性污染程度的检查，当污染量超过规定水平时，不得继续使用。

（三）驾驶及押运人员

  从事道路危险货物运输的驾驶人员、装卸管理人员、押运人员应当经所在地设区的市级人民政府交通运输主管部门考试合格，并取得相应的从业资格证。从事剧毒化学品、爆炸品道路运输的驾驶人员装卸管理人员、押运人员，应当经考试合格，取得注明为"剧毒化学品运输"或者"爆炸品运输"类别的从业资格证。专用车辆的驾驶人员应取得相应机动车驾驶证，年龄不超过60周岁。驾驶人员应当随车携带道路运输证等危险货物运输许可证件。驾驶人员或者押运人员应当按照《汽车运输危险货物规则》（JT617-2004）的要求，随车携带道路运输危险货物安全卡。在道路危险货物运输过程中，除驾驶人员外，还应当在专用车辆上配备押运人员，确保危险货物处于押运人员监管之下。

道路危险货物运输途中，驾驶人员不得随意停车。因发生影响正常运输的情况需要较长时间停车的，驾驶人员、押运人员应当设置警戒带，并采取相应的安全防范措施。运输剧毒化学品或者易爆危险化学品且需要较长时间停车的，驾驶人员或者押运人员应当向当地公安机关报告。过桥隧时不得停车，因车辆故障停车，应向公安机关和桥隧管理部门及时报告。驾驶人员和押运人员应严格遵守有关部门关于危险货物运输线路、时间、速度方面的有关规定，并遵守有关部门关于剧毒、爆炸危险品道路运输车辆在重大节假日通行高速公路及城市桥梁、隧道的相关规定。运输爆炸品和需要特殊防护的烈性危险货物，托运人须派熟悉货物性质的人员指导操作、交接和随车押运。

第四节 桥下空间安全防护

随着我国社会经济和城市建设的快速发展，城市规模和城市化水平迅速提升，交通设施不断完善，大批城市桥梁投入使用，桥下空间利用与防护也逐渐成为一种新的管理形态。

一、桥下空间及其利用

城市桥梁桥下空间是指桥梁垂直投影下除水面、铁路及道路以外的空间。桥下空间的利用主要指城市立交桥围合空间和高架桥桥下空间用地的利用，而桥下空间内配建的公用设施均应采取防撞、防碰、防擦等保护措施，并与桥梁保持一定的安全间距，实行"一桥一档，一桥一策"的管理。根据《城市道路管理条例》（国务院令第198号）的规定，桥下空间主要用于配建道路、环卫、绿化、停车等市政公用设施，桥梁管理部门作为桥下空间使用管理的责任主体，负责组织所属有关机构，加强城市桥梁桥下空间使用的管理，保障城市桥梁设施安全，并依据相关法律、法规和规章的规定履行管理职责，市建设、规划、市容园林、综合执法等相关部门按照职能分工依法做好相关工作。

桥下空间所配建的公用设施除与桥梁保持安全间距之外，还应保证桥梁正常的养护维修，确保桥梁安全运行。桥梁养护单位应当履行责任，加强对桥梁的检查、检测和养护维修，保障桥梁处于良好的技术状态。桥梁管理部门应按照实际组织编制桥下空间使用设计导则或使用方案，桥下空间的使用应当满足道路、环卫、绿化、停车等设施的相关技术规范，符合桥下空间使用设计导则和使用方案的要求，以及城市规划治安、交通、消防、市容环境、环保等相关管理规定。另外，还应保障交通安全、通信、消防、监控、收费、供电、防护构筑物、上下水、管理用房、绿化等设施设备的正常使用，预留或保持城市桥梁设施检查、检测和养护维修专用通道。

桥下空间范围内应禁止生产、加工或者堆放易燃、易爆、腐蚀性、放射性物品等危险有害物品，禁止明火作业，不得违法使用城市桥梁桥下空间，从事摆卖、餐饮、娱乐、机动车清洗和修理等经营活动，不得侵占、损坏城市桥梁设施及附属设施。桥下空间的使用影响到治安、市容和环境卫生的，擅自转让、转租城市桥梁桥下空间使用权，擅自改变用途的，相关管理部门应依法予以处理、处罚。城市桥梁桥下空间使用管理工作应纳入城市管理考核范围。

为规范城市桥梁桥下空间的使用，集约利用桥下空间资源，占用城市桥梁桥下空间的单位或个人应当依据《城市道路管理条例》向城市桥梁管理部门提出申请，并提供与城市桥梁业主单位、道路经营管理单位养护维修单位签订的城市桥梁安全保护协议，占用设施、设备的具体设置方案，维护管理方案和安全抢险应急方案，以及相关行政管理部门的审核意见和文件等资料，并对桥下空间设施进行维护，保障桥梁结构完好和运行安全。同时按照规定程序确定城市桥梁桥下空间使用人，可为使用人办理临时占路许可手续，报相关管理部门备案，统筹安排桥下空间停车设施使用产生的收益，督促桥下空间使用人履行安全保护责任。按照桥下空间使用的有关标准、设计和使用方案要求，对桥下空间的使用情况和运营情况实施监督管理，确保使用设施规范、有序、安全运营；对不可使用的桥下空间实施日常管理；对违法使用桥下空间的行为进行纠正和查处；对损坏桥梁设施的行为及时制止并通知桥梁养护管理单位。总之，桥下空间的利用应当遵循安全使用、民生优先、合理利用、兼顾现状、整体协调的原则，保障城市桥梁运行安全、完好、有序。

安全同样是桥下空间利用与防护管理的前提，桥下空间的利用与防护应确保城市桥梁自身安全，也应确保桥下空间内设施对周边行人、非机动车、机动车等是安全的。由于桥下的用地附属于城市桥梁本身，具有特殊性，不能投入土地市场进行开发，因此桥下空间应优先考虑设置为用于公众服务的公用基础设施，并作为相关城市管理专项规划的补充。对于桥下空间现已利用成熟、符合规划、满足使用规定的，应遵从兼顾现状的原则，不变动、不破坏现有桥下空间的设施，不增加改造成本。桥下空间利用还应兼顾城市市容市貌，并与周边环境保持协调一致，不得影响城市整体的环境形象。

二、公用设施防护标准

（一）配建公用设施的种类

根据上述桥下空间的使用原则，并结合桥下空间的现状和实际利用的需求情况，可以将桥下空间的使用分成城市管理、交通设施和绿化休闲三种类型。第一类为城市管理类，主要作为环卫清洁、市政维护、桥梁养护、照明、园林绿化、交通、公安等城市管理部门使用的场所。具体可包括市政环卫停车场，城市管理材料工具的摆放点、道路抢修、抢险、养护的配套用房，治安岗（亭）等，公厕，环卫工具房，绿化管理配套用房，垃圾站，环卫车辆充电站等。第二类为交通设施类，主要用于车辆通行或临时停放，满足行人的通行需求，细分为交通通道，公交站（场）、出租车待客点、公共自行车站点和社会公共停车场。第三类为绿化休闲类，主要为公众提供绿化景观和休闲健身的场所，可用作公园广场等。

（二）公用设施防护标准

桥下空间及规划红线内公用设施的设置应不得影响桥梁安全、检测、养护维修和使用功能，并应满足应急抢修、消防等要求。相关公用设施的设计应结合桥梁新建、改建、扩建及大修同步进行，并配套照明、绿化消防、交通安全、标志标线及安防监控等；设置临时设施的，其顶部与桥底净距不宜小于1.5m，设施外墙与桥桩、柱、墩台净距不宜小于3m；禁止将桥桩、柱、墩台包裹。

1.管理配套用房的设置应考虑采用轻质牢固、阻燃耐用的材料，并具备储存值班、卫生、休息等基本功能。严禁设置燃气、电炉及进行明火作业。所有场所应按照每100平方米配备2具不低于3A级别的灭火器及桶装黄沙等消防器材的要求配备，均衡放置，灭火器放置高度不得高于1.7m，并在醒目处设置"严禁火种"禁令标志。水、电等管线应敷设于地下，不得悬空架设，特殊情况需要依附桥梁设施的，应当按照规定办理审批手续，且不得损伤城市桥梁的相关设施。

2.停车场的设置需要进行交通影响评价，停放车辆50辆以上的，至少设置两个出入口，并设置警示、指示标志。停车场出入口应实行双向行驶，宽度不小于7m；单向行驶的出入口宽度不小于5m，并应设置限高标志。停车场场地应平整防滑，并满足排水要求，场内明示通道，车辆走向路线、停车车位等交通标志、标线。桥柱周边应考虑设置防撞防碰、防擦设施，并依据不同车型设置相应的倒车定位设施。停车场内禁止停放化学危险品车辆和其他装载易燃易爆物品的车辆。若设置公交站（场）应按照国家相关规范实施。

3.其他有关环卫、市政养护、交通等管理设施的设置，首先应方便桥梁养护维修作业，人员进出安全，并与周边环境相协调。有关市政材料摆放点用地周边必须按照统一标准设置围栏，围栏高度不宜低于2m，作为机具停放、材料堆场的区域内应划分固定区域，保持整洁、平整、防滑，并满足排水要求，必要时采取防尘措施，同样也应禁止停放化学危险品和堆放易燃易爆物品。

4.绿化设施的设置主要要求满足植物生长的基本条件，绿化堆土层应低于挡土墙或侧石高度，绿化同时应符合道路建设管理和技术规范要求，不得腐蚀桥梁结构，不得影响桥梁安全，尽量留有桥梁维修作业的空间和安全通道。

第五节　桥区水域通航与防船撞

城市内河桥梁以中小桥梁为主，而中小桥梁的桥墩横向抗撞击力标准一般都较低。若桥梁不设防撞设施，船舶与桥墩发生碰撞时，由于二者均刚度较大，变形量较小，不能有效消耗撞击动能，桥墩一般都难以抵挡船舶的撞击而造成船毁桥塌事件。所以，桥梁的抗冲击能力需要由防撞保护系统提供，以缓冲船舶的撞击力，使桥梁和船舶的损伤程度尽可能降低。

另外，按现状或规划有通航要求的桥墩在设计和施工时应考虑防船舶撞击的可能。桥梁设计阶段应根据现行的或规划中的通航等级要求，对通航孔的桥墩进行最不利条件下的抗船舶撞击专项方案设计和验算，并在设计方案中明确相应防撞设施的安装部位、方法及其材料等级和尺寸要求，以确保通航孔的桥墩具备抗船舶撞击能力，从而避免对桥墩结构的撞击破坏。

一、通航安全影响的论证

随着经济社会的快速发展，桥梁等过江、跨海通道的建设需求日益增加，对水路运输和通航安全提出了更高的要求，为此，根据交通运输部门对水上水下活动通航安全管理规定，对需要立项的对通航安全可能产生影响的涉水工程，在工程立项前，交通运输主管部门应当按照职责组织通航安全影响论证审查。通航安全影响论证的主要内容包括桥位通航环境的要求、桥梁的通航净空尺度、桥梁通航保障措施、桥梁通航安全影响分析等。

（一）论证桥位通航环境的要求

桥梁通航环境是指桥位气象、水文、泥沙等基本情况，应符合相关要求；作为内河桥梁的河道，应具体说明桥位所处河流的地理位置、所在水系、桥位河段特征、滩险分布及航槽位置等，沿海桥梁还应进一步说明桥位所处海域的地貌特征、航道位置等；在工程地质方面，应包括桥位所处的地质构造、岩土层分布特征、不良地质现象、工程地质问题、工程地质评价等；对于地震安全性评价，应说明工程区域地震基本烈度、地震动峰值加速度等。同样，桥梁通航环境还应阐明水上水下建筑物、管线等设施与通航有关的技术参数；航道走向与风、水流、波浪的关系等通航条件，以及配备助导航设施应急设施，通信及防污染设备等通航安全保障情况。

（二）论证桥梁的通航净空尺度

桥梁的通航净空尺度主要是指通航净空高度和通航净空宽度。通常情况下，通航净空高度应根据工程河段或海域航道、水运发展的规划，结合航道技术等级与相关标准综合论证，并与已建相邻桥梁、在建桥梁的实际净空高度进行比较复核。通航净空宽度应根据相关标准规范提出单向通航孔最小宽度和双向通航孔最小宽度。对此类通航孔最小宽度，一般应考虑航槽摆动、船舶航迹线宽度、通航安全要求及多线通航需求等因素，最后，经论证明确通航净宽要求。其他行业，如军事、船舶工业、渔业及石油等对桥梁通航净空尺度有特殊要求的，应进行适应性分析，提出论证意见。

（三）论证桥梁通航的安全措施

桥梁通航的主要安全保障措施宜为桥区航道的布置及设置桥墩防撞设施。应根据有关的通航管理规定、航道维护要求、桥跨布置方案、交通流时空分布特征，以改善通航安全的方式进行桥区航道布置。应按代表船型、船队、实际通航船舶、桥墩水域水深和水流情况设置桥墩防撞与应急设施，作为桥墩防撞措施。

二、桥区水域航行的规定

为维护桥梁运行期桥区水域的水上交通秩序，保障桥梁及过往船舶、设施安全，依据《中华人民共和国内河交通安全管理条例》等法律法规，在桥梁桥区水域内航行、停泊、作业的船舶等设施，由海事或内河航道主管部门及其所属管理机构根据职责权限，负责桥区水域的水上交通安全监督管理工作。

桥梁涉及水上交通安全的部分工程完工后，桥梁建设单位应按规定在试运行前申请开展通航安全核查，并提供经核实的通航安全技术资料，如桥梁名称及桥位、通航桥孔分布、设计通航水位、通航净空尺度、防撞设施及防撞能力，以及通航安全有关的其他信息。为此，桥梁运行管理部门还应制订健全的防碰撞应急预案，并定期组织应急演练，建立值班制度。发现异常情况时，应当及时按应急预案采取措施。

（一）发布桥区水域航行通告

海事管理机构应根据《内河通航标准》的相关规定，桥区水域航道条件及船舶操纵性能分别划定桥区水域。相邻两桥的桥区水域间隔距离小于100m的，统一划定桥区水域，实施统一管理。桥区水域范围、主桥桥墩编号、通航桥孔、通航尺度、航路设置，以及其他有关通航安全的特别规定，由所在地分支海事管理机构确定并发布桥区水域航行通告。

关于桥梁桥轴线两侧各一定范围内的通航水域，如桥梁跨越内河的，其范围为桥轴线上游400m至下游200m；桥梁跨越海域或者对水域范围有特殊需求的，其范围由当地交通运输主管部门会同海事管理机构论证确定并予以公告。桥梁运行管理单位应当维护桥区水域良好的通航环境，加强日常安全管理与维护，定期进行水上交通安全风险评估和安全设施设备检测，发现存在安全隐患影响通航安全时，应当及时向过往船舶发出安全预警信息，采取应急措施。除特别需要外，非限制性桥梁运行期不划定桥区水域。但对于桥梁附近新建其他水上水下设施，尤其是涉及易燃、易爆物品时，应充分考虑如何避免其对桥梁安全可能产生的不利影响。海事管理机构应当建立健全监督检查制度，督促有关单位船舶、设施落实各项安全措施，保障桥梁及船舶通航安全。

（二）需设置水上航标和桥墩防撞装置

桥梁跨越航道的，建设单位应当按照国家有关规定设置桥梁航标、桥柱标、桥梁水尺标，并按照国家标准、行业标准设置桥区水上航标和桥墩防撞装置。桥梁设计阶段应根据现行的或规划中的通航等级要求，考虑防船舶撞击的可能性，对通航孔的桥墩进行最不利条件下抗船舶撞击专项方案设计和验算，并在设计方案中明确防撞设施的安装部位、方法及其材料等级和尺寸要求。通常跨海大桥的主通航孔桥墩宜按1000t级船舶进行防撞设计，其余水中非通航孔桥墩可按300t级内河船舶进行防撞设计，以确保通航孔的桥墩具有抗船舶撞击能力，从而避免对桥墩结构的撞击破坏。

对于限制性桥梁，建设单位或运行管理单位还应当按设计批复文件，落实涉水桥墩防撞能力和防撞装置，设置警示标志，配备必要的桥区水域监控设备，并进行有效监控。城市桥梁可按《公路桥梁抗撞防撞设计指南》的要求设置防撞墩，用于桥梁桥墩的防撞防护，在桥墩的上下水域可设置独立式防撞墩，桥区航标及大桥水中墩的防撞保护设施应与桥梁同步设计、同步施工、同步验收。

（三）桥下净空需满足通航标准

为了保证桥下通航船舶及桥梁结构、车辆、行人的安全，桥梁的通航尺度必须满足通航标准要求，桥下通航净空范围内不得有任何设施及障碍物。在通航桥孔上方标示桥梁通航净空高度，必要时可设置超高船舶进入桥区水域的防碰撞报警装置及监控设备，对通过桥梁水域的船舶实施有效监控。同时，桥梁管理单位应当保证通航桥孔满足通航条件，按照有关规定设置桥涵标桥柱灯、桥梁水域的助航标志及非通航桥孔的禁航标志，并加强对些设施的维护保养使其保持良好的状态。

三、桥梁防撞预控技术

桥梁防撞技术涉及的领域众多，包括桥梁工程、船舶驾驶、船舶工程、碰撞力学、河流水文气象等方面内容，属于典型的交叉学科。因此，从不同的角度看，其侧重点也有所不同。目前来看，降低船撞桥墩风险的措施主要有两种：被动防撞措施和主动防撞措施。

所谓被动防撞是指在发生船舶撞击桥梁的事故时，从减少撞击力的角度去保护桥梁免受更为严重的损害，最为典型的就是桥梁的桥墩加装防撞装置与吸能设施。这些防撞装置与吸能设施是根据桥梁自身抗撞能力、位置、外形、水流速度、水位变化情况、通航船舶的类型、碰撞速度等因素设计的，并兼顾水运、桥梁和航道等多方面的利益，不影响航道通航。此外，这类设计还应尽量缩小占用航道的范围，以免造成航道堵塞，同时又能够适应航道水位变化的要求，即使意外被撞也能够尽快恢复、多次使用。当然，安装、运输方便也是设计中需要考虑的。

常用被动防撞防护措施主要包括：

一是直接构造弹性变形型——缓冲材料方式。直接弹性变形型防护装置依靠结构或材料自身恢复弹性变形的能力转化并释放撞击能量，并且，由于使用的材料或结构的弹性和柔度较大，可以延长撞击时间，从而减少撞击力，达到保护船及桥梁的目的。直接弹性变形型防护设施的优点是设置水域小，安装及维护管理均比较容易，且对工程地质要求不高，因此缓冲材料防护设施在世界各国得到广泛应用。

二是直接构造抗压变形型——缓冲体方式。直接抗压变形型防护装置的工作原理是靠设施的压曲、压屈破坏来吸收冲撞能量，通过改变自身的结构形式和刚度，利用设施良好的塑性变形，对高能量的剧烈碰撞也能起到较好的防护作用，但其最大缺点就是该装置的抵抗能量越大，自身和船舶的损坏也越严重。

三是间接构造弹性变形型——群桩方式。这种方式的防撞装置的特点是利用桩群的联合弹性变形缓冲吸收船舶的冲撞能量，一般由斜桩（承受压力）或竖直桩（承受拉力）组成，在桩的顶部互相连接，使整个防护系统通过共同变形来吸收船舶动能。

四是间接构造变位型——浮体系泊方式。这种变位型装置一般是指由浮体、钢丝绳、锚定物组成的浮体系泊方式，利用重力或浮力的作用使浮体从平衡状态到被拉紧状态所产生的还原力钢丝绳的弹力和变形力做功来吸收船舶的撞击动能，从而使船舶速度降低，直至被浮体之间的钢丝绳张紧拦住。

总体而言，防护装置的种类繁多，某种防护类型的装置采用与否要依据船舶的尺寸大小、类型、航速、河流与河床的断面以及防护体系的施工能力等因素来决定。另外，每一类型的防护装置都有其自身的优缺点，只要使结构优化，多种类型的装置巧妙结合，通常是解决桥梁防撞问题的好方法。

所谓主动防撞，就是从减少船撞桥的发生概率的角度入手，对通过桥区的船舶实施各种预防措施，如导航标的设置、船舶航行定线制的实行等。

就目前而言，桥梁工程主动防御技术的措施主要包括：设置内河助航标志，包括航行标志、信号标志及专用标志，引导船舶安全航行；对过往船舶实行定线制航行，以船舶分道通航制为主；在施工危险水域设置船舶航行警戒区，提醒过往船舶小心驾驶；要求船舶安装自动识别系统（AIS），这样可以实现船舶之间以及船岸之间的动静态航行信息交流，并能够进行其他航行安全相关的信息的交换，以便海事监管部门能对船舶进行自动识别、检测和跟踪，避免碰撞事故发生；实现桥区水域的VTS覆盖，增进内河桥梁桥区水域的通航安全，提高水上交通效率，防止水域发生污染事故；对特殊船舶采取引航措施，如超大型船舶、危险品船等，保障船舶安全有效地通过，特殊情况下短时间内可以采取限制通航的办法。

第八章 工程项目进度控制

第一节 工程项目进度控制概述

一、工程项目进度控制的概念

工程项目进度控制是指项目各参与方根据自己的进度控制目标制订工程项目进度控制计划，然后在实施过程中将实际进度与计划进度进行对比、寻找偏差、分析结果以及调整计划再付诸实施的过程。施工方的项目进度控制就是针对建设工程施工阶段建筑安装工作内容、施工程序、持续时间和衔接关系，根据工程总进度计划、项目总工期目标及可利用资源的优化配置等原则编制施工进度计划，并在其付诸实施的过程中，检查实际进度是否按照计划进行，对出现的偏差进行分析，采取补救措施，或调整或修改原计划再付诸实施，如此循环，直至项目竣工验收交付使用。

工程项目进度控制的最终目的是通过控制实现工程的进度目标，因此不仅要重视项目进度计划的编制，而且要重视项目进度计划实施的控制。进度控制的过程就是一个进度计划不断调整的过程，它贯穿于建筑工程施工全过程。由于工程建设过程中存在着很多影响进度的因素，这些因素来自不同的部门、不同的时期、有不同的产生原因等，它们对建筑工程进度具有复杂的影响。因此，进度控制人员必须事先对影响项目进度的各种因素进行调查分析，预测它们对项目进度的影响程度，以确定合理的进度控制目标，编制可行的进度控制计划。而在其实施过程中，必然会产生各种干扰因素和风险因素等，导致实际与计划产生偏差。此时就要求项目进度控制人员掌握动态控制原理，在项目进度计划实施过程中注意检查工程实际进展情况与计划安排的出入，然后在分析偏差大小及其产生原因的基础上，通过采取组织、技术、经济、合同等措施，维持原计划或调整计划，使项目建设工作始终按计划、可控制地进行。

二、工程项目进度控制的任务

代表不同利益的项目各个参与方都有进度控制的任务。业主方进度控制的任务是控制整个项目实施阶段的进度，包括控制设计准备阶段、设计阶段、施工阶段、物资采购以及项目动用前的准备阶段等各个工作阶段的进度。设计方进度控制的任务就是依据设计任务委托合同对设计工作进度的要求控制设计工作的进度，并尽可能使设计工作进度与招投标、施工和物资采购等工作进度相协调。供货方进度控制的任务即根据供货合同对供货的要求控制供货进度。

施工方作为工程实施的一个主要参与方，其对工程项目进度的控制不仅关系到施工进度目标能否实现，还直接关系到工程的质量和成本。施工方的进度控制在工程项目管理中起着关键的作用。其进度控制的任务是根据施工任务委托合同对施工进度的要求控制施工进度。在进度计划编制方面，施工方应视项目的特点和施工进度控制的需要，编制不同深度的控制性、指导性和实施性施工进度计划，以及不同计划周期的年度、季度、月度和旬施工计划等。

第二节　流水施工原理

工业生产中常采用"流水作业法"，即把整个的工艺加工过程分成若干不同的工序，按照顺序像流水似的不断进行。工业生产的经验表明，流水作业法能有效提高生产效率。"流水施工原理"源于工业生产，但是由于建筑产品与工业产品特点的不同，流水施工原理与流水作业又不尽相同。流水施工原理是工程项目进度计划编制的重要技术工具。

一、流水施工的基本概念

（一）组织施工的三种基本方式

工程项目组织实施的管理形式分三种：依次施工、平行施工、流水施工。依次施工又叫顺序施工，是将拟建工程按照施工工艺流程顺序划分为若干个施工过程，然后顺次进行施工，前一个施工过程完成后，后一个施工过程才开始。

平行施工是指，在工作面、资源供应允许的前提下，组织多个相同的施工队，在同一时间、不同的施工段上同时组织施工。平行施工常见于拟建工程时间十分紧迫的情况。

流水施工是将拟建工程划分为若干施工段，并将施工对象分解为若干个施工过程，然后按照施工过程成立相应的工作队，各个工作队按照施工过程顺序在一个施工段内完成自己的工作，进入下一个施工段。施工在各施工段、施工过程中连续、均衡地进行，使相应专业工作队间实现了最大限度的搭接施工。

（二）流水施工的特点

1. 科学利用工作面，争取时间，合理压缩工期。
2. 工作队实现专业化施工，有利于工作质量和效率的提升。
3. 工作队及其工人、机械设备连续作业，同时使相邻专业工作队的开工时间能够最大限度地搭接，减少窝工和其他支出，降低建造成本。

4. 单位时间内资源投入量较均衡，有利于资源组织与供给。

（三）组织流水施工的要点

1. 划分施工过程

施工过程是根据拟建工程的特点、施工要求、工艺要求、工程量大小及劳动组织等因素来划分的。其目的是对施工对象的建造过程进行分解，以便逐一实现局部对象的施工。

2. 划分施工段

根据流水施工的具体要求，将拟建工程在平面上或空间上，尽可能地划分为劳动量大致相同的若干个施工段。

3. 实行专业班组施工

在组织流水施工时，为提高生产效率和工程质量，并保证工程能按照顺序依次连续均衡地进行施工，需要组织专业班组进行施工。

4. 主要施工过程必须连续、均衡地施工

主要施工过程是指工程量较大、作业时间较长的施工过程。对于主要施工过程，必须连续均衡施工，对于次要施工过程，可考虑与相邻的施工过程合并或间断施工。

5. 不同施工过程尽可能组织平行搭接施工

按照施工顺序，不同的施工过程，在工作面足够的条件下，除必要的技术和组织间隙时间外，应尽可能组织平行搭接施工。

二、流水施工的主要参数

（一）工艺参数

工艺参数是指组织流水施工时，用以表达流水施工在施工工艺方面进展状态的参数，通常包括施工过程和流水强度两个参数。

1. 施工过程

施工过程是指根据施工组织及计划安排需要将计划任务划分成的子项。施工过程可以是单位工程、分部工程，也可以是分项工程，甚至是按照专业工种不同分解成的施工工序。施工过程的数目一般用 n 表示。

施工过程的划分需要考虑的因素有：

（1）施工进度计划的性质。对于控制性进度计划，施工过程划分的综合性较大，故数目较少；而对于指导性或实施性进度计划，施工过程可划分得细一些，一般可划分到分项工程。

（2）施工方案和工程结构的复杂程度。对于同时施工的建筑过程可划分为一个施工过程；先后施工的建筑过程可划分为两个施工过程，如承重墙与非承重墙的砌筑等。

（3）劳动组织及劳动量的大小。若劳动量较少，可以将几个施工过程合起来组成混合班组,则施工过程可分得少些。

(4)劳动内容和范围。由于建造类施工过程占有施工、对象的空间,直接影响工期的长短,并在其中大多作为主导施工过程或关键工作。因此,必须划分施工过程,列入施工进度计划。

运输类和制备类施工过程,只有在其占有施工对象的工作面、影响工期时,才列入施工进度计划中。

2.流水强度

流水强度是指流水施工的某施工过程(专业工作队)在单位时间内所完成的工程量,也称为流水能力或生产能力。

流水强度可用下式计算求得:

$$V = \sum_{i=1}^{X} R_i \cdot S_i$$

式中 V——某施工过程的流水强度;

R_i——投入该施工过程中的第i种资源量(施工机械台数、人员数);

S_i——投入该工程中的第i种资源的产量定额;

X——投入该工程的资源种类数。

(二)空间参数

空间参数指组织流水施工时,表达流水施工在空间布置上划分的个数,可以是施工区(段),也可以是多层的施工层数,数目一般用 M 表示。

由于施工段内的施工任务由专业工作队依次完成,因而在两个施工段间容易形成施工缝;同时,施工段数量的多少将直接影响流水施工的效果。因此,为合理组织流水施工,施工段的划分应遵循以下原则:

1.同一专业工作队在各施工段上的工作量应大致相等,相差幅度不宜超过10%。

2.每个施工段内要有足够的工作面,以保证相应数量的工人、主导施工机械的生产效率,满足合理劳动组织的要求。

3.施工段的界限应尽可能地与结构界限(如沉降缝、伸缩缝等)相吻合,或设在对建筑结构整体性影响小的部位,以保证建筑结构的整体性。

4.施工段的数目要满足合理组织流水施工的要求。施工段的数目过多,会降低施工速度,延长工期;施工段数目过少,不利于充分利用工作面,可能造成窝工。

5.对于多层建筑物、构筑物或需要分层施工的工程,应既划分施工段,又划分施工层,各专业工作队依次完成第一施工层中各个施工段任务后,再转入第二施工层的各施工段上依次施工。以此类推,以确保相应专业工作队在施工段及施工层之间,组织连续、均衡、有节奏的流水施工。

第三节　网络计划技术

一、网络图和网络计划

1. 网络图

网络图是由箭线和节点组成，用来表示工作流程的有向网状图形。网络图有单代号网络图和双代号网络图两种。

双代号网络图又称箭线式网络图，它以箭线表示工作，以节点表示工作的开始或结束状态及工作之间的连接点，以工作两端节点的编号代表一项工作。

单代号网络图又称节点式网络图，它以节点及其编号表示工作，以箭线表示工作之间的逻辑关系。

2. 网络计划

网络计划是在网络图上加注各项工作的时间参数而成的工作进度计划。

3. 网络计划的特点

用网络计划对建设项目进行进度控制，具有以下特点。

（1）网络计划能明确表达各项工作之间的逻辑关系。

一项需要进行施工的工作，与其他工作有着相互依赖和相互制约的逻辑关系。从组织上、工艺上都可以看出它的前面是哪些工作，它的后面是哪些工作。这对处理各工作之间的协作关系有着非常重要的意义，也是网络计划比横道计划先进的主要特征。

（2）网络计划通过计算和分析，可以找出关键的工作。

所谓关键工作，是指对总工期有影响的工作。组成了一条首尾相连的关键线路。各关键工作的持续时间总和就是该计划的工期。能够明确计划的关键工作，就明确了进度控制中"关键的少数"，可以作为进度控制的重点或关键，这对提高进度控制效果具有重要意义。因此，正式付诸实施的网络计划，必须标注关键工作，为的就是给执行者以明确的提示。

（3）网络计划通过计算和分析，可以求出可利用的机动时间。

这里所指的机动时间，就是在执行计划时完成任务所必需的时间外剩余的、可供使用的富余时间，亦称"时差"。

除了关键工作以外，其他各项工作都有富余时间，所以，它们可称为非关键工作。非关键工作的富余时间可视为一种"潜力"，可以用来支援关键工作，也可以用来优化网络计划，降低资源强度。许多优化计划的理论，就是在如何利用时差上研究出来的。

（4）网络计划可以通过计算，得到许多可用于计划控制的时间信息。

横道计划有工作时间直观的特点。网络计划不但有工作顺序直观的特点，而且具有时间量化的特点，使计划的可控性极大地提高并可以用数据说话了。一般说来，网络计划可计算出的工作时间主要有：最早可能开始时间，最早可能完成时间，最迟必须开始时间，最迟必须完成时间，总工期、总时差、自由时差等。

（5）网络计划可以用电子计算机进行计算、调整和优化进度控制工作中一项重要的内容是计划的优化和调整。用手工计算、优化和调整，是非常困难的，必须借助电子计算机。网络计划是可提供计算、优化和调整的模型，使现代大型计划的计算、优化和调整成为可能。网络计划的这一特点，使它在现代化管理中成为最重要、最有效的方法，得到了普遍的重视。网络计划可用来进行工期优化和调整、工期—资源优化和调整、工期—成本优化和调整等等。用电子计算机进行网络计划绘图及图形转换也早已成为现实。

网络计划的上述特点使它成为建设工程项目进度控制的最有效工具。在国际上，它经常是合同中承诺进行项目进度控制必须使用的模型。在国内，许多大型工程项目的进度控制也使用这种模型。工程管理人员必须掌握它、应用它，以实现进度控制目标。无论是设计进度控制，还是施工进度控制，乃至各项工作的进度控制，均可应用网络计划技术。

4. 网络计划的种类

网络计划技术自从20世纪50年代诞生以来，得到了迅速的发展与深化，其种类也越来越多。总的说来，它有肯定型和非肯定型之分。肯定型网络计划是指计划的子项目（工作）、各工作的相互关系及工作的持续时间都是肯定的，非肯定型网络计划是上述三个要素之一或全部不肯定的网络计划。建设项目进度控制主要使用肯定型网络计划，本书也只介绍肯定型网络计划。肯定型网络计划主要有双代号网络计划、单代号网络计划、其他网络计划几类。

其他网络计划是在双代号网络计划和单代号网络计划基础上派生的，可以用于不同的计划目的，为进度控制提供适宜的图示模型。主要包括以下几种

（1）时标网络计划

时标网络计划是以时间坐标为尺度表示工作时间的网络计划。它的最主要特点是计划时间直观。

（2）搭接网络计划

搭接网络计划是可以表示计划中各项工作之间的搭接关系的网络计划，其主要特点是可以表示各种搭接关系，简化计划图形。最常用的搭接网络计划是单代号搭接网络计划。

（3）流水网络计划

这种网络计划既能表示搭接关系，又能表示流水关系，兼有网络计划和流水作业两者的优点。

（4）有时限的网络计划

有时限的网络计划是能体现由于外界因素影响对计划时间安排限制的网络计划，这些影响因素包括计划的约束条件（如自然条件、经济条件和社会条件）、技术条件以及对计划的要求（如指令、合同、协议）等。

时限有最早开始时限、最迟完成时限和中断时限。

（5）多目标网络计划

一般网络计划是单目标的，即只有一个结束节点或只有一个计划工期。多目标网络计划有两个或更多个结束节点，有与结束节点数目相同的工期。

二、网络图的绘制

1. 双代号网络图的绘制

（1）双代号网络图的表现形式

在网络图中箭线表示一项工作，它占用时间，大多数也消耗资源；箭线的箭尾表示该工作的开始，箭头表示该工作的完成。在无时间坐标约束的条件下，箭线的长短并不反映该工作所占用时间的长短。箭线的形状可画成直线或折线。箭线的方向表示工作的进行方向。应保持自左向右的总方向，并应以水平线为主，斜线或竖线为辅。

在网络图中的圆圈称为节点，表示一项工作的开始或完成。节点内必须编号，其数码既可连续，又可间断，但严禁重复。

一项工作必须有唯一的一条箭线和相应的一对箭头、箭尾编号。箭线的箭尾节点编号宜小于箭头节点编号。因此，一项工作的名称可以用其箭尾和箭头编号表示。

箭线之间的先后关系称为逻辑关系。逻辑关系有两种：一种是工艺关系，是由生产工艺所决定的各工作之间的先后顺序关系；一种是组织关系，是由于人力或物力等资源的组织与安排需要而形成的各工作之间的先后顺序关系。

每一个网络图都有一个起点节点，表示一项任务的开始。每一个网络图都有一个终点节点，表示一项任务的完成。除以起点节点为开始节点的工作外，都有紧前工作，即紧排在本工作之前的工作。除以终点节点为结束节点的工作外，每项工作都有紧后工作，即紧排在本工作之后的工作。两项工作之间如果有虚箭线相连，也形成了紧前、紧后关系。

（2）双代号网络图的绘图规则

①网络图必须按照已定的逻辑关系绘制。这是因为，网络图是有向有序图，是严格按照各项工作之间的逻辑关系绘制的，也是为保证工作和任务的质量和资源优化配置及合理使用所必需的。

②网络图中严禁出现从一个节点出发，顺箭头方向又回到原出发点的循环回路。

③网络图中严禁出现双向箭头和无箭头的连线。

④严禁在网络图中出现没有箭尾节点的箭线和没有箭头节点的箭线。图中出现了箭线没有箭尾节点，则工作无开始，出现了箭线没有箭头节点，则工作无结束，这样的工作也没有确切代号。

⑤网络图应只有一个起点节点和终点节点（任务中部分工作分期完成的网络计划例外）；相应的，亦不应出现其他没有内向箭线或外向箭线的节点。

⑥与起点节点和终点节点相连的箭线可以使用"母线法"绘图。

⑦绘制网络图时，为避免交叉，可采用特殊的表达方法。

⑧网络图的节点编号不能出现重号，箭头节点的编号应大于箭尾节点的编号，允许跳跃顺序编号。

（3）双代号网络图中逻辑关系的表示方法

为了确切表示既定的逻辑关系，其中的关键是恰当使用虚箭线，并避免出现多余关系、遗漏关系和多余的虚箭线。

2.单代号网络图的绘制

（1）单代号网络图的表现形式

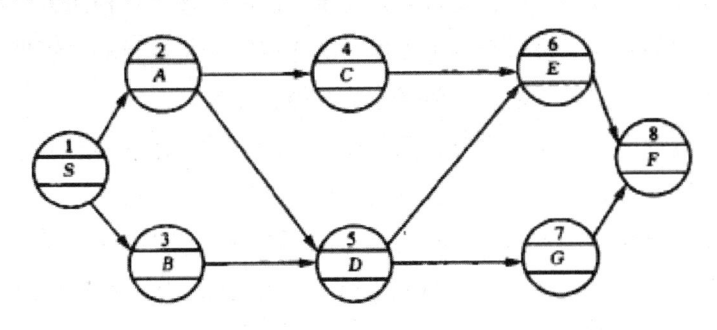

图 8-1 单代号网络图

在图 8-1 中，节点表示一项工作，其中"S"节点和"F"节点分别表示虚拟的起点节点和终点节点，它是虚拟的工作。除虚拟工作外，各节点所代表的工作均占用时间，大多数也消耗资源。节点编号、工作名称表示在节点内。

（2）单代号网络图的绘图规则

单代号网络图的绘图规则与双代号网络图的绘图规则基本相同，主要有以下几点。

①网络图必须按照已定的逻辑关系绘制。

②网络图中严禁出现循环回路。

③网络图中严禁出现双向箭头和无箭头的"连线"。

④在网络图中严禁出现没有箭尾节点和没有箭头节点的箭线。

⑤一个网络图应只有一个起点节点和一个终点节点。当有两项以上的工作同时开始时，应增设一项虚拟的起点节点（工作），其名称以"S"表示，持续时间为 0；当有两项以上的结束工作时，应增加一项虚拟的终点节点（工作），其名称以"F"表示，持续时间亦为 0。除起点节点和终点节点外，不应出现没有内向箭线和外向箭线的节点。

⑥与起点节点和终点节点相连的箭线可用母线法绘制。

⑦绘制网络图时，宜避免箭线交叉，当交叉不可避免时，可采用过桥法或断路法。

⑧网络图的节点编号不能出现重号。箭头节点的编号宜大于箭尾节点的编号，允许跳跃顺序编号。

第四节 工程项目进度控制

一、进度控制原理

工程项目的进度控制是指为了实现项目最优的进度目标，对工程建设进度所进行的计划、执行、检查和调整等系列活动。

在公路工程项目建设过程中，能否使其在预定的时间内交付使用，直接关系到业主和施工企业投资效益的发挥。进行公路工程项目的进度控制是进行项目管理的中心任务和重要环节，它包括计划、执行、检查和调整等基本控制要素。

在进度控制过程中，首先针对公路工程项目各阶段的工作内容、工作程序、持续时间和衔接关系编制进度计划，在计划执行过程中检查实际进度是否按计划要求进行。当实际进度与计划进度出现偏差时要进行原因分析，对计划进行及时调整（包括采取补救措施、修改原计划等），使后续计划在下一循环中达到预定的目标。如此循环往复，直至工程竣工，交付使用。

1. 项目进度计划

公路建设项目进度计划是项目进度控制的依据。它是指公路建设项目各阶段开始前，根据各项活动的先后关系、技术经济特点、组织措施、资源消耗、约束条件等，对其各建设活动在开始与完成时间上进行的规划活动。公路项目进度计划根据使用者、编制范围、对象等的不同，分为以下几种：

（1）业主进度计划。是宏观进度计划，实现项目进度目标。包括：公路工程项目前期工作计划、公路工程项目建设总进度计划、公路工程项目年度计划。

（2）监理咨询单位进度计划。是根据业主要求，实现项目的总进度计划、总进度分解计划、各子项目进度计划。

（3）设计单位进度计划。是根据业主要求，实现设计准备工作计划、设计总进度计划和设计工作分专业进度计划。

（4）施工单位进度计划。是根据业主要求，从编制的范围与对象看，实现施工准备工作计划、施工总进度计划、单位工程进度计划、分包工程进度计划、分部和分项工程进度计划；从编制计划时间的长短看，实现施工项目年、季、月、旬进度计划。

2. 编制公路工程进度计划应遵循的基本原则

（1）保证目标工期的实现；

（2）投资效果的尽早实现；

（3）尽量使基本建设活动均衡与连续；

项目进度控制在项目进度计划阶段的实质体现在：一是制订分级控制进度计划，即将上级计划细化为项目总进度计划（总控制）、项目分阶段进度计划（中间控制）和项目分阶段的各子项进度计划（详细控制）；二是需对这些计划进行优化，以提高项目进度计划的有效控制程度。

二、进度控制程序

一般来说，进度控制随着工程项目的进程而展开，因此进度控制的总程序与建设程序的阶段划分相一致。在具体操作上，每一建设阶段的进度控制又按计划、实施、监测及反复调整的科学程序进行。

进度控制的重点是项目施工准备和施工阶段的进度控制。因为这两个阶段时间最长、影响因素最多、分工协作关系最复杂、变化也最大。但前期工作阶段所进行的进度决策又是实施阶段进度控制的前提和依据，其预见性和科学性对整个进度控制的成败具有决定性的影响。进度控制总程序如下：

1. 项目建议书阶段，通过机会研究和初步可行性研究，在项目建议书报批文件中提出项目总安排的建议。它体现了业主对项目建设时间方面的预期目标。

2. 可行性研究阶段，对项目的实施进度进行较详细的研究。通过对项目投入使用时间要求和建设条件可能的相关分析，对不同进度安排的经济效果的比较，在可行性研究报告中提出最优的两个或三个及以上备选方案。该报告经评估、审批后确定的建设总进度和分期、分阶段控制进度，就成为实施阶段控制进度的决策目标。

3. 设计阶段，除进行设计进度控制外，还要对施工进度做进一步预测。设计进度本身也必须与施工进度相协调。

4. 施工准备阶段，要控制征地、拆迁、场地清障和平整的进度，抓紧水、电、道路等建设条件的准备，组织材料、设备的订货，组织施工招标，办理各种协议签订和有关主管部门的审批手续，这一阶段工作头绪繁多，上下左右间关系复杂。每一项疏漏或拖延都将留下建设条件的缺口，造成工程顺利开展的障碍或打乱进度的正常程序。因此这一阶段工作及其进度控制极为重要，绝不能掉以轻心。在这一阶段还应通过编制与审批施工组织设计，确定施工总进度计划、首期或第一年工程的进度计划。

5. 施工阶段进度控制的重点是组织综合施工和进行偏差管理。项目管理者要全面做好进度的事前控制、事中控制和事后控制。除对进度的计划审批、施工条件提供等预控环节和进度实施过程的跟踪管理外，还要重视协调好总包不能解决的内外界关系问题。当没有总包单位，建筑安装的各项专业任务直接由业主分别发包时，计划的综合平衡和单位间协调配合的责任就更为重要。对进度的事后控制，就是要及早发现并尽快排除相互脱节、冲突和外界干扰等影响工程进度的不利情况，使进度始终处于受控状态，确保进度目标的逐步实现。与此同时，还要抓好项目投入使用准备工作，为按期或提早竣工创造必要而充分的条件。施工单位的具体进度控制程序如下：

（1）确定施工进度目标。根据施工合同确定的开工日期、总工期和竣工日期确定施工进度目标，明确计划开工日期和计划竣工日期，并确定项目分期、分批的开工、竣工日期。

（2）编制施工进度计划。施工进度计划应根据工艺关系、组织关系、搭接关系、起止时间、劳动力计划、材料计划、机械计划和其他保证性计划等因素综合确定。

（3）报送开工申请报告。向监理工程师提出开工申请报告，并按照监理工程师下达的开工令指定的日期开工。

（4）实施施工进度计划和统计报告。当出现进度偏差（不必要的提前或延误）时，应及时进行调整，并应不断预测未来进度状况。

（5）实施施工进度计划和统计报告。当出现进度偏差（不必要的提前或延误）时，应及时进行调整，并应不断预测未来进度状况。

（6）进行进度控制总结。全部任务完成后进行进度控制总结并编写进度控制报告。

6. 在竣工验收阶段，施工单位要做好项目的自验和预验收；协助建设单位进行初验；在具备条件后协助业主组织正式验收。在本阶段中，有关甲、乙方之间的竣工结算和技术资料核查归档移交、施工遗留问题的返修、处理等，都会有大量涉及双方利益的问题需要协调解决。此外还有各验收过程的大量准备工作，必须抓全、抓细、抓紧，才能加快验收的进度。

三、进度控制的措施包括组织措施

1. 组织措施

进度控制的组织措施主要包括：

（1）建立包括监理单位、建设单位、设计单位、施工单位、供应单位、市政公用单位等进度控制体系，明确各方的人员配备，进度控制任务和相互关系。

（2）建立进度报告制度和进度信息沟通网络。

（3）建立进度协调会议制度。

（4）建立进度计划审核制度。

（5）建立进度控制检查制度和调度制度。

（6）建立进度控制分析制度。

（7）建立图纸审查、及时办理工程变更和设计变更手续的措施。

2. 技术措施

进度控制的技术措施主要包括：

（1）采用多级网络计划技术和其他先进适用的计划技术。

（2）组织流水作业，保证作业连续、均衡、有节奏。

（3）缩短作业时间、减少技术间歇的技术措施。

（4）采用电子计算机控制进度的措施。

（5）采用先进高效的技术和设备。

3. 经济措施

进度控制的经济措施主要包括：

（1）对工期缩短给予奖励。

（2）对应急赶工给予优厚的赶工费。

（3）对拖延工期给予罚款、收赔偿金。

（4）提供资金、设备、材料、加工订货等供应时间保证措施。

（5）及时办理预付款及工程进度款支付手续。

（6）加强索赔管理。

4. 合同措施

进度控制的合同措施包括：

（1）加强合同管理，加强组织、指挥、协调，以保证合同进度目标的实现。

（2）严格控制合同变更，对各方提出的工程变更和设计变更，监理工程师应严格审查后补进合同文件中。

（3）加强风险管理，在合同中充分考虑风险因素及其对进度的影响、处理办法等。

第九章 工程项目质量控制

第一节 质量控制相关理论

一、质量和质量控制

1. 质量

根据国家标准《质量管理体系基础和术语》的定义，质量是一组固有特性满足要求的程度。工程质量的固有特性通常包括使用功能、寿命以及可靠性、安全性、经济性等，这些特性满足要求的程度越高，质量就越好。

2. 质量管理

质量管理是在质量方面指挥和控制组织协调的活动，这些活动通常包括制定质量方针和质量目标，以及质量策划、质量控制、质量保证和质量改进等一系列的工作。

3. 质量控制

根据国家标准《质量管理体系基础和术语》的定义，质量控制是质量管理的一部分，是致力于满足质量要求的一系列相关活动。这些活动主要包括：

（1）设定标准：规定要求，确定需要控制的区间、范围和区域。

（2）测量结果：测量满足所设定标准的程度。

（3）评价：评价控制的能力和效果。

（4）纠偏：对不满足设定标准的偏差及时纠正，保持控制能力的稳定性。

建设工程项目质量控制，是在工程勘察设计、招标采购、施工安装、竣工验收等各个阶段，项目参与各方均应围绕着致力于满足业主要求的质量总目标努力而进行的控制。

二、工程项目质量的特征

项目从本质上说是一项拟建或在建的产品，它和一般产品具有同样的质量内涵，即一组固有特性满足需要的程度。这些特性是指产品的适用性、可靠性、安全性、经济性以及环境的适宜性等。同时，由于建设工程项目本身的一次性、单件性、预约性的特点，建设工程项目质量的基本特性包括以下几个方面：

1. 能够反映建筑环境

建筑环境质量包括项目用地范围内的规划布局、道路交通组织、绿化景观；更追求其与周边环境的协调性或适宜性。

2. 能够反映使用功能

建设工程项目的功能性质量，主要是反映对建设工程使用功能需求的一系列特性指标，如房屋建筑的平面空间布局、通风采光性能，工业建设工程项目的生产能力和工艺流程，道路交通工程的路面等级、通行能力等。

3. 能够反映艺术文化

建筑产品具有深刻的社会文化背景，其个性的艺术效果，包括建筑造型、立面外观、文化内涵、时代特征以及装修装饰、色彩视觉等，都是使用者以及社会关注的焦点。建设工程项目艺术文化特性的质量来自设计者的设计理念、创意和创新，以及施工者对设计意图的领会与精益生产。

4. 能够反映安全可靠

建筑产品不仅要满足使用功能和用途的要求，而且在正常的使用条件下应能达到安全可靠的要求。可靠性质量必须在满足功能性质量需求的基础上，结合技术标准、规范特别是强制性条文的要求进行确定与实施。

三、工程项目质量控制的目标

工程项目质量控制指采取有效措施，确保实现合同（设计承包合同、施工承包合同与订货合同等）商定的质量要求和质量标准，避免常见的质量问题，达到预期目标。一般来说，工程项目质量控制的目标要求是：

1. 工程设计必须符合设计承包合同规定的规范标准的质量要求，投资额、建设规模应控制在批准的设计任务书范围内。

2. 设计文件、图纸要清晰完整，各相关图纸之间无矛盾。

3. 工程项目的设备选型、系统布置要经济合理、安全可靠、管线紧凑、节约能源。

4. 环境保护措施、"三废"处理、能源利用等要符合国家和地方政府规定的指标。

5. 施工过程与技术要求相一致，与计划规范相一致，与设计质量要求相一致，符合合同要求和验收标准。

工程项目的质量控制在项目管理中占有特别重要的地位，确保工程项目的质量是工程技术人员和项目管理人员的重要使命。近年来，国家已明确规定把建筑工程优良品率作为考核建筑施工企业的一项重要指标，要求施工企业在施工过程中推行全面质量管理、价值工程等现代管理方法，使工程质量明显提高。但是，目前我国建筑的质量管理仍不尽如人意，还存在不少施工质量问题，这些问题的出现，大大影响了用户的使用效果，严重的甚至还造成人身伤亡事故，给建设事业造成了极大的损失。为了确保项目的质量，应下大力气抓好质量控制。

第二节 质量控制体系

一、质量管理体系概述

质量管理体系是在质量方面指挥和控制组织的管理体系。由国家市场监督管理总局、中国国家标准化管理委员会发布的现行质量体系标准有《质量管理体系基础和术语》(GB/T 19000 20081O 9002005) 和《质量管理体系要求》(GB/T 19001-2008180 9001 : 2008)等。以下质量管理体系内容的依据即为该两项标准。

(一) 质量管理原则

成功地领导和运作一个组织，需要采用系统和透明的方式进行管理。针对所有相关方的需求，实施并保持持续改进其业绩的管理体系，可使组织获得成功。质量管理是组织各项管理的内容之一。以下八项质量管理原则被确定为最高管理者用于领导组织进行业绩改进的指导原则。

1. 以顾客为关注焦点

组织依存于顾客。因此，组织应当理解顾客当前和未来的需求，满足顾客要求并争取超越顾客期望。

2. 领导作用

领导者确保组织宗旨、目的及方向的一致性。他们应当创造并保持良好的内部环境，使员工能充分参与实现组织目标的活动。

3. 全员参加

各级人员都是组织之本，唯有他们的组织参与，才能使他们为组织的利益发挥其才干。

4. 过程方法

将活动的相关资源作为过程进行管理，可以增强效果。

5. 管理的系统方法

将相互关联的过程看作体系来看待、理解和管理，有助于组织提高实现目标的有效性和效率。

6. 持续改进

持续改进总体业绩应当是组织的永恒目标。

7. 基于事实的决策方法

有效的决策建立在数据和信息分析的基础上。

8. 与供方互利的关系

组织与供方相互依存、互利的关系可增强双方创造价值的能力。

这八项质量管理原则形成了 GB/T19000 质量管理体系标准的基础。

(二)质量管理体系基础

1.质量管理体系的理论说明

质量管理体系能够帮助组织提高顾客满意度。

顾客要求产品具有满足其需求和期望的特性,这些需求和期望在产品规范中表述,并集中归结为顾客要求。顾客要求可以由顾客以合同方式规定或由组织自己确定。在任一情况下,产品是否可接受最终由顾客确定。因为顾客的需求和期望是不断变化的,所以随着竞争的压力和技术的发展,这些都促使组织持续地改进产品和生产过程。

质量管理体系方法鼓励组织分析顾客要求、规定相关的过程,并使其持续受控,以实现顾客能接受的产品。质量管理体系能提供持续改进的框架,以增加组织提升顾客和其他相关方满意的概率。质量管理体系还能够针对提供持续满足要求的产品向组织及其顾客提供信任。

2.质量管理体系要求与产品要求

GB/T19000 族标准区分了质量管理体系要求和产品要求。

GB/T 19001 规定了质量管理体系要求。质量管理体系对产品的要求是相同的,适用于所有行业和经济领域,不论其提供何种类别的产品。GB/T19001 本身并不规定产品要求。

产品要求可由顾客规定,或由组织通过预测顾客的要求规定,或由法规规定。产品要求有时与相关的过程要求一起,被包含在诸如技术规范、产品标准、过程标准、合同协议中。

3.质量管理体系方法

建立和实施管理体系的方法包括以下步骤:

(1)确定顾客和其他相关方的需求和期望。

(2)建立组织的质量方针和质量目标。

(3)确定实现质量目标必需的过程和职责。

(4)确定和提供实现质量目标必需的资源。

(5)规定测量每个过程有效性和效率的方法。

(6)应用这些测量方法确定每个过程的有效性和效率。

(7)确定防止不合格产品并消除产生原因的措施。

(8)建立和应用持续改进质量管理体系的过程。

上述方法也适用于保持和改进现有的质量管理体系。

采用上述方法的组织能对其过程能力和产品质量树立信心,为持续改进提供基础,从而提高顾客和其他相关方的满意度并使组织成功。

4.过程方法

利用资源将输入转化为输出的任何一项或一组活动均可视为一个过程。

为使组织有效运行，必须识别和管理许多相互关联和相互作用的过程。通常，一个过程之间的相互作用称为"过程方法"。鼓励采用过程方法管理组织。

5. 质量方针和质量目标

质量方针和质量目标的建立为组织提供了关注的焦点。两者确定了期望的结果，并帮助组织利用资源得到这些结果。质量方针为建立和评审质量目标提供了框架。质量目标需要与质量方针和持续改进的承诺相一致，其实现须是可测量的。质量目标的实现对产品质量、运行有效性和财务业绩都有积极影响，因此对相关方的满意和信任也产生积极影响。

二、质量管理体系的认证与监督

1. 质量管理体系认证的意义

质量认证制度是由公正的第三方认证机构对企业的产品及质量体系做出正确可靠的评价，从而使社会对企业的产品建立信心。第三方质量认证制度自20世纪80年代以来已得到世界各国的普遍重视，它对供方、需方、社会和国家的利益都具有以下重要意义：

（1）提高供方企业的质量信誉。

（2）促进企业完善质量体系。

（3）增强国际市场竞争能力。

（4）减少社会重复检验和检查的费用。

（5）有利于保护消费者利益。

（6）有利于法规的实施。

2. 质量管理体系的申报及批准程序

（1）申请和受理

由具有法人资格，并已按 GB/T19000（或 ISO9000）系统标准或其他国际公认的质量体系规范建立了文件化的质量管理体系，并在生产经营全过程贯彻执行的企业可提出申请。申请单位须按要求填写申请书，认证机构经审查符合要求后接受申请，如不符合则不接受申请，均予发出书面通知书。

（2）审核

认证机构派出审核组对申请方质量体系进行检查和评定，包括文件审查、现场审核，并提出审核报告。

（3）审批与注册发证

认证机构对审核组提出的审核报告进行全面审查，符合标准者批准并予以注册，发给认证证书（内容包括证书号、注册企业名称和地址、认证和质量体系覆盖产品的范围、评价依据和质量保证模式标准及说明、发证机构、签发人和签发日期）。

3. 获准认证后的维持与监督管理

企业获准认证的有效期为三年。企业获准认证后，应通过经常性的内部审核，维持质量管理体系的有效性，并接受认证机构对企业质量体系实施的监督管理。获准认证后的质量管理体系，维持与监督管理内容包括：

（1）企业通报

认证合格的企业质量体系在运行中出现较大变化时，需向认证机构通报，认证机构接到通报后，视情况采取必要的监督检查措施。

（2）监督检查

监督检查指认证机构对认证合格单位质量维持情况进行监督性现场检查，包括定期和不定期的监督检查。定期检查通常是每年一次，不定期检查视需要临时安排。

（3）认证注销

注销是企业的自愿行为。在企业体系发生变化或认证书有效期届满时未提出重新申请等情况下，认证持证者提出注销的，认证机构予以注销，收回体系认证证书。

（4）认证暂停

认证暂停是认证机构对获证企业质量体系发生不符合认证要求情况时采取的警告措施。认证暂停期间企业不得用体系认证证书做宣传。企业在规定期间采取纠正措施满足规定条件后，认证机构撤销认证暂停；否则将撤销认证注册，收回合格证书。

（5）认证撤销

当获证企业发生质量体系存在严重不符合规定或在认证暂停的规定期限内未予整改的，或发生其他构成撤销体系认证资格的情况时，认证机构做出撤销认证的决定。企业不服的可提出申诉。撤销认证的企业一年后可重新提出认证申请。

（6）复评

认证合格有效期满前，如企业愿继续延长，可向认证机构提出复评申请。

（7）重新换证

在认证证书有效期内，出现体系认证标准变更、体系认证范围变更、体系认证证书持有者变更的，可按规定重新换证。

第三节　施工阶段工程项目的质量管理

建设工程的施工质量控制，一是指狭义的质量控制，即建设工程项目施工单位的施工质量控制，包括总承包、分包单位综合的和专业的施工质量控制；二是指广义的施工阶段建设工程项目的质量控制，即除了施工单位的施工质量控制外，还包括业主、设计单位、监理单位以及政府质量监督机构，在施工阶段对建设工程项目施工质量所实施的监督管理和控制职能。

一、施工阶段质量控制概述

（一）施工阶段质量控制的目标

施工是实现工程设计意图、形成工程实体的阶段，是最终形成工程产品质量和项目使用价值的重要阶段。建设工程项目施工阶段的质量控制是整个工程项目质量控制的关键环节，是从对投入原材料的质量控制开始，直到完成工程竣工验收和交工后服务的系统过程，分为施工准备、施工、竣工验收和回访服务四个阶段。

建设工程项目施工质量控制的总目标，是实现由建设工程项目决策、设计文件和施工合同所决定的预期使用功能和质量标准。建设单位、设计单位、施工单位、供货单位和监理单位等，在施工阶段质量控制的地位和任务、目标不同，但从建设工程项目管理的角度来看，都致力于实现建设工程项目的质量总目标。

施工阶段各方的质量控制可具体表述如下：

1. 建设单位的控制目标

建设单位在施工阶段，通过对施工全过程、全面的质量监督管理，保证整个施工过程及其成果达到项目决策所确定的质量标准。

2. 设计单位的控制目标

设计单位在施工阶段，通过对关键部位和重要分部分项工程施工质量的验收签证、设计变更控制及纠正施工中所发现的设计问题、采纳变更设计的合理化建议等，保证竣工项目各项施工和成果与设计文件（包括变更文件）所规定的质量标准相一致。

3. 施工单位的控制目标

施工单位包括施工总承包和分包单位，作为建设工程产品的生产者，应根据施工合同的任务范围和质量要求，通过全过程、全面的施工质量自控，保证最终交付满足施工合同及设计文件所规定质量标准（含建设工程质量创优要求）的建设工程产品。我国《建设工程质量管理条例》规定，施工单位对建设工程的施工质量负责，分包单位应当按照分包合同的约定对其分包工程的质量向总承包单位负责，总承包单位与分包单位对分包工程的质量承担连带责任。

4. 供货单位的控制目标

建筑材料、设备、构配件等供应厂商，应按照采购供货合同约定的质量标准提供货物及其合格证明，包括检验试验单据、产品规格和使用说明书，以及其他必要的数据和资料，并对其产品质量负责。

5. 监理单位的控制目标

建设工程监理单位在施工阶段，通过审核施工单位的施工质量文件、报告报表，采取现场旁站、巡视、平行检测等形式进行施工过程质量监理，并应用施工指令和结算支付控制等手段，监控施工承包单位的质量活动行为，协调施工关系，正确履行对工程施工质量的监督责任，以保证工程质量达到施工合同和设计文件所规定的质量标准。监理人员认为工程施工不符合工程设计要求、施工技术标准和合同要求的，有权要求建筑施工企业改正。

施工质量的自控和监控相辅相成，自控主体的质量意识和能力是关键，是施工质量的决定因素，各监控主体所进行的施工质量监控是对自控行为的推动和约束。因此，自控主体必须正确处理自控和监控的关系，在致力于施工质量自控的同时，还必须接受来自业主、监理等方面对其质量行为和结果所进行的监督管理，包括质量检查、评价和验收。自控主体不能因为监控主体的存在和监控职能的实施而减轻或免除其质量责任。

（二）施工质量控制的依据

1. 共同性依据

共同性依据指适用于施工阶段且与质量管理有关的、通用的、具有普遍指导意义和必须遵守的基本条件，主要包括：工程建设合同、设计文件、设计交底及图纸会审记录、设计修改和技术变更、国家和政府有关部门颁布的与质量管理有关的法律和法规性文件，如《中华人民共和国建筑法》《中华人民共和国招标投标法》(简称《招标投标法》)和《建设工程质量管理条例》等。

2. 专门技术法规性依据

专门技术法规性依据指针对不同的行业、不同质量控制对象制定的专门技术法规文件，包括规范、规程、标准和规定等，如工程建设项目质量检验评定标准，有关建筑材料、半成品和构配件等质量方面的专门技术法规性文件，有关材料验收、包装和标志等方面的技术标准和规定，施工工艺质量等方面的技术法规性文件，有关新工艺、新技术、新材料、新设备的质量规范和鉴定意见等。

（三）施工质量控制的基本环节

施工质量控制应贯穿全面、全过程质量管理的思想，运用动态控制原理，进行质量的事前控制、事中控制和事后控制。

1. 事前控制

事前控制即在正式施工前进行的事前主动质量控制，其通过编制施工质量计划，明确质量目标，制订施工方案，设置质量管理点，落实质量责任，分析可能导致质量目标偏离的各种影响因素，针对这些影响因素制定有效的防范措施，防患于未然。

事前控制预控必须充分发挥组织的技术和管理方面的整体优势，把长期形成的先进技术、管理方法和经验智慧，创造性地应用于工程项目。

事前控制预控要求针对质量控制对象的控制目标、活动条件、影响因素进行周密分析，找出薄弱环节，制定有效的控制措施和对策。

2. 事中控制

事中控制指在施工质量形成过程中，对影响施工质量的各种因素进行的全面动态控制。事中控制也称为作业活动过程质量控制，包括质量活动主体的自我控制和他人监控的控制方式。自我控制是第一位的,即作业者在作业过程中对自己质量活动行为的约束和技术能力的发挥,以完成符合预定质量目标的作业任务。他人监控是指作业者的质量活动过程和结果,接受来自企业内部管理者和企业外部有关方面的检查检验,如工程监理机构、政府质量监督部门等的监控。

事中控制的目标是确保工序质量合格,杜绝质量事故发生,控制的关键是坚持质量标准,控制的重点是工序质量、工作质量和质量控制点的控制。

3. 事后控制

事后控制也称为事后质量把关,以使不合格的工序或最终产品(包括单位工程或整个工程项目)不流入下道工序、不进入市场。事后控制包括对质量活动结果的评价、认定;对工序质量偏差的纠正;对不合格产品进行的整改和处理。控制的重点是发现施工质量方面的缺陷,并通过分析提出施工质量改进的措施,保持质量处于受控状态。

以上三大环节不是互相孤立和截然分开的,它们共同构成有机的系统过程,实质上也就是质量管理 PDCA 循环的具体化,在每一次滚动循环中不断提高,达到质量管理和质量控制的持续改进。

二、施工阶段质量控制的主要环节

无论是项目承包人还是分包人,进行质量管理均应依次完成下列工作内容:

1. 确定项目质量目标。一般来说,该目标是指质量验收标准的合格要求。国家规定了分项工程、分部工程和单位工程的质量验收标准。国家系列标准《建筑工程施工质量验收规范》就是工程项目的质量目标。有时,项目质量目标是发包人提出的质量要求。发包人在实施质量标准的前提下,也可以根据自身的经营方针确定计划质量目标。

2. 编制项目质量计划。项目质量计划是规定项目应由谁及何时使用哪些程序和相关资源的文件。这些程序通常包括所涉及的那些质量管理过程和工程实现过程。通常,质量计划引用质量手册的部分内容和程序文件。质量计划通常是质量策划的结果之一。对施工项目而言,质量计划主要是针对特定项目所编制的规定程序和相应资源的文件。

3. 实施项目质量计划。项目质量计划的实施通常是按阶段进行的,包括施工准备阶段的质量管理、施工阶段的质量管理和竣工验收阶段的质量管理。

4. 项目质量的持续改进与检查、验证。项目质量持续改进是指项目质量增强满足要求能力的循环活动。该循环活动通过不断制定改进目标和寻求改进机会实现。该过程使用审核发现、审核结论、数据分析、管理评审或其他方法,其结果通常导致纠正措施或预防措施。

项目检查、验证是对项目质量计划执行情况组织的检查、内部审核和考核评价,验证实施效果。对考核中出现的问题、缺陷或不合格,应召集有关专业人员商讨质量制造整改措施。

(一)项目质量计划

1. 项目质量计划的作用和内容

项目质量计划的第一项作用是为质量控制提供依据,使施工的特殊质量要求能通过有效的措施得以满足;其第二项作用是在合同情况下,满足特定合同的特殊质量要求,并作为顾客实施质量监督的依据。根据以上作用的要求,项目质量计划应包括的内容是:编制依据;质量目标;组织机构;质量控制及管理组织协调的系统描述;必要的质量监控手段,实施过程、服务、检验和试验程序等;确定关键工序和作业指导书;与施工阶段相适应的检验、试验、测量、验证要求;更改和完善质量计划的程序。

2. 质量计划的编制

编制项目质量计划应注意以下几点:

(1)由于项目质量计划的重要作用,作为最高领导者的项目经理应亲自主持编制。

(2)项目质量计划应集体编制。编制者应有丰富的知识、实践经验,较强的沟通能力和创新精神。

(3)始终以业主为关注焦点,准确无误地找出关键质量问题,反复征询对质量计划草案的意见以修改完善。

(4)质量计划应体现有工序、分项工程、分部工程、单位工程的过程控制,且应体现从资源投入到完成工程质量最终检验和试验的全过程控制,质量计划成为对外质量保证和对内质量控制的依据。

3. 质量计划的实施与验证

质量计划实施时,质量管理人员应按照分工进行控制,按规定保存质量控制记录。当发生质量缺陷或事故时,必须分清原因、分清责任,进行整改。项目负责人应定期组织具有资格的质量检查人员和内部质量审检员验证质量计划的实施效果。发现质量控制中的问题或隐患时,提出措施予以解决。对重复出现的不合格,负责人应按规定承担责任,并依据验证评价的结果进行处罚。

(二)施工准备阶段的质量控制

1. 技术资料及文件准备的质量控制

(1)施工项目所在地的自然条件和技术经济条件调查资料应做到周密、详细、科学、妥善保存,为施工准备提供依据。

(2)施工组织设计文件的质量控制要求是:一要使施工顺序、施工方法和技术措施等能保证质量;二要进行技术经济比较,使质量好、经济效果也好。

(3)要认真收集并学习有关质量管理方面的法律、法规和质量验收标准,质量管理体系标准等。

(4)工程测量控制资料应按规定收集、整理和保管。

2. 设计角度和图纸审核的质量控制

应通过设计交底、图纸审核（或会审），使施工者了解设计意图、工程特点、工艺要求和质量要求，发现、纠正和减少设计差错，消灭图纸中的质量隐患并做好记录，以保证工程质量。

3. 采购和分包的质量控制

（1）项目经理应按计划中的物资采购法分包的规定选择和评价供应人，并保存评价记录。

（2）采购要求包括：产品质量要求或外包服务要求；有关产品提供的程序要求；对供方资格的要求；对供方质量管理体系的要求。采购要求的形式可以是合同、订单、技术协议、询价单及采购计划等。

（3）物资采购应符合设计文件、规范、相关法规及承包合同的要求。

（4）对产品应根据验证要求规定验证部门及验证方式；当拟在供方现场实施验证时，应在采购要求中事先作出规定。

（5）对各种分包服务选用的控制应根据其规模和控制的复杂程度区别对待，一般通过分包合同对分包服务进行动态控制。

4. 质量教育与培训

通过质量教育培训，增强质量意识和顾客意识，使员工具有所从事的质量工作要求的能力。

测试可以通过考试或实际操作等方式检查培训的有效性，并保存教育、培训及技能认可的记录。

第四节 建筑工程施工质量验收

1. 建筑工程质量验收的划分

（1）建筑工程质量验收的划分。

建筑工程质量验收应划分为单位（子单位）工程、分部（子分部）工程、分项工程和检验批。

（2）单位工程的划分原则。

①具备独立施工条件、能形成独立使用功能的建筑物及构筑物为一个单位工程。

②建筑规模较大的单位工程，可将其能形成独立使用功能的部分作为一个子单位工程。

（3）分部工程的划分原则。

①分部工程的划分应按专业性质、建筑部位确定。

②当分部工程较大或较复杂时，可按材料种类、施工特点、施工程序、专业系统及类别等划分为若干子分部工程。

建筑工程的分部工程有9个：地基与基础、主体结构、建筑装饰装修、建筑屋面、建筑给水排水与采暖、建筑电气、智能建筑、通风与空调、电梯。

（4）分项工程的划分。

分项工程应按主要工种、材料、施工工艺、设备类别等进行划分。

（5）分项工程可由一个或若干检验批组成，检验批可根据施工、质量控制和专业验收需要按楼层、施工段、变形缝等进行划分。

（6）室外工程的划分。

室外工程可根据专业类别和工程规模划分单位（子单位）工程。

室外单位工程（子单位工程）划分为：室外建筑环境（附属建筑、室外环境）和室外安装（给排水与采暖、电气）。

2. 建筑工程质量验收

（1）检验批合格质量应符合下列规定：

①主控项目和一般项目的质量经抽样检验合格。

②具有完整的施工操作依据、质量检查记录。

（2）分项工程质量验收合格应符合下列规定：

①分项工程所含的检验批均应符合合格质量的规定。

②分项工程所含的质检批的质量验收记录应完整。

（3）分部（子分部）工程质量验收合格应符合下列规定：

①分部（子分部）工程所含分项工程的质量均应验收合格。

②质量控制资料应完整。

③地基与基础、主体结构和设备安装等分部工程有关安全及功能的检验和抽样检测结果应符合有关规定。

④观感质量验收应符合要求。

（4）单位（子单位）工程质量验收合格应符合下列规定：

①单位（子单位）工程所含分部（子分部）工程的质量均应验收合格。

②质量管理资料应完整。

③单位（子单位）工程所含分部工程有关安全和功能的检测资料应完整。

④主要项目的抽查结果应符合相关专业质量验收规范的规定。

⑤观感质量验收应符合要求。

（5）建筑工程质量验收进行记录时，检验批质量验收、分项工程质量验收、分部（子分部）工程质量验收、单位（子单位）工程质量验收、质量控制资料核查、安全和功能检验资料核查及主要功能抽查记录，均应按规定内容和表示进行。

（6）当建筑工程质量不符合要求时，应按以下规定进行处理：

①经返工重做或更换器具、设备的检验批，应重新进行验收。

②经有资质的检测单位检测鉴定能够达到设计要求的检验批，应予以验收。

③经有资质的检测单位检测鉴定达不到设计要求，但经原设计单位核算认可能够满足

结构安全和使用功能的检验批，可予以验收。

④经返修或加固处理的分项、分部工程，虽然改变外形尺寸但仍能满足安全使用要求的，可按技术处理方案和协商文件进行验收。

（7）通过返修或加固处理仍不能满足安全使用要求的分部工程、单位（子单位）工程，严禁验收。

3. 建筑质量验收程序和组织

（1）检验批及分项工程。

检验批及分项工程应由监理工程师（建筑单位项目技术负责人）组织施工单位项目专业质量（技术）负责人等进行验收。

（2）分部工程。

分部工程应由总监理工程师（建筑单位项目技术负责人）组织施工单位项目负责人和技术、质量负责人等进行验收；地基与基础、主体结构分部工程的勘察、设计单位工程项目负责人和施工单位技术，质量部门负责人也应参加相关分部工程的验收。

（3）单位工程。

单位工程由分包单位施工时，分包单位对所承包的工程项目应按本标准规定的程序检查评定，总包单位应派人参加。分包工程完成后，应将工程有关资料交总包单位。

当参加验收各方对工程质量验收意见不一致时，可请当地建设行政主管部门或工程质量监督机构协调处理。

单位工程质量验收合格后，建设单位应在规定时间内将工程竣工验收报告和有关文件报建设行政管理部门备案。

第十章 工程项目管理

第一节 施工成本管理

一、工程项目成本的概念

"工程项目成本"一词本身具有多重含义。对不同的项目实施主体而言，工程建设成本在业主是项目投资，在承包商是工程建设费用。在不同的项目实施阶段，工程建设成本表现形式多样，例如在整个建设过程中，工程项目成本存在投资估算、设计概算、施工图预算、工程承包合同价、工程结算价及竣工决算等多种形式。

工程项目施工成本，是指在建设工程项目的施工过程中所发生的全部生产费用的总和，由直接成本和间接成本所组成。直接成本是指施工过程中耗费的构成工程实体或有助于工程实体形成的各项费用支出，是可以直接计入工程对象的费用，包括人工费、材料费、施工机械使用费和施工措施费等；间接成本是指为施工准备、组织和管理施工生产的全部费用的支出，是非直接用于也无法直接计入工程对象，但为进行工程施工所必须发生的费用，包括管理人员工资、办公费、差旅交通费等。

二、工程项目施工成本管理的任务

工程项目施工成本管理就是要在保证工期和质量满足要求的情况下，采取相应的组织、经济、技术、合同等管理措施，把成本控制在计划范围内，并进一步寻求最大限度的成本节约。施工成本管理主要包括施工成本预测、施工成本计划、施工成本控制、施工成本核算、施工成本分析和施工成本考核六个方面的任务。

1. 施工成本预测

施工成本预测是成本管理的首要环节，就是根据成本信息和施工项目的具体情况，运用一定的专门方法，在工程施工以前对成本进行估算，对未来的成本水平及其可能的发展趋势做出科学的估计。

成本预测的目的是预见成本的发展趋势，为成本管理决策和编制成本计划提供依据。施工成本预测，通常是对施工项目计划工期内影响其成本变化的各个因素进行分析，比照近期已完工施工项目或将完工施工项目的成本，预测这些因素对工程成本中有关项目的影响程度，预测出工程的单位成本或总成本。

2. 施工成本计划

成本计划是实现成本目标的具体安排，是成本管理工作的行动纲领。施工成本计划是以货币形式编制施工项目在计划期内的生产费用、成本水平、成本降低率以及为降低成本所采取的主要措施和规划的书面方案，是建立施工项目成本管理责任制、开展成本控制和核算的基础。它是该项目降低成本的指导文件，是设立目标成本的依据。

成本计划应在项目实施方案确定和不断优化的前提下进行编制，因为不同的实施方案将导致直接工程费、措施费和企业管理费的差异。成本计划的编制是施工成本预控的重要手段，应在工程开工前编制完成。

3. 施工成本控制

施工成本控制是指在施工过程中，针对影响施工成本的各种因素，加强管理并采取各种有效措施，将施工中实际发生的各种消耗和支出严格控制在成本计划范围内。通过随时揭示并及时反馈，严格审查各项费用是否符合标准，计算实际成本和计划成本之间的差异并进行分析，进而采取多种措施，消除施工中的损失和浪费现象。

工程项目施工成本控制应贯穿于项目从投标阶段开始直至竣工验收的全过程，它是企业全面成本管理的重要环节。

4. 施工成本核算

施工成本核算，是指按照规定开支范围对施工费用进行归集，计算出施工费用的实际发生额，并根据成本核算对象，采用适当的方法，计算出该施工项目的总成本和单位成本。

施工成本一般以单位工程为成本核算对象，但也可以按照承包工程项目的规模、工期、结构类型、施工组织和施工现场等情况，结合成本管理要求，灵活划分成本核算对象。项目经理部应作为企业的成本中心，加强施工项目成本核算，为成本控制各环节提供必要的资料。成本核算应贯穿于成本管理的全过程。

5. 施工成本分析

施工成本分析是在成本形成过程中，主要利用施工项目的成本核算资料（成本信息），与目标成本、预算成本以及类似施工项目的实际成本等进行比较，了解成本的变动情况；同时也要分析主要技术经济指标对成本的影响，系统地研究成本变动的因素，检查成本计划的合理性，并通过成本分析，深入揭示成本变动的规律，寻找降低施工项目成本的途径，以便有效地进行成本控制。

施工成本分析应贯穿于施工成本管理的全过程。通过成本分析，寻求进一步降低成本的途径，包括有利偏差的挖掘和不利偏差的纠正。成本偏差的控制，分析是关键，纠偏是核心。

要针对分析得出的偏差发生原因，采取切实措施，加以纠正。

6. 施工成本考核

施工成本考核，是指在施工项目完成后，对施工项目成本形成过程中的各责任者，按施工项目成本目标责任制的有关规定，将成本的实际指标与计划、定额、预算进行对比和考核，评定施工项目成本计划的完成情况和各责任者的业绩，并以此给予相应的奖励和处罚。

成本考核的目的在于通过考察责任成本的完成情况，调动责任者成本管理的积极性。施工成本考核是衡量成本降低的实际成果，也是对成本指标完成情况的总结和评价。

施工成本管理的各项任务是相互联系和相互作用的。成本预测是成本决策的前提；成本计划是成本决策所确定目标的具体化；成本控制是对成本计划的实施进行的控制和监督，以保证决策成本目标的实现；而成本核算又是对成本计划是否实现的最后检验，它所提供的成本信息又对下一个施工项目成本预测和决策提供基础资料。成本考核是实现成本目标责任制的保证和实现决策目标的重要手段。

三、工程项目成本管理的措施

施工成本管理工作中，应建立施工成本管理责任体系，这涉及一系列组织制度、工作程序、业务标准和责任制度。为了取得施工成本管理的理想成效，应当从多方面采取措施实施管理，通常可以将这些措施归纳为组织措施、技术措施、经济措施、合同措施。

1. 组织措施

组织措施是从施工成本管理的组织方面采取的措施，如实行项目经理责任制，落实施工成本管理的组织机构和人员，明确各级施工成本管理人员的任务和职能分工、权力和责任。施工成本管理不仅是专业成本管理人员的工作，各级项目管理人员都负有成本控制责任。

组织措施的另一方面是编制施工成本控制工作计划、确定合理详细的工作流程，如施工采购规划、施工定额管理、施工任务单管理、施工调度等。

组织措施是其他各类措施的前提和保障，而且一般不需要增加额外的费用，运用得当可以收到良好的效果。

2. 技术措施

施工过程中降低成本的技术措施包括：进行技术经济分析，确定最佳的施工方案；结合施工方法，进行材料使用的比选，在满足功能要求的前提下，通过代用、改变配合比、使用外加剂等方法降低材料消耗的费用；确定最合适的施工机械、设备使用方案；结合项目的施工组织设计及自然地理条件，降低材料的库存成本和运输成本；应用先进的施工技术，运用新材料，使用新开发的机械设备等。

3. 经济措施

经济措施主要包括：编制资金使用计划；确定、分解施工成本管理目标；对施工成本管理目标进行风险分析，并制定防范性对策；对各种支出，应认真做好资金的使用计划，并在施工中严格控制各项开支；及时准确地记录、收集、整理、核算实际发生的成本；对各种变更，及时做好增减账，及时落实业主签证，及时结算工程款；通过偏差分析和未完工工程预测，可发现一些潜在的可能引起未完工程施工成本增加的问题，对这些问题应以主动控制为出发点，及时采取预防措施。经济措施的运用绝不仅仅是财务人员的事情，而且是最易为人们所接受和采用的措施。

4. 合同措施

合同措施的应用，首先是选用合适的合同结构，对各种合同结构模式进行分析、比较，在合同谈判时，要争取选用适合于工程规模、性质和特点的合同结构模式。其次是在合同的条款中应仔细考虑一切影响成本和效益的因素，特别是潜在的风险因素。通过对引起成本变动的风险因素的识别和分析，采取必要的风险对策，如通过合理的方式，增加承担风险的个体数量，降低损失发生的比例，并最终使这些策略反映在合同的具体条款中。在合同执行期间，合同管理的措施既要密切注视对方合同执行的情况，以寻求合同索赔的机会；同时也要密切关注自己履行合同的情况，以防被对方索赔。

采用合同措施控制施工成本，应贯穿整个合同周期，包括从合同谈判开始到合同终结的全过程。

第二节 合同管理

一、施工项目合同管理概述

在市场经济条件下，建设项目施工是一种特殊的交易活动，这种交易活动从招标、投标工作开始，并持续于项目施工的全过程，为加强对施工项目的管理，必须依法签订合同。与项目经理部有经济往来的有业主（发包人）、专业分包人、材料供应商、设备供应商、银行、保险公司等，怎样使有关方各建立有机的联系，相互协调，默契配合，保证工程项目目标的顺利实现，一个必不可少的措施就是利用合同手段，通过经济与法律相结合的方法，将各方在平等互利的原则上建立起相互的权利、义务关系。

1. 施工合同

施工合同即建筑安装工程承包合同，是发包人和承包人为完成某一商定的建筑安装工程，明确相互权利和义务关系的合同。施工合同与建设工程的其他合同一样，在签订合同时必须遵守平等、自愿、公平、诚实信用等原则。依据施工合同，承包人应完成合同规定的建筑、安装工程任务，发包人应提供必要的施工条件，并支付相应的工程价款。施工合同是承包人进行工程建设质量管理、进度管理、成本管理的主要依据之一。

2. 施工合同管理

广义的施工合同管理，是指各级建设行政主管机关、金融机构和工商行政管理机关，以及工程发包单位、监理单位、承包单位依据法律和行政法规、规章制度，采取法律的、行政的手段对施工合同关系进行组织、指导、协调及监督,保护施工合同当事人的合法权益,处理施工合同纠纷,防止和制裁违法行为,保证施工合同顺利实施等一系列活动。由此可见,施工合同管理分为两个层次:第一层次为国家机关及金融机构对施工合同的管理,是侧重于宏观的管理;第二层次则为建设工程施工合同当事人及监理单位对施工合同的管理,即对施工合同进行具体而细致的管理。根据交通运输部公路建设管理的有关规定,在施工合同第二层次的管理中,实行以监理工程师为核心的管理体制。

二、施工项目所涉及的合同

(一)施工承包合同

对施工项目经理部而言,最重要的合同是承包人与业主签订的施工承包合同,即建筑安装工程承包合同。施工承包合同也是项目经理部进行合同管理和合同运作的主线,其他合同都是以该合同的目标为最终目标,并围绕施工承包合同进行运作。

公路工程施工承包合同由合同协议书、合同通用条件、合同专用条件和附件等文件组成。这些文件的内容和格式,在交通运输部颁布的《公路工程国内招标文件范本》中都有专门规定。

(二)不同计价方法的合同

工程项目的具体条件都有一定的差异,因而承包的内容和方式也就不尽相同,往往需要不同类型和不同承包价计算方法的合同。按合同类型和计价方法的不同,可将施工项目合同分为以下五种。

1. 固定总价合同

固定总价合同就是以图纸和工程说明书为依据,明确承包内容,并考虑到一些费用的上升因素,按商定的总价承包工程的合同。固定总价一次包死,在合同履行过程中,除非业主要求变更原定的承包内容,承包人一般不得要求变更承包价。

固定总价合同对业主比较简便,但对承包人而言,只有当设计图纸和说明书详细、施工条件较好时才是一种较为简便的承包方式。如果设计粗略、未知因素多,或者遇到原材料价格突然上涨以及恶劣天气等意外情况时,承包人须承担应变的风险。因此,这种承包方式的合同通常仅适用于技术不复杂、工程规模小,工期短的项目。

2. 按量计价合同

按量计价合同是以工程量清单和单价表为计算承包价依据的合同。通常由业主提出工程量清单,承包人填报单价,再计算出承包价。由于工程量是统一计算出来的,承包人只要经过复核并确定单价后就能计算出承包价,因而承担的风险较小。业主只需审核单价是否合理即可,十分方便。我国公路工程项目施工大多采用这种形式的合同。

3. 单价合同

单价合同是由承包人填报单价或由业主提出单价,经双方磋商确定承包单价,并依据实际完成的工程数量结算工程价款的合同。根据工程的具体条件和不同的设计深度,单价合同又可细分为按分部分项工程单价承包合同、按最终产品单价承包合同，以及按总价投标和决标、按单价结算工程价款合同等三种。

工程实践中，有时没有详细的施工图就需开工，或虽有施工图但工程的某些条件尚不完全清楚，既不能准确计算工程量，又要避免合同的任何一方承担过大的风险，采用单价合同是比较合理的。

4. 成本加酬金合同

成本加酬金合同是按工程实际发生的成本，加上商定的总管理费和利润来确定工程承包价的合同。合同所指的成本，包括人工费、材料费、施工机械使用费、其他直接费、现场经费和施工管理费，但不包括施工承包企业的总管理费和应交纳的税金。根据酬金的确定方式不同，又可细分为成本加固定百分数酬金合同、成本加固定酬金合同、成本加浮动酬金合同和目标成本加奖罚的合同等四种。

成本加酬金合同主要适用于开工前对工程内容尚不十分清楚、突发因素多、工期异常紧迫的情况，也就是工程风险极大的项目。例如，边设计边施工的紧急工程、地质条件和施工环境恶劣的工程，或遭受地震、洪水、战火等灾害破坏后需尽快修复的工程等。

5. 统包合同

统包合同也称"交钥匙"合同，适用于"建设全过程承包"的项目，即从可行性研究开始至工程投入使用的各个阶段全部委托给一个承包人。工程实施的每个阶段都要签订合同，规定支付给承包人的报酬数额。由于工程设计和概预算是逐步深入和完善的，业主要根据前一阶段工作的结果决定是否进行下一阶段的工作，所以一般不大可能采用固定总价合同、按量计价合同或单价合同等形式，通常采用成本加酬金合同进行承包。

（三）其他合同

在施工项目的实施过程中，为保证施工承包合同的顺利履行，还会涉及其他多种合同关系，它们是施工项目能够按计划进行的基础和前提，因而也是合同管理的一项内容。这些合同主要有：涉及施工物资采购的买卖合同和运输合同，租用施工周转性材料和大型专用设备的租赁合同，委托其他单位加工、定作、复制某些部件或半成品的承揽合同，为确保施工人员、施工物资和工程安全的保险合同等。项目部对这些合同的管理与对施工承包合同的管理的区别在于，项目部是以甲方即发包人的身份对其他合同进行管理。

第三节　风险管理

一、工程项目风险的含义及构成要素

1. 风险的定义

"风险"是一个非常常用、宽泛的词语。对于风险的定义，无论是业界还是理论界、国内还是国外，目前都还没有达成一致的认识，并没有一个统一的界定，可以说这是一个

"没有共识的共识"。尽管普遍认为风险没有统一的定义。但任何管理都必须首先明确管理的对象，风险管理也是如此，加之风险是金融甚至所有经济活动的基本要素，对风险概念的明确成为关于风险理论问题探讨的首要问题。国内外与风险相关的教科书，如金融学、投资学、银行管理、保险、审计等，大多在承认风险缺乏统一定义之后提出各自的风险定义版本。综合分析这些定义版本，目前国内外金融理论界对风险的解释或界定主要有以下一些观点：

（1）决策理论学者认为：风险就是损失的不确定性。

（2）统计学家认为：风险是实际结果与预期结果之间的离差度。

（3）保险学者认为：风险就是损失或损害。

（4）项目工作者认为：风险就是人们不希望活动或事件有消极后果发生的潜在可能性。综合上述观点，风险包括两方面的内涵：一是风险意味着出现损失或未实现预期目标；二是出现损失的事件是一种具有不确定性的随机现象，可以用概率表示出现的可能程度，但不能对出现与否做出确定性判断。

2. 工程项目风险的定义

工程项目风险是指工程项目在投资决策阶段、设计阶段、招投标阶段、施工阶段、竣工验收等各环节可能遇到的风险，主要包括业主单位的风险、承包人的风险、监理单位的风险、设计单位的风险、咨询单位的风险等。

（1）业主的风险

业主是工程项目的拥有者或者使用者，在这个工程项目过程中占据主导地位，拥有项目的决策权。因此，业主的风险主要是项目决策风险，例如，方案选择、各参与方的选择、工程实施中各种处理方案的选择等。此外，业主在工程项目中充当了组织者，应承担项目组织实施风险，如合同缺陷；也要承担其他参与者的违约、失职或缺乏诚意等风险。

（2）承包人的风险

承包人作为工程项目的实现者，是施工过程中的决策者，主要承担决策错误的风险、缔约与履约风险、责任风险等。决策错误的风险如信息失真与信息取舍失误、中介代理风险、投标风险（失标时，费用无法补偿）报价失误；缔约与履约风险如合同缺陷或不平等条款、管理方法与施工技术不恰当、合同管理不善、资源组织管理不当、成本管理失控；责任风险如违约、故意或无意侵权、欺骗和其他错误。

3. 工程项目风险的构成要素

从风险的定义和特征可以得出，风险的三个基本构成要素是：风险因素的客观存在性、风险事件发生的不确定性和风险后果的不确定性。这三个要素之间的关系是相互联系、相互作用，共同形成风险。

二、工程项目风险的特征

工程建设周期中包含多种风险因素，有政治、社会、经济、自然和技术等。每一因素又可能引发多种风险事件，导致严重损失后果。在工程建设的不同阶段有不同类型的风险。结合风险的本质特性，工程项目风险具有以下几个特点：

1. 客观性和必然性

作为损失发生的不确定性，风险是不以人的意志为转移的客观存在，而且在项目的全生命周期内，风险是无处不在，无时没有的。只能降低风险发生的概率和减少风险造成的损失，而不能从根本上消除风险。

2. 可变性

工程项目的设计与建造过程是一个既有确定因素，又含有随机因素、模糊因素和未确知因素的复杂系统，风险的性质、造成的后果在工程建设中极有可能发生变化。

3. 全局性

风险的影响常常不是局部的、某一段时间或某一个方面的，而是全局的。例如，反常的气候条件造成工程的停滞，会影响整个后期计划，影响后期所有参加者的工作。

4. 相对性

不同的主体对同样风险的承受能力是不同的。人们的承受能力与收益的大小。投入的大小、项目活动主体的地位和拥有的资源有关。

三、工程项目风险管理的定义和过程

1. 工程项目风险管理的定义

风险管理（Risk Management）是指人们对潜在的意外损失进行识别评估，并根据具体情况采取相应的措施进行处理。

工程项目是一种一次性、独特性和不确定性较高的工作，存在着很大的风险性，所以必须开展项目风险管理。

工程项目风险管理指对项目风险从识别到分析评估乃至采取应对措施等的一系列过程。它包括将积极因素所产生的影响最大化和使消极因素产生的影响最小化两方面内容。

工程项目的实现是一个存在着很大不确定性的过程，因为这一过程是一个复杂的、一次性的、创新的，并涉及许多关系与变数的过程。工程项目的这些特性造成了在项目的实现过程中存在着各种各样的风险，如果不能很好地管理这些风险将会给项目造成损失，甚至导致项目目标不能实现。项目风险管理的主要任务是对工程项目实现过程中的不确定性和风险性事件或问题的管理。

2. 工程项目风险管理的过程

工程项目风险管理过程一般由若干主要阶段组成，这些阶段不仅相互作用，而且与项目管理其他管理区域也相互影响，每个风险管理阶段的完成都可能需要项目管理人员的努力。风险管理过程主要包括风险识别、风险分析、风险计划、风险跟踪、风险控制和风险沟通六个环节。这六个环节也可以用风险识别、风险评估与分析、风险应对计划制订和风险应对控制四个阶段来描述。

（1）风险识别，包含确定哪种风险可能影响一个项目，并将各风险的特征归档。

（2）风险分析评估，涉及对风险及风险相互作用的评估，以评价项目可能结果的范围。

（3）风险应对计划制订，包括采取措施增大机会和制订应对威胁的措施。

（4）风险应对控制，涉及对整个项目管理过程中的风险进行应对。

四、工程项目风险监控

1. 工程项目风险监控的定义

风险监控就是通过对风险规划、识别、估计、评价、应对全过程的监视和控制，保证风险管理达到预期的目标，是项目实施中的一项重要工作。其目的是考察各种风险控制行动产生的实际效果，确定风险减少的程度，监视残留风险的变化情况，进而考虑是否需要调整风险管理计划以及是否启动相应的应急措施。

2. 项目风险监控的步骤

（1）建立项目风险监控体制。主要包括：项目风险责任制、项目风险信息报告制、项目风险监控决策制、项目风险监控沟通程序等。

（2）确定项目风险监控责任。所有需要监控的项目风险都必须落实到人，同时明确岗位职责，对于项目风险控制应由专人负责。

（3）确定项目风险监控的行动时间。指对项目风险的监控要制订相应的时间计划和安排，计划和规定出解决项目风险问题的时间表与时间限制。

（4）制订具体项目风险监控方案。根据项目风险的特性和时间计划制订出各具体项目风险控制方案，找出能够控制项目风险的各种备选方案，然后要对方案作必要可行性分析，以验证各项目风险控制备选方案的效果，最终选定要采用的风险控制方案或备用方案。

（5）实施具体项目风险监控方案。要按照选定的具体项目风险控制方案开展项目风险控制的活动。

（6）跟踪具体项目风险的控制结果。就是要收集风险事件控制工作的信息并给出反馈，即利用跟踪去确认所采取的项目风险控制活动是否有效，项目风险的发展是否有新的变化等，以便不断提供反馈信息，从而指导项目风险控制方案的具体实施。

（7）判断项目风险是否已经消除。若认定某个项目风险已经解除，则该项目风险的控制作业就已完成；若判断该项目风险仍未解除，就要重新进行项目风险识别，重新开展下一步的项目风险监控作业。

3. 工程项目风险监控的方法

风险监控应该围绕项目风险的基本问题，制定科学的风险监控标准，采用系统的方法，建立有效的风险预警系统，做好应急计划，实施高效的项目风险监控。在工程建设项目投资风险监控中，常见的方法主要有：

（1）风险图表示法

风险图表示法就是根据风险评价的结果，从项目的所有风险中挑选出几个，例如前十个最严重的，列入监视范围。然后每月都对这十个进行检查，同时写出风险规避计划，说明用于规避风险的策略和措施是否取得了成功。与此同时，画一张图表，列出当月前十个优先考虑的风险。其中每一个都写上当月优先顺序号、上个月的优先顺序号以及它在这张表上已经出现了几个星期。如果发现表上出现了以前未出现过的新风险，或者有的风险情况变化很小，那么就要考虑重新进行风险分析。要注意尽早发现问题，不要让其由小变大，进而失去控制。

同样重要的是，要及时注意和发现在规避风险方面取得的进展，因此，也要把已成功控制住的风险记在图表中。另外，还要跟踪列入图表前风险的类别变化，如果新列入图表的风险以前被划入未知或不可预见的类别，那么就预示着项目很可能要出现麻烦。这种情况还表明原来做的风险分析不准确，项目实际面临的风险要比当初考虑的大。

（2）审核检查法

审核检查法是监控风险的首选方法，该法用于项目的全过程，从项目建议书开始，直至项目结束。项目建议书、项目产品或服务的技术规格要求、项目的招标文件、设计文件、实施计划、必要的实验等都需要审核。审核时要查出错误、疏漏、不准确、前后矛盾、不一致之处。审核还会发现以前或他人未注意或未想到的地方和问题。审核会议要有明确的目标，提的问题要具体，要请多方面的人员参加。参加者不要审核自己负责的那部分工作。审核结束后，要把发现的问题及时交代给原来负责的人员，让他们马上采取行动予以解决。问题解决后要签字验收。检查是在项目实施过程中进行的，而不是在项目告一段落时进行的。检查是为了把各方面来的反馈意见立即通知有关人员，其一般以已完成的工作成果为对象，包括项目的设计文件、实施计划、实验计划、正在施工的工程、运到现场的材料设备等。

（3）用偏差分析法

这是一种测量预算实施情况的方法。该法将实际上已完成的项目工作同计划的项目工作进行比较，确定项目在费用支出和时间进度方面是否符合原定计划的要求。该法计算、收集三种基本数据：计划工作的预算费用、已完成工作实际费用以及已完实际工作量。按照单位工作的预算价格计算出的已经完成实际工作量的费用，校准已完工作预算费用。

第四节　沟通和信息管理

一、工程项目沟通管理

（一）沟通的概念及作用

沟通就是信息的交流。在项目的实施过程中，信息交流主要是人与人之间和组织之间的交流。人与人之间的沟通是将信息由一个人传递到另一个人的过程，如下级人员与项目经理之间，主要是指人们带着一定的动机、目的、态度通过各种途径传递信息、情感、态度、思想、观点等。在这个过程中，可能会有阻碍有效沟通的因素，如不同的人对同一信息的理解程度受其知识结构、经历、职业、价值观的不同影响，从而产生不同的看法和不同的理解。而组织之间的沟通是指组织之间的信息传递。

对于项目来说，要科学地组织、指挥、协调和控制项目的实施过程，就必须进行项目的信息沟通，好的信息沟通对项目的发展和人际关系的改善都有促进作用。具体来说，沟通的作用如下：

1. 为项目决策和计划提供依据；
2. 为组织和控制管理过程提供依据和手段；
3. 有利于建立和改善人际关系；
4. 为项目经理的成功领导提供重要手段。

（二）项目沟通的内容

沟通分为内部关系的沟通与协调、近外层关系的沟通与协调和远外层关系的沟通与协调。内部关系指企业内部（含项目经理部）的各种关系；近外层关系指企业与同发包人签有合同的单位的关系；远外层关系是指与企业及项目管理有关但无合同约束的单位的关系。在项目实施过程中，沟通主要包括人际关系、组织机构关系、供求关系及协作配合关系的沟通协调。人际关系包括项目组织内部的人际关系和项目组织与关联单位的人际关系，其沟通协调的对象主要是相关人员在管理工作中的联系和矛盾。组织机构关系应包括沟通与协调项目经理部与企业管理层及劳务作业层之间的关系；供求关系应包括企业物资供应部门与项目经理部及生产要素供需单位之间的关系；协作配合关系应包括近外层单位的协作配合，内部各部门、上下级、管理层与作业层之间的关系。

1. 内部人际关系的沟通与协调

项目经理所领导的项目经理部是项目组织的领导核心。通常，项目经理不直接控制资源和具体工作，而是由项目经理部中的职能人员具体实施控制，这就使得项目经理和职能人员之间及各职能人员之间存在界面和沟通与协调。

（1）项目经理与技术专家的沟通。

技术专家往往对基层的具体施工了解较少，只注意技术方案的优化，注重数字，对技术的可行性过于乐观，而不注重社会和心理方面的影响。项目经理应积极引导，发挥技术人员的作用，同时注重全局综合和方案实施的可行性。

（2）建立完善实用的项目管理系统，明确划分各自的工作职责。

许多项目经理对管理程序寄予很大的希望，认为只要建立科学的管理程序，要求大家按程序工作，职责明确，就可以比较好地解决组织沟通问题。实践证明，这是不全面的，因为：

①管理程序过细并过于依赖它容易使组织僵化；

②项目具有特殊性，实际情况千变万化，项目管理工作很难定量评价，它的成就还主要依靠管理者的能力、职业道德、工作热情和积极性；

③过于程序化容易造成组织效率低下、组织摩擦大、管理成本高、工期长。

（3）建立项目激励机制。

由于项目的特点，项目经理更应注意从心理学、行为科学的角度激励各个成员的积极性。虽然项目工作富有创造性、有吸引力，但也应有自己的激励措施。

①采用民主的工作作风，不独断专行。在项目经理部内放权让组织成员独立工作，充分发挥他们的积极性和创造性，使他们对工作有成就感。

②改进工作关系，关心各个成员，礼貌待人。

③公开、公平、公正地处理事务。

④在向上级和职能部门提交的报告中，应包括对项目组织成员的评价和鉴定意见，项目结束时应对成绩显著的成员进行表彰。

（4）形成比较稳定的项目管理队伍。

以项目作为经营对象的企业，如承包公司、监理公司等，应形成比较稳定的项目管理队伍。尽管项目是一次性的、常新的，但项目小组却相对稳定，各成员之间相互熟悉，彼此了解，可大大减小组织摩擦。

（5）职能人员应双重忠诚。

项目经理部是一个临时性的管理组织，特别在矩阵式的组织中，项目成员在原职能部门保持其专业职位，可能同时为许多项目提供管理服务。所以，应鼓励项目组织成员对项目和对职能部门都忠诚，这是项目成功的必要条件。

（6）考核评价工作。

建立公平、公正的考评工作业绩的方法、标准，并定期客观、慎重地对成员进行业绩考评，在其中排除偶然、不可控制和不可预见等因素。

2.项目经理部与企业管理层关系的沟通与协调

项目经理部与企业管理层关系的沟通与协调应依靠严格执行"项目管理目标责任书"，在党务、行政和生产管理上，根据企业党委和经理的指令以及企业管理制度来进行。项目经理部受企业有关职能部、室的指导，二者既是上下级行政关系，又是服务与服从、监督与执行的关系。即企业层次生产要素的调控体系要服务于项目层次生产要素的优化配置，同时项目生产要素的动态管理要服从于企业主管部门的宏观调控。

企业要对项目管理全过程进行必要的监督与调控，项目经理部要按照与企业签订的责任状，尽职尽责、全力以赴地抓好项目的具体实施。在经济往来上，根据企业法定代表人与项目经理签订的"项目管理目标责任书"，严格履约，按实结算，建立双方平等的经济责任关系；在业务管理上，项目经理部作为企业内部项目的管理层，接受企业职能部、室的业务指导和服务。一切统计报表，包括技术、质量、预算、定额、工资、外包队的使用计划及各种资料都要按系统管理和有关规定准时报送主管部门。其主要业务管理关系如下：

（1）计划统计。项目管理的全过程、目标管理与经济活动，必须纳入计划管理。项目经理部除每月（季）向企业报送施工统计报表外，还要根据企业经理与项目经理签订的"项目管理目标责任书"所定工期，编制单位工程总进度计划、物资计划、财务收支计划，坚持月计划、旬安排、日检查制度。

（2）财务核算。项目经理部作为公司内部一个相对独立的核算单位，负责整个项目的财务收支和成本核算工作。整个工程施工过程中，不论项目经理部班子成员如何变动，其财务系统管理和成本核算责任不变。

（3）材料供应。工程项目所需三大主材、地材、钢木门窗及构配件、机电设备，由项目经理部按单位工程用料计划报公司供应部门，实行加工、采购、供应、服务一条龙。凡是供应到现场的各类物资必须在项目经理部的调配下统一建库、统一保管、统一发放、统一加工，按规定结算。栋号工程按施工预算定额发料，运用材料成本票据结算。

（4）周转料具供应。工程所需机械设备及周转材料，由项目经理部上报计划，公司组织供应。设备进入工地后由项目经理部统一管理、调配。

（5）预算及经济洽商签证。预算合同经营管理部门负责项目全部设计预算的编制和报批，选聘到项目经理部工作的预算人员负责所有工程施工预算的编制，包括经济洽商签证和增减账预算的编制报批。各类经济洽商签证要分别送公司预算管理部门、项目经理部和作业队存档，作为审批和结算增收的依据。

（6）质量、安全、行政管理、测试计量等工作，均通过业务系统管理，实行从决策到贯彻实施，从检测控制到信息反馈全过程的监控、检查、考核、评比和严格管理。

（7）项目经理部与水电、运输、吊装分公司之间的关系，是总包与分包之间的关系。在公司的沟通与协调下，通过合同明确总分包关系，各专业服从项目经理部的安排和调配，为项目经理部提供专业施工服务，并就工期、服务态度、服务质量等签订分包合同。

二、工程项目信息管理

（一）信息管理的概念和基本任务

信息管理是对信息的收集、整理、处理、储存、传递与应用等一系列工作的总称。信息管理的目的就是通过有组织的信息流通，使决策者能及时、准确地获得相应的信息。为了达到信息管理的目的，就要把握好信息管理的各个环节，并要做到三点：一是了解和掌握信息来源，对信息进行分类；二是掌握和正确运用信息管理的手段，如计算机；三是掌握信息流程的不同环节，建立信息管理系统。

进行工程项目信息管理是管理者完成目标控制任务的基础，只有掌握了大量的来自各领域的准确及时的信息，才能够做出科学的决策，高效地完成项目管理工作。一般来说，工程项目信息管理的基本任务如下：

1. 收集项目的基本情况信息并系统化，编制项目手册。项目管理的任务之一是按照项目的任务、实施要求，设计项目实施和项目管理中的信息和信息流，确定它们的基本要求和特征，并保证项目实施过程中信息顺利流通。

2. 在对项目信息进行整理的过程中，遵循项目报告及各类资料的规定，例如资料的格式、内容、数据结构要求。

3. 按照项目实施、项目组织、项目管理工作过程建立项目管理信息系统，在实际工作中保证系统正常运行，并控制信息流。

4. 做好文件档案管理工作。有效的项目管理需要更多地依靠信息系统的结构和维护信息管理将影响组织和整个项目系统的运行效率。

由于工程项目信息量大，因此在信息管理的过程中，应特别注意信息的时效性和有效性。

对收集到的信息及时高效地处理，并善于预测信息的走向趋势。

（二）项目信息的分类

1. 项目信息的形式

项目信息的表现形式多种多样，一般有文字、数字、表格、图形、图像和声音等。

（1）文字图形信息。

文字图形形式是项目信息的一种常见形式，包括各类文件、数据、报表等。其中，如勘察、测绘、设计图纸及说明书、相关法律法规和合同等属于文件信息；设备材料价格、工程量、工期、人工、机械台班的施工定额等则属于数字数据信息；各类工程指令、支付凭据、质量报表等属于报表类信息。

（2）语言信息。

语言信息包括口头分配任务、工作指示、汇报、工作检查、建议、批评及会议讨论等信息。

（3）新技术信息。

新技术信息包括通过网络、电话、电报、电传、计算机、电视、录像、录音、广播等现代化手段收集及处理的部分信息。

2. 项目信息的分类

（1）按照项目信息来源划分。

项目信息按其来源的不同可分为项目内部信息和外部信息两类。项目内部信息取自建设项目本身，如工程概况、合同文件、施工方案、施工组织设计、进度计划、会议制度等。项目外部信息来自项目外部环境，如国家相关法律法规、设备材料物价指数、类似工程情况等。

（2）按照项目管理目标划分。

按项目管理目标可将项目信息划分为投资控制信息、质量控制信息、进度控制信息、安全生产控制信息和合同管理信息等。

投资控制信息是指与投资控制有关的信息，包括投资标准信息（如工程造价）项目计划投资信息（如项目投资估算）和项目实际投资信息（如施工阶段的支付账单）。

质量控制信息是指与质量控制有关的信息，包括有关法规标准信息（如质量法规）、计划工程质量有关的信息（如质量控制措施）和项目进展中产生的质量信息（如工程质量验收记录）等。此外，还包括工程参加方的资质及特殊工种人员的资质等。

进度控制信息是指与进度控制有关的信息，包括与进度计划有关的信息和项目进展中产生的进度信息，以及这两类信息在加工后产生的信息，如进度目标分解信息等。

安全生产控制信息是指与安全生产控制有关的信息，包括相关的法律法规信息、制度措施，项目进展中产生的信息，另外还有文明施工及环境保护等信息。

合同管理信息则指各类工程合同文件，以及相关法律法规等。

（三）项目信息管理

在工程建设中，每时每刻都产生着大量的信息。但要得到有价值的信息，提高信息质量，充分发挥信息的作用，必须根据需要进行有目的、有组织、有计划的收集。

1. 收集项目信息的基本原则

第一，要及时主动。项目部要取得对工程控制的主动权，就必须积极主动地收集信息，善于及时获取、加工各类工程信息。项目管理是一个动态的管理过程，实时信息量大、时效性强，加上建设工程项目自身的复杂特性，如不能及时获取、加工大量的工程信息，势必会影响项目管理工作的进行。

第二，要全面系统。项目信息贯穿于工程项目建设的各个阶段，收集项目信息应全面，不能漏掉任何一条有用的信息。同时，工程建设也遵循一定的规律，收集信息不能盲目无章，而要注重信息的系统性和连续性。

第三，要真实可靠。项目管理工作是一项严肃科学的工作，管理人员在工作中也应秉持严肃科学的态度，对待信息收集工作更应如此。由于建设项目参与方之间的经济利益关系，以及工程项目建设自身的复杂性，信息在传输过程中不可避免地会出现失真现象。这就需要管理人员在收集信息时，要进行严格的核实筛选，去伪存真。

第四，要重点选择。收集信息虽然要注重全面性和系统性，但这并不等于不分主次，应有针对性地收集。同时，收集的信息应符合项目管理工作的需要。

2. 收集项目信息的基本方法

项目管理人员主要通过各种记录方式来收集信息，这些记录方式主要包括以下几类：

（1）现场记录。

现场记录主要是指项目管理人员每天通过某种方式记录工地上所发生的事情。所有记录都应妥善保存，以供查阅。现场记录主要包括工程范围内的机械、劳力的配备和使用情况，气候及水文情况，承包商每天的工作范围、完成工程数量、开工和完成工作的时间、出现的问题及处理效果，施工中每步工序完成后的情况描述，现场材料供应和储备情况，现场试验情况等。

（2）会议记录。

由项目部所主持的会议应由专人记录，并形成纪要，由与会者签字确认，这些记录可作为今后处理问题的主要依据。

（3）计量与支付记录。

这项记录包括所有计量及付款资料，应清楚地记录工程计量与否、支付与否，已同意或确定的费率和价格变更等。

（4）试验记录。

除正常的试验报告外，试验室应有专人记录试验工作情况，包括对承包商的试验监督和数据分析等。记录内容包括试验工作内容的简单叙述，承包人试验人员配备情况，承包商试验仪器、设备配备、使用和调动情况，监理方与承包方的同一试验有无重大差异及原因分析。

（5）工程照片和录像。

对某些重大试验，体现工程质量的部位或建设阶段，隐蔽工程，工程事故现场状况，现场监理工作实况等，可采用照片和录像的方式来记录。

3. 信息管理系统

项目管理工作中涉及的信息量如此之大，要实现快速、高效的信息管理，仅仅依靠传统的手工操作管理办法已无法满足需要。利用计算机来进行信息管理已成为必然选择。这是因为计算机可以用于监理信息存储，其信息处理快速准确，且能快速整理报告。此外，运用计算机辅助监理不仅可提高监理工作效率、减少手工计算量，而且能增强监理指令的准确性，避免错误判断，提高项目管理质量。同时，计算机也可帮助管理人员总结经验，辅助决策，有利于管理水平的提高。

信息管理系统主要是研究系统中信息传递的逻辑程序和信息处理的数学模型，并研究如何利用计算机来处理各类信息和描述数学模型的方法与手段。信息管理通过提供的多种信息管理方案并实施系统管理，能为决策者提供辅助决策支持。

工程项目信息管理系统是一个由几个功能子系统关联而合成的一体化信息系统。它提供统一格式的信息，简化各种项目数据的统计和收集工作，降低信息成本；及时全面地提供不同需要、不同浓缩度的项目信息，从而可以迅速做出分析解释，及时产生正确的控制；完整系统地保存大量的项目信息，能方便、快速地查询和综合，为项目管理决策提供信息支持；利用模型方法处理信息，预测未来，科学地进行决策。信息管理系统主要包括投资控制、团量控制、进度控制、安全生产管理、合同管理、文档管理和组织协调七个功能子系统。

投资控制子系统应包括项目投资概算、预算、标底、合同价、结算、决算以及成本控制。该子系统应具有的功能有：项目概算、预算、标底的编制和调整；项目概算、预算的对比分析；标底与概算、预算的对比分析；项目投资变化趋势预测；提供各项投资报表等。

质量控制子系统的功能包括设计、施工、材料和设备质量控制相关文件资料，工程事故处理资料，质量监理活动档案资料。

进度控制子系统的功能包括原始数据的录入、修改和查询，网络计划的编制与调整，工程实际进度的统计分析，工程进度各类数据查询，各种工程进度报表等。

合同管理子系统主要实现的功能有提供和选择标准的合同文本，合同文件、资料的管理，合同执行情况的跟踪和处理过程的管理，涉外合同的外汇折算，经济法规的查询，提供各种合同管理报表等。

结 语

改革开放的三十多年时间里，我国各地经济呈现出高速、稳定和持续的发展态势，尤其是在发达地区，其经济发展和人民生活水平的提高促使了各种私家车辆的日益增多，也造成了城市道路的堵塞和各种交通事故的频发。因此，在目前的工作中，为了保证城市交通的合理布局和有序发展，就必须在工作中从交通系统内在机制入手去总结和分析，针对其中存在的各种问题加以处理和完善，从而使得交通管理规划的编制和实施成为我国经济发展的保障。

城市桥梁作为道路交通网络的重要组成部分，是保证城市功能和保障人民生活的重要物质基础。一直以来，桥梁主管部门以解决与人民群众息息相关的安全问题为着力点，围绕桥梁安全管理的关键环节，积极推进法律法规建设，健全体制机制，强化标准规范，保障城市桥梁运行的安全，提升城市发展能力，为推进城镇化建设和城市化进程提供强有力的保障。

我国桥梁建设以令世人惊叹的规模和速度迅猛发展，取得了巨大成就。根据统计，至2013年底，全国城市道路达33.6万公里，城市桥梁近6万座。我国经济发展和社会正常运转也越来越依赖这个数量庞大的桥梁群体的安全、长久和稳定运行，保障桥梁安全、健康运行，也是桥梁监管的一项基本任务。但是，由于长时间超负荷服役，部分桥梁正处于风险相对高发期，特别是近年来，超载超限车辆违规上路时有发生，治理难度不断加大，桥梁安全运行形势堪忧。

因此，为了认真贯彻落实科学发展观，坚持桥梁科学管理、依法管理、规范管理、专业管理、精细管理和信息管理，保障桥梁运行安全，每座城市在加大桥梁工程建设投资的同时，也加大了桥梁运行管理与保护的投入，并在桥梁监管中进一步明确政府各有关部门和桥梁运行管理机构的权利和责任，强化行业管理职能，规范运行管理职责。特别是大型桥梁的安全运行管理及养护方面存在的问题日益严峻。部分城市发生桥梁倒塌事故，暴露出城市桥梁设施质量水平不高、管养不到位、安全隐患处置不及时等诸多问题。因此，目前应加强桥梁监管，充分认识城市桥梁安全保护与养护工作的重要性和紧迫性，增强安全意识、防范意识，对辖区内的城市桥梁进行产权、安全保护与养护管理责任的划分，不留死角，做到责任到人，确保城市桥梁运行安全。

参考文献

[1] 包禹强. 论城市道路桥梁施工质量的控制与管理 [J]. 江西建材, 2021(01):168+170.

[2] 段丹妮. 公路与城市道路桥梁抗倾覆设计 [J]. 科技创新与应用, 2020(34):76-77.

[3] 林锋. 城市道路与桥梁施工技术要点研究 [J]. 居舍, 2020(32):47-48.

[4] 徐建铭. 城市道路桥梁施工和养护管理探讨 [J]. 居舍, 2020(30):171-172.

[5] 王道莲. 城市道路与桥梁路拱横坡的衔接问题探讨 [J]. 四川水泥, 2020(10):274-275.

[6] 邓海. 城市道路桥梁施工技术与管理 [J]. 河南科技, 2020,39(26):86-88.

[7] 刘文剑. 城市道路桥梁设施的养护安全管理剖析 [J]. 中国高新科技, 2020(17):87-88.

[8] 叶烽祺. 预制装配式桥梁在城市道路中的应用 [J]. 江西建材, 2020(08):189-190.

[9] 刘麟. 城市道路与桥梁防水技术的研究和应用 [J]. 城市建筑, 2020,17(24):159-160.

[10] 李军. 城市道路桥梁施工和养护管理探讨 [J]. 工程技术研究, 2020,5(13):61-62.

[11] 柯锐. 城市道路桥梁施工及养护技术探究 [J]. 中华建设, 2020(07):102-103.

[12] 牛新华, 梁志青. 城市道路桥梁施工中的养护管理及质控途径之研究 [J]. 城市建设理论研究 (电子版),2020(16):9-10.

[13] 史殿双. 城市道路桥梁施工质量的控制与管理 [J]. 居舍, 2020(12):148.

[14] 李旭芝. 城市道路桥梁施工技术与管理 [J]. 智能城市, 2020,6(05):169-170.

[15] 王广浩. 浅谈城市道路与桥梁防水技术的应用 [J]. 智能城市, 2020,6(05):30-31.

[16] 李琳. 城市道路桥梁施工及安全管理 [J]. 科技经济导刊, 2020,28(02):57.

[17] 郑宏林. 城市道路桥梁施工与养护管理研究 [J]. 建筑技术开发, 2020,47(01):145-146.

[18] 李艳彪. 城市道路与桥梁的防水技术论述 [J]. 建材与装饰, 2020(03):269-270.

[19] 叶志炜. 城市道路桥梁施工质量问题解析 [J]. 城市建设理论研究 (电子版),2020(01):42.

[20] 李向阳. 城市道路桥梁过渡段路基路面施工要点 [J]. 建材与装饰, 2019(33):251-252.

[21] 秦龙. 城市道路桥梁工程施工质量控制研究 [J]. 门窗, 2019(22):222.

[22] 冯志超. 道路桥梁建设工程项目管理的方法和措施 [J]. 交通世界, 2019(07):150-151.

[23] 李春雷. 论城市道路桥梁施工质量的控制与管理 [J]. 建材与装饰, 2018(47):252-253.

[24] 刘博. 城市道路桥梁施工中的质量控制 [J]. 工程技术研究, 2018(10):207-208.

[25] 周颖. 道路桥梁工程施工质量问题与预防 [J]. 山东工业技术, 2018(17):117.

[26] 王琼乔. 城市道路与桥梁防水设施建设中存在的问题 [J]. 人民交通, 2018(04):48-49.

[27] 于秀水. 市政道路与桥梁设计存在的问题与应对措施探讨 [J]. 工程技术研究, 2018(03):205-206.

[28] 郭晗, 董桂红. 关于城市道路桥梁工程路基路面的施工技术探索 [J]. 中国住宅设施, 2017(12):59-60.

[29] 张岩. 城市道路桥梁建设中常见病害及预防策略分析 [J]. 山西建筑, 2017,43(34):174-175.

[30] 周通进. 试分析道路桥梁建设工程项目管理的方法和措施 [J]. 居舍, 2017(22):129+141.

[31] 李艳飞, 王亮. 道路桥梁建设工程项目管理的方法和措施研究 [J]. 建设科技, 2016(21):109-110.

[32] 班国增. 城市道路桥梁建设管理的分析及要求探索 [J]. 四川水泥, 2016(10):112-113.

[33] 王富辉. 城市道路与桥梁防水设施建设探讨 [J]. 四川水泥, 2016(09):278+288.

[34]. 武汉市贷款建设的城市道路桥梁隧道车辆通行费预存优惠办法 [N]. 长江日报, 2015-11-26(008).

[35] 周敏. 城市道路桥梁建设项目过程评价研究 [J]. 山东工业技术, 2014(19):268-269.

[36] 市人民政府法制办公室 武汉市城市路桥收费管理中心.《武汉市贷款建设的城市道路桥梁隧道车辆通行费征收管理办法》修订解读 [N]. 长江日报, 2014-10-15(008).

[37]. 武汉市贷款建设的城市道路桥梁隧道车辆通行费征收管理办法 [N]. 长江日报, 2014-10-15(008).

[38]. 市人民政府关于修改《武汉市贷款建设的 城市道路桥梁隧道车辆通行费征收管理办法》的决定 [N]. 长江日报, 2014-10-15(008).

[39] 赵美英, 李明. 城市道路与桥梁建设新技术研究 [J]. 江西建材, 2014(17):191.

[40] 王东升. 城市道桥基础设施建设与城市景观探讨 [J]. 科技创业家, 2013(03):70.

[41] 宋金利. 城市道路桥梁建设管理的分析及要求 [J]. 民营科技, 2012(09):292.

[42] 管志朝, 张大朋. 城市道路建设路面平整度影响因素与对策探讨 [J]. 内蒙古科技与经济, 2012(15):79+81.

[43] 龚勋. 城市道路建设中现状输气管道的保护 [J]. 煤气与热力, 2010,30(06):23-25.

[44] 李志强. 上海市人民代表大会城市建设环境保护委员会关于《上海市城市道路桥梁管理条例(修订草案)》的审议意见报告——2006年6月21日在上海市第十二届人民代表大会常务委员会第二十八次会议上 [J]. 上海市人民代表大会常务委员会公报, 2006(06):16-17.

[45]. 铜川市城市建设取得新成就 [J]. 陕西政报, 1998(14):39.